互联网+时代图书馆跨界融合研究

刘玲 齐诚 马楠 著

经济日报出版社

图书在版编目（CIP）数据

互联网 + 时代图书馆跨界融合研究 / 刘玲，齐诚，马楠著 . —北京：经济日报出版社，2017.10

ISBN 978-7-5196-0216-1

Ⅰ . ①互… Ⅱ . ①刘…②齐…③马… Ⅲ . ①图书馆管理 – 研究 Ⅳ . ① G251

中国版本图书馆 CIP 数据核字（2017）第 249581 号

互联网 + 时代图书馆跨界融合研究

作　　者	刘玲　齐诚　马楠
责任编辑	梁沂滨
出版发行	经济日报出版社
地　　址	北京市西城区白纸坊东街 2 号 A 座综合楼 710
邮政编码	100054
电　　话	010-63567691（编辑部）　010-63567692（发行部）
网　　址	www.edpbook.com.cn
E – mail	edpbook@126.com
经　　销	全国新华书店
印　　刷	廊坊市海涛印刷有限公司
开　　本	710×1000 mm　1/16
印　　张	16. 25
字　　数	263 千字
版　　次	2018 年 1 月第一版
印　　次	2018 年 1 月第一次印刷
书　　号	ISBN 978-7-5196-0216-1
定　　价	56. 00 元

前　言

　　随着互联网技术的发展和信息基础设施水平的提升，互联网已经成为了新的变革动力源泉。互联网对社会产业和组织产生了重要影响，许多产业领域和组织都表现出"互联网＋化"，同时产业和组织的这种发展趋势对图书馆也产生了深远影响。图书馆通过培育稳定的互联网＋用户群体，加快图书馆与其他产业及组织依托互联网平台的融合，能够有效带动图书馆的发展。

　　在互联网＋时代，图书馆与其他产业领域的交叉越来越多，组织之间边界逐渐模糊，跨界融合成为图书馆发展的必然趋势。在发展过程中，图书馆的跨界融合主要表现在基于知识供应链的纵向融合、与利益相关者的横向融合和基于用户工作流的适应性跨越融合等三个方面。未来图书馆要紧跟"互联网＋"的步伐，对图书馆的管理和服务模式重新审视，以基础建设和技术应用为主，逐步提升图书馆员的信息素养，逐渐提高图书馆的服务能力，不断满足用户日益增长的信息需求，继续发挥信息技术的引领作用，引领未来图书馆发展的高级形态。

　　《互联网＋时代图书馆跨界融合研究》一书共分为十二章，每章关注和研究的问题各有侧重但又相互联系、相辅相成。

　　第一章是对图书馆跨界合作的历史的回溯。回溯了随着历史的变迁，图书馆之间在文献资源共享、业务交流等方面进行的早期合作，介绍了早期图书馆与图书供应商之间合作内容的变化以及图书馆联盟的发展和在图书馆跨界融合中发挥的作用。

第二章阐述了互联网的发展和互联网＋的兴起，论述了互联网＋带给图书馆的发展机遇和挑战，分析了互联网＋对图书馆发展产生的深远影响和图书馆在互联网＋环境下现阶段面临的主要问题，提出了图书馆在互联网＋时代的发展趋势和发展策略。

第三章分析了互联网＋时代的跨界融合的生成机理、作用层次，探究了互联网＋时代图书馆跨界融合的技术动力、社会动力以及图书馆跨界融合的方向。

第四章探讨了互联网＋时代跨界融合中的图书馆数字资源建设，阐述了跨界融合对图书馆数字资源建设的影响，探讨了跨界融合环境下图书馆数字资源建设的发展策略和保障机制。

第五章分析了现阶段图书馆信息服务的现状和互联网背景下图书馆信息服务面临的机遇挑战，提出了跨界融合环境下图书馆信息服务发展的新对策。

第六章探讨了跨界融合对图书馆跨界融合的启示，分析了互联网＋时代图书馆跨界融合中的阅读推广路径，并列举了依托互联网平台的典型阅读推广案例。

第七章对互联网＋时代出版的发展趋势和图书馆与出版的融合需求进行了阐述，提出在互联网＋环境下，图书馆与出版社的知识服务融合是数字时代跨界融合必然趋势，也是提升图书馆与出版社知识服务水平的有效途径。

第八章论述在互联网＋时代用户信息获取行为和信息获取方式的变化，对图书馆、博物馆、档案馆用户服务产生了重要的影响。三馆需要深度融合，在服务方面实现跨界融合创新。

第九章指出在互联网＋时代图书馆与电子商务平台、商业综合体、零售业态以及相关的服务业相互合作、跨界融合，新的融合服务模式不断涌现。

第十章通过分析互联网教育发展的状况和趋势，阐述在互联网＋思维下，图书馆在跨界融合中与互联网教育逐渐实现无边界融合，对图书馆和互联网教育的发展都产生了深远影响。

第十一章提出了互联网＋时代图书馆跨界营销的新思维，分析了互联网＋时代跨界营销的典型案例，重点阐述了互联网＋时代图书馆营销模式的创新和转变。

第十二章以互联网＋时代图书馆跨界融合中的知识产权问题为核心，阐述了知识产权制度的失衡、互联网时代的冲突和重构，解读了互联网＋时代图书馆的版权服务。

　　本书共十二章，其中第二章互联网＋对图书馆的影响，第四章跨界融合中的图书馆数字资源建设，第五章跨界融合中的图书馆信息服务创新，第六章跨界融合中的图书馆阅读推广，第七章互联网＋时代图书馆与出版跨界融合，第十一章互联网＋时代图书馆的跨界融合营销中第一节由刘玲撰写；第一章图书馆跨界合作的产生与发展，第三章互联网＋时代图书馆跨界融合动力与方向，第九章互联网＋时代图书馆与商业的跨界融合由齐诚撰写；第八章互联网＋时代图书馆与博物馆、档案馆的跨界融合，第十章互联网＋背景下图书馆与互联网教育的跨界融合，第十一章互联网＋时代图书馆的跨界融合营销中第二节和第三节，第十二章互联网＋时代图书馆跨界融合中的知识产权问题由马楠撰写。

　　本书在写作之前，几位作者曾用了相当一段时间共同讨论，探究互联网＋时代图书馆发展的思路和趋势，分析图书馆跨界融合的必然性。通过各种渠道搜集资料和新的前沿信息，向专家学者虚心请教，在一些观点和认识方面达成共识，从而梳理出图书馆跨界融合研究的主要思路。

　　在写作过程中，我们也借鉴了国内外许多图书馆学者的观点和论著，参考文献和注释中都做了标注。但是书中部分文献资料通过间接渠道获得，有些参考资料未能一一列出。同时由于编撰时间仓促，作者文字写作水平有限，书中难免存在纰漏甚至谬误之处，恳请图书馆学界同仁和读者批评指正。

作　者

2017 年 6 月

目　录

第一章　图书馆跨界合作的产生与发展

　　跨界融合是社会组织不同部门之间以完成单个部门无法独立完成的工作为目的的功能整合。美国学者马蒂林斯基和罗纳德海菲茨认为，我们面对的问题有两种，一种是有些清晰定义、具体对策的技术性问题，能够依靠单个和个别的组织解决；另一种是适应性问题，社会问题大都属于这一类，需要多元利益相关者参与，实现优势互补和资源整合来改善。互联网＋背景下的跨界合作虽然是近年来提出的发展新趋势，但跨界合作却是伴随着图书馆发展历史由来已久的发展方式。2000 多年前，古代图书馆就有了人类文献资源合作的历史印迹。①随着历史的变迁，图书馆的合作逐渐发展，早期以共享文献资源为主要内容，包括图书文献互借、业务交流等。信息化的发展使图书馆的合作进入全新时代，文献资源共享、技术平台兼容、服务空间拓展、服务半径延伸，图书馆合作的广度和深度都发生了巨大改变。②

---

　　①　王沙骋，曹凤，赵澄谋．信息共享环境探析［J］．情报理论与实践，2008（4）：610–613+623.

　　②　刘丽莉．社会转型视角下的图书馆合作发展模式研究［D］．山西大学，2015.

第一节　图书馆跨界合作的产生与发展

一、图书馆合作的产生

图书馆之间合作历史由来已久，最初的合作以文献共享为主。通过图书馆馆际之间的合作，实现文献共享，发挥馆藏文献资源价值的效用最大化，尽最大限度满足读者的文献需求，这既是图书馆界一直以来的理想追求，也是图书馆发展的必然趋势。"馆际互借在中古时代即已有之"[①]"邻近的图书馆，通常能互借书籍以抄缮复本，或仅供阅读之用"[②]公元前 200 年前，别迦摩图书馆与亚历山大图书馆之间就有了获取文献资料的馆际互借活动[③]。公元 13 世纪，欧洲 100 余所宗教图书馆合作编制联合手稿目录。到 16 世纪图书馆界之间的合作编目已经非常普遍，合作的规模都较大，最具代表的如盖世纳（K. Gesner）的《世界书目》。[④]1634 年，在巴黎的皇家图书馆和罗马的梵蒂冈与巴比伦的图书馆之间曾尝试互借手稿。在中国历史上，北魏太和二十年（公元 496 年），北魏孝文帝拓跋宏曾向南齐借书抄录。此时的北魏《五经》《史》《传》《庄》《老》以及佛教文化的一般典籍都不缺，此番向南齐"借书"正是北魏孝文帝大规模的汉化运动之外显示他对南朝文化典藏的敬慕与尊重，推动南北文化典藏融合的重要举措。15 世纪，曹溶的"流通古书约"和丁雄飞所订的"古欢社约"，也是推动藏书机构之间合作，实现文献资源共享的制度雏形。

18 世纪，德国一些大学的图书馆开始开展联合目录的编制，当时文献资源的交换和合作在图书馆界已经非常普遍，图书馆界的合作领域也不断的扩大。

---

①　Newsletter of the IFLA Document Delivery and REsource Sharing seet［OL］. http://www.ifla.org/VII/s15/pubs/Documnt–Delivery–Newslletter–Ort07.pdf

②　Elmer D. Johnson. 尹定国，西洋图书馆史［M］. 台湾：学生书局，1985：102.

③　代根兴. 图书馆信息资源建设与管理研究［M］. 北京：北京邮电大学出版社，2014：244.

④　盖世纳（K. Gesner）编制的《世界书目》是当时的代表作之一，共收录了王个语种在内的 1.2 万多种图书书目，约占当时欧洲抄本和印本总数的五分之一。

这一历史阶段欧美发达资本主义国家已经基本完成工业革命，社会生产力发展引起的社会变革对图书馆的存在价值和历史使命提出了新的要求。图书馆逐渐打破封闭状态，从传统的宫廷藏书、宗教寺院藏书等形式中解脱出来，开始走向广大民众。逐渐成为社会公共服务的文化教育机构，为"社会公众服务"的定位使西方图书馆资源和服务之间的合作与联合开始盛行起来。

二、图书馆合作的发展与跨界合作的出现

（一）图书馆合作的发展

20世纪初，图书馆正式的合作组织开始出现，1901年美国国会图书馆与周围的图书馆进行合作，为周围的图书馆提供馆际互借服务，并将本馆目录卡片与四百余家图书馆进行共享。Albert Mansbridge 在伦敦创办了学生中央图书馆，并提倡图书馆之间应该开展广泛的合作活动。

20世纪初美国图书馆协会（ALA）曾将资源共享和馆际合作作为会议的讨论主题，积极倡导图书馆之间的资源共享和馆际合作[1]，并在1917年制定了馆际合作的相关规则和制度。1942年美国制定的"法明顿计划"[2]引导美国图书馆界开展联合采购，推动图书馆界在采购方面的合作。20世纪中后期，图书馆合作组织和活动盛行起来，这一时期产生了很多著名的图书馆合作组织，如美国的联机计算机图书馆中心（Online Computer Library Center，简称 OCLC）、美国明尼达克斯图书馆信息网（Minitexs Library Information Network，简称 MLIN）、加拿大图书馆联盟书目中心（The Bibliocentre）等。这一时期图书馆资源共享理念已经明确，文献资源、书目资源的共享成为合作的主要项目，但因技术水

---

① 佟丽艳.对高校图书馆开展资源共享工作的探讨［J］.黑龙江科技信息，2003（11）：22.
② 法明顿计划（Farmington Plan）是美国60多个图书馆于1948–1972年实施的一项有关合作收集外国出版物的自愿协定。因1942年10月在康涅狄格州法明顿召开的讨论会促成此计划而得名。参加馆除50个大学图书馆外，还有美国国会图书馆、美国国立医学图书馆、美国国立农业图书馆和纽约公共图书馆等。它们都承担着专门的收集任务。收集范围原拟逐步包括各国出版的各种类型出版物。该计划目标是尽可能使美国任何一个研究人员感兴趣的外国出版物在美国至少有一个图书馆收藏一份，并尽快列入《全国联合目录》，用户可以通过馆际互借或照相复制而加以利用。

平等的制约，图书馆合作活动规模较小，跨州、跨地区、全国性的图书馆合作体发展还不成熟。

（二）图书馆跨界合作的出现

20 世纪 70 年代以后，各国政府对图书馆合作发展活动逐渐重视，政府在立法方面对图书馆的合作进行导向性支持，制定了很多有利于图书馆合作的法规和制度。美国的《图书馆服务法案》等对图书馆合作团体、图书馆合作网建设、资源共享活动作了专门规定，为图书馆的合作创造了较好的外部环境。[①]同时这一时期随着互联网技术的发展和数字化手段的不断兴起，图书馆之间在文献资源共建和共享、服务范围的扩展、合作平台的搭建等方面都不断发展，图书馆的合作成为真正意义上的跨系统、跨区域、跨国界的合作，图书馆的合作迎来了全新的发展时期。这一阶段大范围、多元化的图书馆合作活动逐渐形成并日趋成熟，如英国大学图书馆联盟（Consortium of Univercity Library，简称 CURL）、德国柏林暨勃兰登堡州区内图书馆联网组织（Kooperative Bibliotheksverbund Berlin–Brandenburg，简称 KVOB）[②]、美国俄亥俄图书馆与信息网络（The Ohio Library and Information Network，简称 OhioLINK）[③]等合作组织。这些合作组织都是某一国或地区范围内的区域性合作组织，第一个突破国家界限的国际性图书馆合作组织是 1996 年成立的图书馆共同体联盟（International Coalition of Library Consortia，简称 ICOLC），该组织通过国际合作活动推动了全世界图书馆的合作发展进程，比如通过集团采购降低图书馆采购成本；通过对图书馆员进行专业知识的培训，提高图书馆员的职业素养；推

---

① 郦金花.图书馆合作发展研究［J］.图书馆学研究，2011（4）：90–94.

② KOBV 是德国柏林暨勃兰登堡州区内图书馆联网组织（Kooperativer Bibliotheksverbund Berlin–Brandenburg）的简称，该组织是国际上有影响的专业性、地区性乃至全球性的图书馆合作组织之一。

③ 俄亥俄图书馆与信息网络（The Ohio Library and Information Network，简称 OhioLink）是始建于 20 世纪 90 年代的州规模的图书馆联盟。其成员包括 17 所公立大学、23 所社区／专科学院，43 所私立大学的图书馆以及州图书馆。通过以一个综合性的地区图书馆目录和 OhioLink 中心目录，一个联机馆际互借系统，各个学科的数据库和 48 小时的文献配送系统为 89 个成员机构的 60 万在校学生、教员和职员提供服务。

进图书馆之间的技术、资金、经验等方面的共享；为图书馆的发展筹措款项等，为全世界图书馆的国际化合作和战略发展提供了良好的沟通交流平台。①

（三）我国图书馆合作发展历程

西方图书馆强调合作的理念通过早期留洋归来的图书馆学者在国内开始传播，并逐步出现国内图书馆合作的实践。国内最早的关于馆际互借的制度出现在 1926 年修订的上海图书馆学会章程中，1927 年国立北平图书馆也建立了馆际互借制度，1929 年召开的中华图书馆协会第一次全体会议通过了在全国范围内推广图书馆之间馆际互借的决议。

整体来看，根据我国图书馆事业发展的特点和进程，图书馆的合作发展大致经历了从初始阶段、恢复与初步发展阶段、繁荣发展阶段、迈向新阶段四大阶段。②③ 20 世纪的 20 年代，图书馆学家韦棣华为了争取庚子赔款退款对中国图书馆事业的支持而努力奔走于中美之间，在韦棣华的努力之下美国图书馆学家鲍士伟来中国进行了短期考察，有力地促进了庚子退款对中国图书馆发展的资助，翻开了中国图书馆跨界合作实践的新篇章。④ 近代的中国大多处在战乱之中，随后的战乱造成的社会动荡给我国图书馆事业发展带来了极大的冲击。新中国成立后，政府开始从国家层面出台政策推动图书馆合作。1957 年，国务院颁布了《全国图书协调方案》，要求全国各系统内的图书馆要与系统外的图书馆加强横向的联系和协作，全国各系统图书馆加强了横向联系与协作，在图书采购协调、图书调拨、统一编目、联合目录、馆际互借、干部培养等方面做了大量工作，推动了全国图书馆合作的进程和事业的发展

---

① 图书馆共同体国际联盟（International Coalition ofLibrary Consortia，简称 ICOLC）是一个非正式组织，它由美国、加拿大、荷兰、以色列、澳大利亚等国的约 150 个图书馆联盟组成，代表全世界 5000 多个加盟馆。ICOLC 主要面向高等教育机构提供服务，旨在促进不同联盟之间就共同关心的利益和话题进行有效的讨论，并提出解决问题的方案。

② 郦金花 . 图书馆合作发展研究［J］. 图书馆学研究，2011（4）：90-94+67.

③ D. G. Davis，P. C. Yu，初景利 . 鲍士伟与中国图书馆的发展：国际合作的一个篇章［J］. 图书馆学刊，1993（6）：6-12.

④ D. G. Davis，P. C. Yu，初景利 . 鲍士伟与中国图书馆的发展：国际合作的一个篇章［J］. 图书馆学刊，1993（6）：6-12.

步伐。这一时期，在高度集中的计划经济体制下，各个图书馆严格执行各项计划任务，虽然都隶属于不同的系统，但图书馆之间的合作效果非常明显。1966 年到 1976 年十年动乱间，我国图书馆事业受到很大的影响，图书馆之间的合作也进入了停滞状态。

1978 年以后，各类、各级和隶属于各个系统的图书馆协作逐渐恢复。1981 年，我国成立了全国高等学校图书馆工作委员会，随后有 28 个省市也相继成立本地区的高校图书馆工作委员会，对图书馆之间的协作产生了积极影响。80 年代中期，不同学科专业的图书馆合作组织相继得到发展，如医学情报协作组织、农业情报协作组织和期刊专业性协作组织发展起来。区域性的图书馆协作组织也开始建立，如 1986 年华东地区成立区域性协作组织，此外还有西北五省区高等学校图书馆之间开展的跨区域协作活动。

1984 年全国高等学校图书馆工作委员会在大连召开藏书建设研讨会，会议正式提出了文献资源共享的理念和思路。中国图书馆学会也组织了多次的会议，就文献资源的共享共建问题进行研讨与规划，从理论和实践两个层面推动图书馆协作的活动的开展。国际协作组织在外刊的协调采购、联合目录的编制等方面推动图书馆资源的共享。中国农业图书馆协会编制了《农业科学图书联合目录》以及《国外科技资料目录——农业科学》，积极推动农业图书情报机构的合作。这一时期我国的图书馆事业和图书馆之间的合作与共享得到了恢复和初步的发展，但受到传统固化观念的影响，共享的理念还没有深入每一个领域，图书馆重藏轻用的现象仍然存在，束缚了图书馆之间的共享和合作。

20 世纪 90 年代，随着计算机自动化和网络化的逐渐发展，图书馆之间的合作进入了繁荣阶段。90 年代以后，网络技术的发展促进了图书馆之间书目信息资源的交流和文献信息资源的共享，联合编目、联合书目数据库、联合采购等业务应运而生，图书馆之间的合作进入了一个新的阶段——图书馆联盟出现。

2004 年以后，图书馆的合作与发展进入了互联网时代，大众学术搜索打破了图书馆内部信息服务体系的边界，跨界合作成为图书馆合作发展的新趋势。2004 年 Google 与哈佛大学图书馆、斯坦福大学图书馆、牛津大学图书馆、密歇根大学图书馆以及纽约图书馆进行合作，将这些图书馆馆藏的几千万册图书进行数字化加工，实现了对图书信息的互联网一站式检索。2009 年，我国国家图书馆与中国移动签署战略合作协议，推动移动互联网阅读终端的开发，扩展图书馆服务的半径。图书馆与通信运营商、网络运营商以及出版商之间的合作也逐渐深入，图书馆进入了与利益相关者竞争与合作发展的新阶段。

第二节　图书馆配商与图书馆的融合

一、图书馆配商与图书馆的合作关系

"图书馆配商"一词最早是由台湾的中盘商提出的，馆配商的意思是连接上游出版社和下游图书馆用户，承担图书分销任务，并提供专业化服务的中间商。馆配商和图书馆是馆配市场的供需双方主体，馆配市场是图书馆事业和出版事业发展到一定程度的必然产物，是图书出版发行商与图书馆之间进行图书商品及相关服务交换关系总和。馆配市场的关系，包括书商与图书馆之间的关系，也包括由交易关系引起的书商与书商之间的横向关系，以及图书馆与图书馆之间的横向关系。馆配商的发展是伴随着图书馆事业变化发展而来的，馆配商与作为其利益相关者的出版社图书馆形成了互利共赢、相互依赖的生态链。随着图书馆对文献资源需求的多样化需求，在传统的纸质图书外增加了对数字资源的需求，馆配商也顺应这种需求，不断自我调整，改变了过去单一供应图书的业务方式，逐渐发展为配套全流程服务的图书馆管理和服务解决方案提供者。在图书馆资源建设和发展中扮演着十分重要的角色。①

美国图书出版商协会的沃勒（Waller）在 1952 年曾提出了出版商、书商和图书馆关系的 3R 观点，即"在最适当的时候，将最适当的图书，提供给最适当的读者（getting theright book to the right person at the right time）"，② 将 3R 作

---

① 杨淑琼.高校图书馆与馆配商合作机制探讨［J］.图书馆学研究，2016（7）：33-37.

② 阮绍薇.网际网路时代大学图书馆与图书代理商关系及影响影响因素之探讨［D］.台湾大学硕士论文，2001.

为出版商、馆配商和图书馆三者的共同目标。图书馆和馆配商实际上一直在各尽其职朝这个目标发展，并在网络化时代随着社会分工的细化和市场的细分走向合作道路。在 20 世纪 60 年代，图书馆员采用电话方式和图书供应商联系洽谈，通过邮寄图书发行目录，由图书馆根据图书目录勾选订单再邮寄给书商进行图书采购。20 世纪 70 年代，随着计算机信息技术的发展，大多数图书馆建立了图书采访信息系统，图书供应商也开始开放其书目数据库供图书馆共享访问，图书馆通过信息数据专线访问数据库，进行书目选择。一些书商也尝试用其他的技术方式提供书目，如以缩微胶片的方式向图书馆提供书目清单。20 世纪 80 年代，随着计算机在各个领域的普及，一些图书馆购买了图书馆自动化系统，图书馆员通过自动化系统制作电子订单，使用电子数据交换系统将图书订购信息传递给图书供应商。20 世纪 90 年代以后，网络信息技术不断升级，图书供应商建立属于自己的自动化系统，提供网络化的订购书目、图书信息查重、订单接受和处理等业务，图书馆的自动化系统也随之升级发展，与图书供应商的自动化系统相互兼容，实现数据的有效衔接。图书馆也在发展中进行业务流程重组，图书供应商和图书馆的关系也逐渐从单纯的图书供货关系转变为图书馆服务外包承担商的关系。

定位于高度信息化运作、专业化服务的现代图书馆馆配市场，是图书产业发展到一定程度后，伴随着各类图书馆对图书售前、售后服务的需求应运而生的。随着图书馆服务创新，图书馆文献资源的采购、组织、揭示、流通等诸多环节也在发生着深刻的变化，图书馆配商与图书馆之间的合作也更加深入。我国从新中国成立到 20 世纪 90 年代以前，新华书店是图书馆图书采购的唯一馆配商。90 年代以后，随着民营书业企业的介入并迅速崛起，民营馆配商在馆配市场中起主导和引领作用。2002 年，教育部开始对普通高等学校本科教学工作水平开展评估，生均图书数量作为评估方案中一项重要考核指标。图书馆对图书数量及繁琐的加工流程需求增加，极大地推动了馆配商的发展壮大，馆配商进入了迅速扩张时期。进入新世纪以来，伴随着馆配市场的不断扩大，出版社也从中捕捉到巨大商机，承担起馆配商的角色。现在，馆配市场呈现出民营馆配商、新华书店和出版社三足鼎立局面，三方各具特色，共同服务于图书馆的图书采购市场。随着图书馆多元化的需求和馆配商多样化的服务，图书馆与馆配商的关系也越来越紧密。

二、馆配商与图书馆的合作驱动因素

馆配商与图书馆之间的合作，本质上是供应链合作关系，是服务销售商与客户之间在一定时间内共享信息、共担风险、共同获利的协作关系。馆配商即是供应链上游出版社的客户，又是供应链下游图书馆的供应商。馆配商与图书馆之间在特定时间段内就特定的文献资源产品或服务达成一定的承诺和协议，包括信息共享、分享和分担由于合作关系带来的利益和风险。因此，馆配商与图书馆之间的合作关系是一种供应链合作关系。随着图书馆业务的发展，不断增加的文献资源多样化需求和馆配商在激烈的市场竞争中寻求经济增长点都成为了馆配商与图书馆合作关系的驱动因素。除此之外，书刊市场价格因素、国家出版政策调整、宏观经济发展的整体状况对双方关系都有一点的影响。

读者服务工作是图书馆工作的核心，也是图书馆工作的出发点和落脚点。随着图书馆服务理念的变化，读者服务意识不断增强，图书馆的工作重心逐渐转移。由于作为组织的图书馆本身需要管理和运行，人力、物力、财力等资源需要分散在图书馆管理和服务的各个领域，分配在图书馆信息咨询服务方面的经费就相对较少，信息咨询服务能力就成为图书馆相对薄弱的环节。为了提升信息服务的水平和能力，图书馆开始将工作重心从传统管理和服务工作转移到信息咨询服务工作中。工作重心转移使得图书馆需要对内部人员和岗位的配置进行重组，一些图书馆将部分非核心的工作任务外包给图书供应商，由图书供应商承担。如加拿大阿尔伯达大学（The University of Alberta）图书馆将业务外包后对图书馆员重新进行了培训，将原来的 40 个职位转成公众服务工作。[①] 而国内如中山大学图书馆完成了岗位设置改革，将资源进行了重新分配，业务也进行了重组。图书馆调整业务结构，对业务流程进行重组和优化，实现了业务管理的科学化和合理化；采用业务外包的方式，将部分业务委托外包，以便集中精力从事核心业务。更多的图书馆员从图书编目、期刊著录、电子文献加工等繁忙的事务性工作中解脱出来，走到读者服务的第一线，图书馆的工作重心

---

① 曹秋霞. 国外图书馆编目业务外包的发展及启示［J］. 图书情报工作，2009（1）：89-92.

也从后台支撑走向前台服务，服务内容也从一般服务向深层次咨询服务转移。随着科学技术的发展、知识更替速度加快，信息资源越来越丰富，图书馆单纯通过内部优化对服务能力提升并不明显，图书馆员也明显感觉到工作压力的增加。面对这种情况，图书馆开始寻求外部的服务资源缓解发展中面临的困境，解决人力和物力不足的状态，进一步强化图书馆核心业务能力，提升图书馆整体服务水平。因此图书馆与馆配商的合作也从单一的图书采购逐渐过渡为图书编目加工、图书上架等系列业务。

　　从国内来看，20世纪80年代以后，国家对文化事业越来越重视，对文化事业逐步加大了投入，国家对公共图书馆和高校图书馆进行的评估逐渐展开，图书馆的馆舍面积不断增加，纸质图书、期刊和电子文献资源的需求持续增长，同时读者的差异化和多样性的需求对图书馆的文献资源服务提出了更高的要求。图书馆有更好的服务和发展，不仅要注重场馆设施等硬件设施的建设，还得注重资源和服务的配套。这种需求不断增加的状态，使得图书馆也产生强烈与馆配商合作的意愿，通过双方的合作来降低成本、提高效率，以便更好地满足读者的需求。供应商不断寻求新的经济增长点，也称为图书馆与图书供应商合作深化的重要驱动因素。20世纪90年代，我国的民营图书供应商并没有图书总发行权，在市场竞争中无法与新华书店并享有同等的身份，在图书的零售和批发领域的利益被新华书店基本垄断。为了获得经济利益的增长，民营图书供应商想方设法积极开拓市场，挖掘图书馆用户的需求。开启了和公共图书馆以及高校图书馆的合作之旅。2002年以后，随着招投标管理办法在教材采购领域的应用，新华书店逐渐失去了在教材市场竞争的优势，转而在图书馆馆配市场当中争夺市场份额，经济利益的驱使使图书供应商更加注重与图书馆的合作。

　　除了图书馆业务流程重组后产生的对业务外包的需求和图书供应商经济利益的驱使等因素外，图书供应商在数据服务和技术加工方面服务能力的提升，也成为图书馆与图书供应商关系合作深化的重要驱动因素。20世纪60年代以来，纲目选书（approvalplans）成为一种常规图书采购方法，协助图书馆编制纲目和进行培训。当书商被选中后，书商派出专家协助图书馆员进行纲目的制订工作。书商还要对图书馆员进行培训，使他们能够了解和学会使用书商的数据库。如马里兰巴尔的摩县大学图书馆与布莱克维尔图书公司（Blaekwell

Bookserviees）共同制订的纲目。[①]

国外书商为图书馆用户提供的数据服务包括临时记录、MARC 记录和 MARC 添加记录。网络的发展使得许多工作程序趋于标准化，社会分工因此重新分配，人力资源也趋于优化，书商给图书馆提供的服务也越来越多。除了提供数据服务外，书商还可以根据用户需要提供各种技术加工服务，包括条形码、编目卡片和书标、馆藏章、磁条、精装或加硬封、借书期限卡、书袋和护封等。对于这些技术加工服务，质量控制通常是重要的，特别是加工任务转到了图书馆以外，质量控制就显得更为重要了。书商提供的这些技术加工服务需要图书馆的配合，图书馆与书商进行交流和沟通是保证技术加工质量的核心。当然，书商为图书馆提供的这些服务需要收回最低的成本。[②]

三、馆配商与图书馆合作制约因素

根据供应链组成系统中各要素的合作关系研究观点，供应链体系中的各组织容易受到伙伴间的合作、信任与良好交流、对变化的适应性、组织的获利能力等等因素[③]，影响供应链的合作绩效和合作关系的持续。作为供应链组成要素的图书供应商和图书馆的合作关系也会受到很多因素的制约，如双方的合作态度与意愿，彼此之间的信任程度，双方的沟通效率以及供应商的服务能力等等。

图书供应商和图书馆双方之间的合作态度，对于双方的关系影响深远。高效优质的供应链合作关系，首先建立在合作双方端正的合作态度之上，端正的合作态度才能保证图书供应商同图书馆之间保持良好的沟通关系，进而逐渐建立相互信任的关系。除了端正的态度外，双方还需要有非常强烈的合作意愿，对双方合作目标有着共同的认识，愿意对合作过程当中存在的问题进行有效的沟通协调，以保证合作关系的持续。

---

① 何志宁.介绍美国布莱克维尔图书公司纲目订单的特色［J］.广东图书馆学刊，1987（4）：96–98.

② 冯彩芬，杨涛.大学图书馆与书商合作展望［J］.新世纪图书馆，2005（2）：30–32.

③ 陈长彬，陈功玉.供应链合作关系的形成与发展研究［J］.工业技术经济，2006（11）：24–28.

合作伙伴之间的信任是供应链合作关系的重要因素，合作双方在没有监督的情况下，不会擅自采用机会主义投机行为达到利己的目的，在做出任何决策之前都会考虑给合作伙伴产生的影响。图书供应商与图书馆之间的信任能够有效促进双方合作关系健康持续发展，可以有效提高供应链合作效率，促进双方的合作关系不断升级，从单一业务向多元业务过渡，从技术合作向战略合作转变，合作关系从操作层面向战略层面过渡。在实际的合作中，存在过图书供应商无法履行合同约定，保质保量为图书馆提供所需图书而终止合同的情况，也出现过图书馆没有履行合同按时付款，长期拖欠图书供应商书款的情形，这都给双方的合作带来了障碍。除了彼此的信任之外，合作双方还需要进一步深入沟通了解，通过沟通，图书供应商更加了解图书馆的需求，图书馆也能够更加客观公正地去评价图书供应商的服务能力，对合作过程中的问题也能够及时发现并有效解决。

图书供应商的供应能力也是制约图书馆与供应商合作的重要瓶颈。供应商的供应能力包括供货能力与服务能力，具体来说是包括图书供应商对书目信息的收集能力、供应链业务流程的管理能力、企业的产品研发能力以及售后技术能力。图书供应商的能力直接决定着它与图书馆合作的深度与层次。20 世纪 90年代，因为民营图书供应商的服务能力不强，所以图书供应商与图书馆之间的合作主体相对单一，合作层次相对较浅。2003 年以后，全国图书市场全面开放，各大图书供应商共同争夺馆配市场，在激烈的市场竞争中各自都不断提高自身的能力。图书供应商不仅能够提供图书配供单一服务、数据处理、技术加工等业务，甚至承担了一些其他的图书馆管理服务外包工作，双方合作内容逐渐丰富，合作关系进一步加深。

第三节　图书馆联盟的出现与发展

随着文献资源数量的增加，信息产品类别的多元化，用户分布日趋广泛，作为文献信息服务中心的图书馆感受到来自于读者需求多元化的强大压力。用户的需求多元化与图书馆有限的文献资源馆藏存在着对立矛盾，合作与共享成为图书馆缓解矛盾，实现可持续发展的重要途径。图书馆联盟这种以文献资源共享为主要目的的合作方式在全世界兴起，越来越受到广泛的关注和重视。图书馆联盟以资源共享为出发点，以技术支持和服务共享为目的，提高了联盟成员图书馆满足读者服务的能力，也提升了图书馆服务的效率和质量。

一、国外图书馆联盟的发展历史和现状

图书馆联盟是图书馆之间的合作发展到一定程度的产物，经历了从传统的馆际互借和联合编目到自动化系统的应用再到网络化、数字化的发展。

（一）国外图书馆联盟的发展历史

从国外图书馆联盟的发展来看，20 世纪初到 20 世纪中叶，图书馆都已开展馆际互借和联合编目，为拓展合作内容，部分图书馆还开展了联合采购等活动。此时的图书馆合作趋向于采用正式协议，图书馆合作组织逐渐形成。但这一时期的图书馆合作一般没有政府的参与，合作的信息化和自动化水平较低，合作的范围也很小，一般属于一个区域，还没有出现跨省或跨州的全国性图书馆联盟。

20 世纪 60 年代，图书馆联盟的发展迎来了第一次高潮。由于信息技术的发展并在图书馆领域的广泛应用，自动化成为这一时期图书馆联盟的主要特征。1960 年到 1970 年间，产生了一些以大学图书馆为中心的图书馆共享网络。20世纪 70 年代，美国教育部开展了一项针对全美大学图书馆联盟的调查和研究。这项研究以 125 个大学图书馆联盟为对象，其中 90% 的大学图书馆联盟成立于 1960 年以后，这也是美国大学图书馆经费充足，发展迅速的鼎盛时期。这一时期，美国的图书馆开始兴起自动化。各个图书馆计算机编目、图书书目信息数据的共享、数据库检索查询以及图书馆共享自动化技术人才的需求，成为图书馆联盟发展重要的推动力。20 世纪 70 年代以计算机技术为基础的图书馆联盟有四种类型：共享编目数据的图书馆联盟、以联合目录为基础的馆际互借和文献传递系统、联合自动化系统开发、文摘索引数据库的集中存储和联机检索系统。著名的图书馆联盟如 OCLC、WLN、RLIN 等都是在这一阶段形成的。[1] 20

---

① 袁静 . 图书馆联盟风险防范研究［D］. 武汉大学，2010：14

世纪 80 年代，虽然图书馆联盟的数量，仍然有一定程度的增加，但各大图书馆主要的精力都集中在图书馆集成管理系统的研发和调试上，图书馆集成系统的开发和应用成为当时关注的主要焦点，对图书馆联盟发展的重视程度相对下降。

20 世纪 90 年代，图书馆联盟的发展迎来了第二次发展高潮。随着计算机设备在图书馆的普及和网络技术的飞速发展，图书馆界开始意识到原有的自动化系统存在着信息处理能力不强、网络辐射范围狭小、开放性与兼容性较差等问题必须加以解决。同时随着信息化和数字出版技术发展，大量数字化的文献资源剧增，信息资源数量的增加使得电子文献的成本上涨，图书馆读者的需求开始出现多元化，各种信息资源服务提供商涌现并相互竞争。面对这种环境，图书馆必须进行合作才能应对信息化环境下的各种问题和挑战，图书馆联盟重新被图书馆界重视起来，并呈现蓬勃发展的态势。

20 世纪 90 年代以后，尤其是进入 21 世纪，数字化和国际化成为图书馆联盟发展的方向。随着信息技术的发展，图书馆联盟的合作内容不断丰富，合作的维度不断扩展，联盟的功能不断强化，逐步走向网络化、数字化、虚拟化和国际化。1997 年，图书馆联盟国际联合会成立，这种以各级图书馆联盟作为成员的联盟组织的的建立，加强了图书馆联盟领导人之间的交流和合作，通过组织，图书馆联盟国际学术性研讨会，讨论图书馆联盟的资源采购战略与政策，制定图书馆联盟建设的规章和制度，为图书馆联盟的建设和发展提供指导。

作为一种克服图书馆发展瓶颈、实现信息资源共享的一种有效形式，图书馆联盟逐渐从北美扩展到欧洲和亚洲，成为一种全球性的图书馆运动。各个国家各个地区都建立了各种层次和类型的图书馆联盟，以提高图书馆信息服务能力成为提高图书馆核心竞争力的一种有效手段和渠道。"90 年代后半期出现的图书馆联盟是当前图书馆界最重要的一种现象，图书馆界的其他事物传播速度较慢，而且主要在美国和英国，图书馆联盟却不一样，它在欧洲的其他国家也流行起来"。① 不仅如此，非洲、大洋洲等地区也纷纷建立起各种类型的图书馆联盟，对图书馆的共享和信息服务产生了重要影响。

---

① Lluis Anglada, Nuria Comellas. What's fair Pricing models in the electronic era [J].
Library Management，2002，23（4/5）：227-233

（二）国外主要图书馆联盟的发展现状

1. 美国图书馆联盟的发展现状

图书馆联盟最初发源于美国，所以美国图书馆界有着合作和资源共享的传统，政府在政策上和经费上都给予图书馆联盟极大的支持。有合作及资源共享的良好传统，政府给予政策和资金上的支持，信息技术领先世界，美国图书馆联盟走在了世界的前列。[①]经过多年的发展，美国的图书馆联盟已经发展成一个纵横交错的大型网络体系。[②]横向来看，美国几乎每个州都至少有一个全州范围内的图书馆联盟。在州层面之下，又分布着各个地区性的图书馆联盟以及一个县或更小范围的地方性图书馆联盟。纵向来看，美国又有许多不受地理限制的专业性图书馆联盟，有全国范围内的数字图书馆联盟，从国家层面到一直渗透到各基层地区。以新英格兰州为例，在全州范围内就有多达 67 个图书馆联盟，每个图书馆平均加入个联盟。[③]

美国较为著名的联盟有：乔治亚州图书馆联机教育系统（Georgia Library Learning Online，简称 GALILEO）、路易斯安那州图书馆信息网（The Louisiana Library Network）、美国俄亥俄州图书馆与信息网络（Ohio Library and Information Network，简称 OhioLINK）、俄亥俄高校图书馆中心（Ohio College Library Center，简称 OCLC）、美国伊利诺伊州图书馆联盟（Consortium of Academic and Research Libraries in Illinois，简称 CARLI）等。

OCLC 是世界上发展最早、规模最大、信息资源最为丰富的图书馆联盟。始建于 1967 年，其成立之初的名称为俄亥俄高校图书馆中心（OhioCollege Library Center 简称 OCLC），它当时是由美国俄亥俄州的 54 所大学联合建立的一个计算机联合编目网络。1977 年，这一区域组织扩展到全美。1996 年 OCLC 正式到中国大陆发展业务，与清华大学签约合作成立服务中心。随后北京、上海、重庆等城市的 1000 余家图书馆陆续成为 OCLC 的会员馆或固定用

---

① 董琴娟. 中国图书馆联盟发展研究［M］. 北京：光明日报出版社，2013：99.

② 董琴娟. 中国图书馆联盟发展研究［M］. 北京：光明日报出版社，2013：103.

③ rnold Hirshon. Library Consortium Organizayions：Internarional Developments［J］. Internarional Seminar on Collaborative Management of Electronic Resources，2003，9–11.

户。^①经过四十多年的发展，OCLC 从最初的地区性大学图书馆联盟发展为全球性的图书馆合作机构。目前为全球 171 个国家和地区 72000 多所图书馆提供服务。

Ohio LINK 的全称是美国俄亥俄州图书馆与信息网络（Ohio Library and Information Network），它是由该州大专院校图书馆和州图书馆构成的信息资源共享联盟。在会员规模与用户数量上 Ohio LINK 从 1992 年的 6 个会员发展到 2008 年 3 月 87 个成员。这 87 个会员包括 16 个公立 / 研究型大学图书馆、23 个社区与技术学院图书馆、47 个独立学院图书馆以及俄亥俄州立图书馆。Ohio LINK 为全州 60 多万的学生、教员、职员和其研究者提供多种信息服务。

美国伊利诺伊州图书馆联盟（Consortium of Academic and Research Libraries in Illinois，简称 CARLI）是伊利诺伊州的学术图书馆联盟，目前共有 156 个联盟成员参加。美国图书馆联盟的管理体系一般包括董事会及相关政府机构、指导委员会、工作组、专家委员会、职员等组成，联盟的运作依靠联盟成员遵守共同签订的规范化的协议来实现。美国图书馆联盟发展有个很大的优势，即资金来源渠道多、数量有保证，极大地促进了联盟的发展。

2. 英国图书馆联盟

英国的图书馆联盟以资源共享联盟和资源购买联盟的形式体现。资源共享联盟中目前加入国际图书馆联盟联合体的英国图书馆联盟有：英国联合信息系统委员会（Joint Information Systems Committee，简称 JISC）、英国国家与高校图书馆协会（The Society of College，National and University Libraries，简称 SCONUL）、英国大学研究图书馆联盟（Consortium University Research Libraries United Kingdom，简称 CURL）、西北部大学图书馆的联盟（The North West Academic Library，简称 NOWAL）、英国和爱尔兰地区的国家图书馆及大学图书馆为主的联盟（The Society of College National and University Libraries，简称 SCONUL）等。以公共图书馆为主的联盟在英国图书馆联盟中数量较少，以大学或研究图书馆为主的联盟占绝大多数，地位也最重要。资源购买联盟以区域性购买联盟为主。如伦敦大学购买联盟、苏格兰和英格兰北部购买联盟、威尔

---

① 柳春阳，刘兹恒 . OCLC 对我国信息资源共享的启示——纪念 OCLC 40 周年［J］. 图书馆，2007（5）：20-23.

士高等教育购买联盟、西北部大学购买联盟和南部大学购买联盟东北部大学购买联盟等。

3. 德国图书馆联盟

德国图书馆联盟已经形成了地区、国家和国际三个层次完整的合作体系。由于德国是联邦制国家，加上一些联邦州规模较大，德国的图书馆联盟主要建立在联邦州的层次上，很少是全国性的。6个地区性图书馆联盟覆盖了德国16个联邦州，包括了数量庞大的不同类型和规模的图书馆。6个地区性图书馆联盟是指柏林暨勃兰登堡合作图书馆网络（Kooperative Bibliotheksverbund Berlin-Brandenburg，简称 KOBV）、共同图书馆网络（the Commonlibrary Network，简称 GBV）北莱茵一威斯特伐利亚图书馆服务中心（North Rhine-Westphalian Library Service Zentrum，简 HBZ）、黑森州图书馆信息系统（HessischesBibl iotheks undInfor mat onssyst em HeBIS，简称 HeBIZ）、巴登一符腾堡图书馆服务中心（Baden-Württemberg Library Service Zentrum，简称 BSZ）、巴伐利亚州图书馆网络（Bayerische Staatsbibliothek the CommonLibrary Network，简称 BVB）。地区性图书馆联盟非常重视相互的合作和协调。全国性的图书馆网络联盟为这种交流与合作提供了平台。同时，针对不同资源和主题，图书馆形成了多个全国性甚至国际性的合作项目与活动。如连续出版物编目资源共享的德国期刊联合目录、文献传递服务的德国教育科研文献传递组织 Subito Society、网络出版的学术期刊资源共享的电子期刊图书馆、科学和技术领域信息共享的德国信息中心与国家科技图书馆共同主办的 Getlnfo 英目等。德国图书馆积极组织和参与国际性的信息资源共享，如建立德国——奥地利——瑞士图书馆联盟组织，一些地区图书馆联盟参加了国际图书馆联盟，德国国家图书馆加入了欧洲图书馆（The European Library）。

4. 日本图书馆联盟

日本是世界上图书馆事业较为发达的国家。日本图书馆联盟经过多年的发展与建设，形成各种横向、纵向的各级各类图书馆体系，为学术的发展、地域的振兴提供信息资源保障。日本图书馆联盟走的是一条高度组织化、制度化和有序推进的发展道路。

日本图书馆联盟发展大致经历两个阶段：第一阶段是战后，尤其是20世纪60年代经济高速增长时期，日本建立了许多各种形式的图书馆联盟组织和网络，这些联盟组织至今仍然是日本图书馆发展协作的重要基础。第二阶段始于 20 世纪 80 年代中期，1986 年在原东京大学文献信息中心的基础上，建立了日本学术情报中心，标志日本开始进入一个以计算机网络为基础的全国性信息资源共享阶段。2000 年 4 月国立情报学研究所（简称 NII）正式成立，它是在全国国立、公立、私立大学等共同参加的日本学术情报中心（简称 NACSIS）的基础上成立的。它通过计算机和数据通信网为研究者提供所需学术信息的全国性综合信息图书馆联盟。其大学图书馆综合书目数据库系统（NACSIS—CAT）揭示日本各大学馆藏文献的综合联机编目和服务系统，因特网的 OPAC 检索是全国学术门户网站。电子图书馆情报服务系统（NACSIS—ELS），可免费检索论文或期刊列表，搜索日本学术联盟发行的学术期刊中的论文。电子期刊系统（NACSIS—IIL）提供的外文杂志图书馆服务，基本实现与大英图书馆机读格式（UKMARC）、美国国会图书馆机读格式（LCMARC）、韩国图书馆机读格式（CNMARC KOR. MARC）等各种 MARC 数据间的转换，具有很强的多语种适应性。

日本图书馆联盟已形成点、线、面相结合的网格化、立体化的全面联盟。为研究者提供所需信息。日本图书馆联盟以信息资源共享为目的，把国立情报学研究所作为中枢机构，通过计算机和数据通信网连接大型计算机中心、信息处理中心、图书馆等形成。日本图书馆联盟是政府支持、科学管理、合理运作、网络体系发达的结果。

二、国内联盟的发展历程和现状

我国的图书馆联盟起步较晚，但图书馆之间的资源共享和协作活动开展的较早。20 世纪 20 年代上海图书馆协会、中华图书馆协会、国际北平图书馆的就先后提出了馆际互借制度。国内关于馆际互借的制度最早出现在 1926 年修订的上海图书馆学会章程中，1927 年国立北平图书馆也建立了馆际互借制度，1929 年召开的中华图书馆协会第一次全体会议通过了在全国范围内推广图书馆之间馆际互借的决议。

新中国成立以来，1957 年起政府开始从国家层面出台政策推动图书馆合作。国务院颁布了《全国图书协调方案》，提出了采购、调配、交换、互借的分工合作和编制联合目录、新书通报的任务，建立了北京、上海两个全国性的协作中心和九个地区性的协作中心，以开展协调外文书刊采购、编制各类联合目录、专题书目和索引、推行馆际互借等共建共享活动。要求全国各系统内的图书馆要与系统外的图书馆加强横向的联系和协作，全国各系统图书馆加强了横向联系与协作，在图书采购协调、图书调拨、统一编目、联合目录、馆际互借、干部培养等方面做了大量工作。这是建国后第一次全国性范围内的文献资源共享活动，推动了全国图书馆合作的进程和事业的发展步伐。1987 年开始，以 15 个部委联合成立的全国部际图书情报工作协调委员会组织的全国文献资源调查为标志，[①] 开始全国第二次大规模的文献资源共享活动。全国、地区及系统内图书馆文献资源普查及一系列共建工作，取得了一定的成绩。但由于诸多方面的因素影响，协调工作不是很顺利，这种状况一直持续到 90 年代中期。20 世纪 90 年代，作为我国高等教育"211 工程"和"九五""十五"总体规划中三个公共服务体系之一的中国高等教育文献保障系统（China Academic Library&Information System，简称 CALIS）建立，CALIS 以建设以中国高等教育数字图书馆为核心的教育文献联合保障体系为内容，实现信息资源共建、共知、共享，以发挥最大的社会效益和经济效益为目标，为中国的高等教育服务。[②] CALIS 建立后我国高等学校图书馆之间的文献资源协作更加紧密和频繁，也成为建国后第三次大规模的文献资源共享。

随着信息化发展水平的提高和在图书馆领域的不断应用，为图书馆之间的交流与合作提供了新的模式，全国性和区域性的图书馆联盟纷纷涌现，图书馆之间的合作获得了全新的发展空间。图书馆联盟的发展有力的推动了我国图书馆文献资源的共享的进程。21 世纪以来，图书馆联盟依旧是图书馆领域备受关注的热点。信息技术的发展及其在图书馆的广泛应用成为图书馆联盟发展阶段的分水岭。信息化水平较低时期，图书馆联盟以传统的功能为主，主要实现馆际互借和联合目录实现文献资源的共享。随着信息技术在图书馆界的应用水平的提高，图书馆联盟不但注重文献信息的共享，而且注重依托信息化平台进行

---

① 苏坤 . 信息资源共建共享研究进展［M］. 北京：中国言实出版社，2014：24.

② 中国高等教育文献保障系统［OL］.［2015-03-27］http://baike.baidu.com/item/ 中国高等教育文献保障系统 .

的文献资源共建，不仅注重文献资源的共享，而且注重图书馆技术、人力资源和参考咨询服务的共享。

三、信息化时代图书馆联盟的发展

随着信息技术深入发展和互联网的广泛普及，信息资源的数量剧增。这种新的数字化网络环境给图书馆的信息资源带来了前所未有的挑战，也提供了广阔的发展机遇。图书馆联盟利用信息技术和网络技术，突破了时间和空间的限制，实现了不同地区、不同类型图书馆的资源共享和资源共建，达到了图书馆之间优势互补的目的。同时在网络技术不断发展的条件下，图书馆联盟的功能突破了馆际互借、联合目录等传统功能的范围，开始向集团电子资源采购、数字资源保护、数字资源共享等领域延伸。

（一）信息化时代图书馆联盟发展机遇与挑战

早期图书馆没有信息网络技术，合作水平也相对较低，合作的范围也局限在某一特定的地区内。20世纪60年代以后，随着信息技术发展和计算机在图书馆开始普及，图书馆自动化书目信息数据的处理、数据库检索等技术广泛应用，为图书馆联盟的发展提供了强大的技术支持和发展动力。在信息网络环境下，图书馆联盟的各项活动都离不开信息技术的支持。联盟成员依托信息技术平台实现数字资源的整合和多元数据库的跨库检索，以及适时地开展合作参考咨询系统的开发。信息网络技术的发展使得图书馆之间的合作超越了原有的时空限制，实现了不同图书馆信息平台的兼容和衔接，图书馆之间能够开展有效的数据检索与传输，为图书馆间的服务集成和共享提供了统一的平台基础。

信息化环境不仅为图书馆联盟发展提供了技术上的利器，也是图书馆联盟新时期的合作内容和发展理念，图书馆不仅要在资源建设方面实现合作与共享，更要在信息服务方面实现有效协同和资源共享。信息技术环境下的图书馆联盟不仅实现了文献资源、设备资源等实体资源的共享，而且实现了人力资源和各类虚拟资源的共享。通过多级别协同的信息资源保障体系，实现了图书馆联盟内部资源的无缝对接和有效整合。同时随着信息技术的发展、图书馆联盟成员之间的合作与协调能力的提升以及社会政治、经济、文化宏观环境的变化，图书馆联盟的合作范围将会进一步的扩展和延伸，逐渐延伸出机构库项目、开放存取资源建设等内容。

　　任何事物的发展都具有两面性，信息技术也是把双刃剑。信息技术条件下的图书馆联盟不仅拓展了合作内容和功能，也使图书馆联盟的合作手段不断更新升级。但信息技术的发展也对图书馆联盟也带来了一些问题和挑战。由于受到不同地区经济条件和社会发展水平的差异的制约，不同地区的图书馆发展水平呈现不均衡状态，而信息技术的发展又强化了这种"马太效应"，加剧了不同地区之间图书馆发展水平的两极分化。一般来讲，参与图书馆联盟的大多是一些实力较强的图书馆，通过图书馆联盟的合作是他们的优势更加的明显，发展速度更快。而发展条件相对薄弱的图书馆被排斥在联盟之外，大多以传统的方式进行合作，发展速度相对缓慢。同时在技术发展过程中不同图书馆由于发展阶段不同，往往采用不同的技术方案，购买不同的数据库、建设不同的自动化系统。由于不同的数据库在结构方面存在差异，系统标准化程度较低，使得图书馆联盟成员馆进行共享时存在一定的技术壁垒障碍。如何统一提供检索平台，实现信息网络技术的标准化和规范化是图书馆联盟在新时期需要解决的重要问题。

　　信息技术的发展过程中不可避免的遇到信息安全问题，图书馆联盟需要在利用信息技术带来的优势的同时必须想办法规避信息安全风险，提高安全防范能力，保证文献信息资源的安全准确和可靠，这也是图书馆联盟面临的重要问题。信息技术的发展使得图书馆联盟成员馆之间的文献传递更加的高效和快捷，文献资源共享的效率和数量都大大增加，但这些文献共享行为往往隐藏着知识产权纠纷风险。信息文献传递业务虽然提高了信息利用程度，但也使得知识产权关系要素变得复杂，图书馆联盟都必须面对和解决这些问题，才能促进图书馆联盟的健康可持续发展。

（二）信息化时代图书馆联盟发展优势

　　有效地实现资源共享是图书馆一直追求的目标，随着信息技术的不断发展，这种目标逐渐成为现实。图书馆联盟通过信息技术实现了不同地区不同类型图书馆的资源共建共享，使"资源共享"从深入人心的理念逐渐转变为图书馆之间的业务常态，资源共享经历了从最初的图书馆资源共享到文献资源共享，再到信息共享。共享内容不断变化的过程中，不变的是最大限度地满足用户信息需求的图书馆服务目标。图书馆界为了实现资源共享进行合作建立的图书馆联盟，是实现资源共享最有效、最实际的组织形式。通过图书馆联盟的形式，联盟成员馆不必每家都购买所有的资源，集合各家单个力量最终形成一个利益共同体，共同承担风险、实现利益共享，有效降低图书馆的运营成本，提高了资源共享和资源利用的效率。由资源共享理念推动发展的图书馆联盟机制，是对世界图书馆界的最大贡献。[①] 图书馆联盟一词准确地捕捉了未来图书馆发展的主题特征，即通过互助合作的方式满足日益激增的用户需求。在网络化的今天，图书馆联盟被证明是促进图书馆合作、进行资源共建共享的最有效的方式，受到各国图书馆界的重视，因此还有人称之为资源共享联盟。[②]

在信息网络环境下，图书馆联盟不仅实现的是文献资源的共享和互补，而且有效地将成员馆的人力资源聚集起来，同时利用先进的技术支持实现了联盟成员馆服务的互补。互联网本身的开放性和分布式特点决定了信息用户地区分布的广泛性和用户需求的多样化、个性化。图书馆面对用户不断变化的信息需求，需要做出快速的反应并提供用户满意的优质服务。但是单个的图书馆因为受到资源和能力的限制，在面对多样化的用户需求时图书馆的信息服务能力无法适应多样化的信息需求，图书馆必须通过合作的方式实现文献资源的共享，克服自身文献资源的不足。而图书馆联盟在发展过程中恰恰适应了信息网络时代的发展要求，依托信息网络平台构建了信息资源共享体系，通过成员馆之间的协同，满足用户多样化的信息需求。

（三）信息化时代图书馆联盟功能拓展

早期的图书馆联盟基本限于馆际互借与文献传递、联合编目与联合目录等传统功能。1972 年，Ruth Partrick 撰写的研究报告中把美国当时的大学图书馆联盟的任务总结为借阅特许、馆际互借服务、联合目录或资源目录共享、复印优惠、参考咨询服务协作和传递服务等六项，[③] 这六个传统服务项目仍是目前图

---

① 蔡筱青 . 试论图书馆联盟与资源共享［J］. 图书馆学研究，2004（11）：88-91.

② 蔡筱青 . 试论图书馆联盟与资源共享［J］. 图书馆学研究，2004（11）：88-91.

③ James J Kopp. Library Consortia and Information Technology：the past. the present，the promise［J］. Information Technology and Libraries，1998，17（1）：7. 12.

书馆联盟的基础功能。进入数字时代，随着计算机技术和网络的发展，图书馆联盟的传统功能不但得到了拓展和延伸，而且增加了许多新的功能，如电子资源的集团采购、特色数据库建设、数字资源保存等。ICOLC 将图书馆联盟的基本功能总结为七项：藏书建设协调、电子资源集团采购、电子资源存储与运行、馆际互借与文献传递、联合目录、人员培训和藏书保护等。[①] 图书馆联盟传统的功能在信息网络条件下不断拓展，信息技术的发展赋予了这些传统功能性的内涵。传统的文献传递是用户提供本馆收藏的纸质图书、期刊论文、学位论文、科技报告专利文献的复印件。信息技术条件下，图书馆联盟延伸了传统的服务半径，信息技术的发展为图书馆开展馆际互借和文献传递提供了强有力的技术支撑。信息时代图书馆联盟正前所未有的方式开展馆际互借和文献传递，信息传递出现迈向自动化，电子化和网络化，[②] 文献传递的效率不断提升，对用户需求的响应能力也大幅提高。

联合编目也是图书馆联盟的主要传统功能。早期的图书馆将书目卡片批量复制以后，供其他图书馆共享使用，以减少不必要的重复劳动。信息技术条件下的图书馆联盟已经超越了低效率的手工目录卡片阶段，实现了联机编目的自动化和网络化。[③] 图书馆联盟成员通过信息网络进行合作，采用统一标准格式的联机编目，通过规范化和标准化的数据共享减少重复劳动，提高编目质量，实现了书目资源的信息共享。除此之外，图书馆联盟采购协调等传统的功能也逐渐扩展，图书馆联盟为成员馆提供人员培训，举办各类专门知识讲座和业务研讨会，对图书馆员进行再教育，不断获得新技能和新知识。

信息技术的发展不仅改变了图书馆传统服务项目的内涵，还增加了新的服务内容和项目，扩展了图书馆联盟的新功能，如实现了电子资源的集团采购。图书馆联盟发挥供应链协调功能，通过组织成员馆与数字资源供应商进行集团采购谈判，对成员馆需要购买的电子资源统一购买使用权、商定统一的价格。

① 燕今伟 . 图书馆联盟的构建模式和发展机制研究［J］. 中国图书馆学报，2005（4）：24–29.

② 肖冬梅 . 数字时代图书馆联盟的任务［J］. 图书馆杂志，2003（9）：36–38.

③ 张金艳 . 网络环境对图书馆联盟发展的影响［J］. 桂林航天工业高等专科学校学报，2008（03）：119–121.

集团采购谈判为成员馆争取了更优惠的购买价格和更优质的服务内容，增强了成员馆与数字资源供应商之间的谈判能力，分摊了成员馆的费用，节约了谈判时间，降低了图书馆运营成本。

新时期的图书馆联盟除了资源的共享外更注重资源的共建，图书馆联盟有一项重要的职能就是指导和组织成员馆自行开发数据库资源，尤其是将独特的图书馆馆藏资源数位化并进一步实现数字资源的共享。对各成员馆的资源建设进行指导可以避免低水平重复建设，提高共享的效率和质量。图书馆联盟还利用技术优势开展合作参考咨询，依托互联网技术和学科服务平台对信息资源进行有效的推送，实现联盟内各成员馆人力资源的共享，为用户提供高效优质的参考咨询服务。随着信息技术的发展，图书馆数字资源的数量剧增，在有限的存储条件下如何保存数字资源是很多图书馆面临的问题。由于对数字资源进行保存受到技术能力、保存设备和设施条件的限制，单个图书馆往往无法做好这项工作。图书馆联盟可以通过整合成员馆的技术和人才优势，对资源进行合作保存，这也是近年来图书馆联盟发展中的新服务合作项目和功能。

随着互联网技术的发展和互联网＋成为国家发展战略，图书馆受到互联网＋的深远影响，其融合的方向超越了传统的图书馆之间、图书馆与书商以及图书馆联盟的融合形式，开始基于互联网平台与新媒体、出版社、公共文化机构、商业机构、互联网教育机构等深度跨界融合。

第二章　互联网+对图书馆的影响

　　互联网经过几十年的飞速发展，彻底改变了用户对互联网的使用行为和消费方式，人们的生活也变得越来越依赖于互联网。尤其是互联网+时代的到来，给人们的生活、学习、工作带来了翻天覆地的变化，人们的思维观念、认知模式等都发生了转变，互联网+概念的提出，更是引起了学界和业界的高度关注。由于互联网+理念与模式有望从技术、理论与应用层面解决许多长期困扰图书馆管理与服务中存在的难题，①图书馆面对席卷而来的互联网+浪潮，积极探索互联网+技术在图书馆的应用与发展，探讨如何通过互联网+这个复杂的系统平台，寻求理论与技术支持，来实现自身的转型与跨越式发展。

第一节　互联网+的兴起

一、互联网的发展

　　众所周知，作为20世纪最伟大发明之一的互联网，给人们的生活带来了翻

---

　　① 张兴旺，李晨晖.当图书馆遇上互联网+［J］.图书与情报，2015（4）：63-69.

天覆地的变化。互联网（Internet），又称网际网路或音译因特网、英特网，是指将两台计算机或者是两台以上的计算机终端、客户端、服务端通过计算机信息技术的手段互相联系起来的结果，人们可以与远在千里之外的朋友相互发送邮件、共同完成一项工作、共同娱乐。① 实际上，互联网就是一个能够互相沟通交流、相互参与的平台。互联网最早于 1969 年起源于美国，经过几年的发展之后席卷全球，成为信息化的重要平台和交流的重要手段，成为当今世界推动经济发展和信息时代社会进步的重要信息基础设施。

但是互联网在中国起步相对较晚，1994 年才正式接入。在经历了跟随、参与之后，迅速地发展起来，后来已然跃居主导地位，不论是用户规模，还是信息资源等都居于世界榜首，推动了我国信息化社会的快速发展。搜索引擎 ICP，即时通信 ICP 和移动互联网业务 ICP 是中国互联网典型的运营模式。中国网民数量虽然众多，但是由于整体经济水平、居民文化水平的限制，中国互联网与互联网发达国家之间还存在着较大的发展差距。当然，这种互联网普及状况说明，中国的互联网处在发展的上升阶段，具有广阔的空间和发展潜力。

互联网在人们的生活中发挥着重要的作用，但是最主要的价值体现在信息化的应用水平方面。据中国互联网络信息中心（China Internet Network Information Center，简称 CNNIC）调查显示，截止 2016 年 12 月，中国网民规模达 7. 31 亿，手机网民规模达到了 6. 95 亿，移动互联网与线下经济联系日益紧密，并推动消费模式向资源共享化、设备智能化和场景多元化发展。中国网民的互联网应用重心主要在于娱乐方面，占到了 86. 6%，娱乐已成为互联网最重要的网络应用，这也是推动中国网民增长迅速的原因之一。另外，互联网在政务方面的互联互通，更是大幅提升了政务服务的智慧化水平，提高了用户生活的幸福感和满意度。② 随着互联网的迅速发展，互联网已渗透到人们生活、工作、学习的各个方面，给人们的生活、社会的进步产生了巨大的影响，体现了"以信息化带动工业化，工业化促进信息化"的科学发展思路。当然，伴随着互联网而来的还有许多不利因素，木马病毒、黑客等对互联网的存在形成了一定

---

① 　360 百科［EB/OL］. https://baike.so.com/doc/2011565 - 2128705.html.

② 　CNNIC 发布第 39 次《中国互联网络发展状况统计报告》［EB/OL］. http://media.people.com.cn/n1/2017/0123/c40606 - 29042485.html.

的威胁，但是我们也不必惊慌，只要正确引导，互联网必将朝着有利于网民的方向推进，进而推动中国的信息化进程。目前，已有许多专家正在研究一种没有那么多安全漏洞、具有更高信任度的互联网，为我国信息的安全保驾护航，同时充分发挥互联网在我国社会主义文化建设中的重要作用，切实把互联网建设好、利用好、管理好，是我国互联网发展始终秉持的重要战略。

二、互联网＋的兴起

互联网的快速发展，彻底改变了人们的社会认知模式以及思维观念。互联网技术带动了新的尝试以及随之而来的全新的用户体验，[①] 日益成为创新驱动发展的先导力量，有力推动着社会的发展。随着信息科学的发展与科技创新，互联网＋理念便呼之欲出，成为 2015 年中国经济、社会领域中最热门的词汇，引起了国内学者的广泛关注与研究。

1. 互联网＋概念的提出

互联网＋是伴随着互联网技术的发展而形成的一种全新的经济形态与思维理念，是创新 2.0 下的互联网发展的新业态，是知识社会创新 2.0 推动下的互联网形态演进及其催生的经济社会发展新形态。互联网＋是互联网思维的进一步实践成果，推动经济形态不断地发生演变，从而带动社会经济实体的生命力，为改革、创新、发展提供广阔的网络平台。通俗地说，互联网＋就是"互联网＋各个传统行业"，但这并不是简单的两者相加，而是利用信息通信技术以及互联网平台，让互联网与传统行业进行深度融合，创造新的发展生态。它代表一种新的社会形态，即充分发挥互联网在社会资源配置中的优化和集成作用，将互联网的创新成果深度融合于经济、社会各领域之中，提升全社会的创新力和生产力，形成更广泛的以互联网为基础设施和实现工具的经济发展新形态。[②]

关于互联网＋的概念，可谓仁者见仁智者见智。在国内，互联网＋这一概念最早是易观国际董事长兼 CEO 于扬在 2012 年 11 月举办的第五届移动互联

---

① 李易宁. "互联网＋图书馆" 的延展维度与新思路 ［J］. 图书馆，2017（4）：70—74.

② 百度百科 ［EB/OL］. https://zhidao.baidu.com/question/1432305071997184619.html.

网博览会中提出的，他指出"所有传统和服务都应该被互联网改变"。①2014 年 11 月，李克强总理在出席首届世界互联网大会时指出，互联网是大众创业、万 众创新的新工具。其中"大众创业、万众创新"正是此次政府工作报告中的重 要主题，被称作中国经济提质增效升级的"新引擎"，可见其重要作用。②2015 年 3 月在全国两会上，全国人大代表马化腾提交了《关于以互联网＋为驱动， 推进我国经济社会创新发展的建议》的议案，他认为互联网＋是以互联网平台 为基础，利用信息通信技术（Information and CommunicationTechnology，简称 ICT）将包括传统行业在内的各行各业进行跨界融合，在新的领域创造一种万物 互联的新生态，从而推动各行业优化、增长、创新、新生。③从以上的研究来 看，互联网＋研究已然从理论分析和探索的阶段上升到实际应用的阶段，为社 会各行各业的跨界融合提供了充分的理论支持和技术支持。

伴随着互联网＋的兴起与发展，涌现出来许多新名词、新概念，其中与互 联网＋概念紧密相关的一个热门词汇便是跨界合作。互联网＋背景下的跨界合 作，指的是超越两个不同领域、不同行业、不同文化、不同意识形态等范畴而 产生的一个新行业、新领域、新模式、新风格等。④

由于专家不同，所以互联网＋的内涵在不同领域就有着不同的解读与认 识，但归根结底，互联网＋的内涵离不开跨界融合、创新驱动、重塑结构、尊 重人性、开放生态、连接一切⑤的主要特征。具体而言就是传统行业与互联网通 过大数据、云计算及多种终端设备互相交互、互相支撑、互相连接，以实现业务 重组、模式重组与创新驱动，进而最终达到社会生产要素与生产力的新业态。⑥

---

① 于扬. 所有传统和服务应该被互联网改变［EB/OL］.［2012-11-14］. http://tech. qq.com/a/20121114/000080.htm.

② 新华网. 中国有了互联网＋计划［EB/OL］.［2015-06-21］. http://news.xinhuanet. com/2015-03/06/c_1114544768.htm.

③ 互联网＋概念的提出［OL］. https://zhidao.baidu.com/question/691208133167663564. html.

④ 跨界合作［EB/OL］.［2015-05-08］. http://baike.baidu.com/item/ 跨界合作.

⑤ 互联网＋就是这么简单［EB/OL］.［2015-10-20］. http://www.wtoytiao.com/p/uceShk. html.

⑥ 韩翠峰. 互联网＋环境下的图书馆服务转型与发展［J］. 图书与情报，2015（5）: 29-32.

2. 互联网＋的主要特征

互联网＋作为创新 2.0 下的互联网发展的新业态、新形态，在知识社会发展过程中占有重要的地位。互联网＋一般指的是"互联网＋各个传统行业"，这里的"＋"并不是二者简单的相加，而是借助于信息通信技术以及互联网平台，使互联网与传统行业之间进行深度融合，创造新的发展生态。

互联网＋的主要特征有：一是不同学科、专业领域的跨界融合。图书馆学本身就是一门综合性的应用型学科，图书馆更是学科、专业、行业和领域交叉现象最频繁的环境之一，因此，图书馆理应走在互联网＋理论与应用研究的前列。[①]在图书馆的学科建设、管理与服务过程中，图书馆一直处于协同、融合的状态中，积极为图书馆的建设寻求新的发展策略。二是思维理念、制度的创新发展。国家发展十分重视科技创新，把科技创新摆在国家发展的核心地位。图书馆在这样一个大环境下，原有的管理与服务模式都遭遇到了发展瓶颈，因此，图书馆必须改变传统的服务与管理模式，通过跨界融合向创新驱动发展。三是信息结构、知识结构的重塑。随着互联网的发展，许多东西都被贴上了数字化、信息化的标签，改变了原有物质世界的结构，同样对图书馆的业务结构、知识结构等都造成了冲击，模糊了图书馆与用户的固有身份，使得用户、图书馆管理者、维护者、运营者等身份能在特定条件下进行自由转换，也能在弱关系环境下帮助图书馆与用户重新建立信任和互助关系，从而使用户参与到图书馆管理与服务设计、创新、传播及内容创造等过程中来。[②]四是尊重人性，强调用户体验。用户是图书馆发展最主要的支持，在图书馆管理与服务过程中，一定要尊重用户的个性化需求，重视用户参与，强调用户的体验。五是开放生态。图书馆通过思维理念、制度的创新，以及跨学科、跨行业的融合，形成了开放的大数据知识服务生态系统。[③]六是连接一切。互联网＋突破了时空的限制，将物理空间和虚拟空间进行了链接，形成了一种新的存在形态和交互方式，拓展了图书馆信息世界的发展。

---

① 张兴旺，李晨晖. 当图书馆遇上互联网＋［J］. 图书与情报，2015（4）：63–69.

② 张兴旺，李晨晖. 当图书馆遇上互联网＋［J］. 图书与情报，2015（4）：63–69.

③ 郭自宽，张兴旺，麦范金. 大数据生态系统在图书馆中的应用［J］. 情报资料工作，2013（2）：23–28.

3. 互联网＋的发展

2015 年 3 月 5 日上午十二届全国人大三次会议上，李克强总理在政府工作报告中首次提出互联网＋行动计划。他指出："制定互联网＋行动计划，推动移动互联网、云计算、大数据、物联网等与现代制造业结合，促进电子商务、工业互联网和互联网金融（ITFIN）健康发展，引导互联网企业拓展国际市场。"①2015 年 7 月 4 日，经李克强总理签批，国务院印发了《关于积极推进互联网＋行动的指导意见》，这是推动互联网由消费领域向生产领域拓展，加速提升产业发展水平，增强各行业创新能力，构筑经济社会发展新优势和新动能的重要举措。教育部、国家语委 2016 年 5 月 31 日在北京发布的《中国语言生活状况报告（2016）》中，提到了互联网＋入选十大新词和十个流行语。② 由此可见，互联网＋已融入到人们生活的各个方面，不再是浮于字面的模糊概念，而是一种实实在在的互联网服务模式了，③ 这为图书馆的发展注入了新的活力与机遇。

第二节　互联网＋对图书馆的影响

互联网＋技术，推动了整个社会的发展，已然渗透到人们生活的各个方面，也影响到了图书馆的管理与服务模式，既给图书馆带来了机遇，也带来了挑战，催生了图书馆的转型与发展。

一、互联网＋带来的机遇与挑战

互联网的快速发展给人们的生产、生活带来了非同寻常的机遇，人类在经

---

① 互联网＋激活更多信息能源．央广网［2015－07－1］．http://news.cnr.cn/native/gd/2015 0305/t20150305_517890133.shtml．

② 曾瑞鑫．教育部、国家语委发布《中国语言生活状况 报告（2016）》［EB/OL］．http://www.china.com.cn/education/2016-05/31/con-tent-38570420.htm，2016-05-31．

③ 张兴旺，李晨晖．当图书馆遇上互联网＋［J］．图书与情报，2015（4）：63-69．

历了从农业社会到工业社会之后，正在向信息社会迈进。互联网＋的到来，推动了整个社会和经济的发展，是经济发展的重要生产因素，已然渗透到了人们生产方式、工作方式、生活方式和学习方式之中。首先，互联网＋突破了时空的限制，也大大缩短了时空的距离，加快了信息的传播，使得各种信息资源能够在社会上共享。二是互联网＋为人们提供了更多发展的机会，尤其是在促进经济增长、拉动消费需求、推动生产力进步方面有很大的发展空间。最后，互联网＋为人们之间的信息传递提供了一个很好的交流平台。但是，互联网在给人们带来机遇的同时还存在着许多问题，给人们提出了极大的挑战。比如，互联网的发展使得信息贫富差距开始扩大，财富分配出现不平等；网络的开放性和全球化，促进了人类知识的共享和经济的全球化。但也使得网络安全和信息安全成为非常严峻的问题；网络的竞争已成为国家间和企业间高技术的竞争和人才的竞争；网络带来信息的全球性流通，也加剧了文化渗透，各国都在为捍卫自己的网络文化而努力。中国拥有悠久的文化，如何使得这种厚重的文化在网络上得以延伸，这个问题显得尤其突出。[①]

二、互联网＋给图书馆带来的影响

图书馆的发展离不开信息技术的保障，始终保持对新生事物的高度敏感性，对每一项信息技术的关注和应用也促进着图书馆的建设和发展。[②]互联网＋的发展，给图书馆界带来了极大的影响，尤其是在学术研究与实践工作上更是影响深远。截至目前，通过中国知网检索发现已有 4000 多篇有关互联网＋图书馆的论文，其中部分文章资料详实，视角独特，见解新颖，涉及到了互联网＋环境下图书馆的信息资源建设、管理模式、阅读推广、服务能力的提升以及人才队伍的建设等，为图书馆 互联网＋提供了理论基础和指导。

1. 互联网＋的发展，改变了传统图书馆的外部环境

各种信息资源的涌现，为用户获取信息资源提供了极大的便利，互联网＋

---

① 互联网发展史. 豆瓣网［206-07-07］. https://www.douban.com/note/155844179/.

② 邵玉河，曲丹秋. 互联网＋图书馆面临的问题及对策研究［J］. 四川图书馆学报，2017（2）：16 –19.

改变了图书馆的服务空间和模式，在某种程度上实现了对图书馆部分职能的替代，动摇了图书馆文献信息中心的地位。

2. 互联网 + 思维理念新颖独特，体现出强大的现代化、智能化

互联网 + 降低了传统图书馆在管理过程中出现的人力消耗和操作难度，打破了资源独有化的局面。比如，浙江图书馆于 2015 年 7 月，联合浙江省 11 个市级公共图书馆制定了互联网 + 行动计划，江西省图书馆同年 10 月举办的"互联网 + 时代下图书馆资源建设学术研讨会"等等，推动了图书馆管理模式的重构和服务的转型。

3. 互联网 + 改变了图书馆信息资源的存储方式

互联网 +"改变了图书馆信息资源的存储方式，有利于信息资源的传播，也受到了用户的青睐。互联网 + 作为新型的信息资源，在图书馆的管理、服务等方面起着重要的支撑作用，改变了图书馆的管理与服务模式，推动了图书馆的整体发展。

三、图书馆互联网 + 发展面临的主要问题

随着网络的不断发展，互联网 + 也随之发展起来，并成为当今互联网发展的一大趋势，逐渐深入到人们的生活、学习和工作中，图书馆作为人们获取信息的主要地方，也受到了互联网 + 的影响。自从互联网 + 深入人们的生活当中，图书馆在管理和服务等方面都发生了变化，但是互联网 + 思维等并没有完全渗透到图书馆中，图书馆在创新发展过程中还存在着许多问题。

1. 缺乏对互联网 + 的正确认识

图书馆一直以来都被称作为文献信息资源的中心地，但在"互联网 +"时代其中心地位受到了严重的挑战，然而，由于长期以来图书馆员的惰性、历史惯性等原因，缺乏对互联网 + 的正确认识，缺乏主动探究和应用的意识，没有认识到互联网 + 所带来的积极作用和创新力量，对其理论、技术等的理解和运用不够，没有进一步深化和挖掘互联网 + 在图书馆事业中的重要作用，也不愿意改变原有的管理模式和服务理念，严重阻碍了图书馆的发展。

2. 基础设施建设落后

由于互联网 + 的快速发展，许多传统图书馆都没有跟上互联网 + 发展的步

伐，在软硬件基础设施建设、网络基础设施建设以及二者的标准接口建设上都不完善，不能很好地适应互联网＋的发展。因此，图书馆必须加强基础设施的建设，做好数据的开发与利用，使图书馆的技术设施建设迈上一个新高度，为用户提供随时随地的优质服务。

3. 缺乏统一的标准规范，制度建设尚不完善

互联网＋以跨界融合、驱动创新为主要时代特征，对传统图书馆的管理和服务模式都形成了一定的影响和挑战。加上互联网＋时代信息量大，传统的图书馆在平台、应用等方面都不是特别的了解，所以在信息资源获取方面没有形成统一的标准，给人们获取信息造成了困难。另外，我国没有完整详细的《图书馆法》，制度建设尚不完善，给图书馆的管理和服务带来了一定的困扰。

第三节　互联网＋时代图书馆的转型发展

一、图书馆如何应对互联网＋带来的挑战

互联网时代催生的不仅仅是人的进化，对于知识、媒介、技术等等社会方方面面的事物都有涉及。在这个大背景下，图书馆领域对互联网时代的更迭理应有所应对。对图书馆而言，需要思考的问题是如何融入互联网时代而不是借用其中的经验。[①]

1. 完善和提升基础设施建设

我国在互联网基础设施方面的投入力度不是很大，没有得到足够的重视，整体建设相对还是比较落后。在互联网＋时代，图书馆要想适应新的信息环境，就必须完善和提升包括网络基础设施、数据基础设施和标准化接口的基础设施，积极争取政府对互联网基础设施的重视程度和力度，建立统一的标准，促进图书馆的开放与协作。

---

① 李易宁 . "互联网＋图书馆" 的延展维度与新思路 ［J］. 图书馆，2017（4）：70—74.

2. 加强技术支持

互联网＋技术对整个社会的发展起到了积极的推动作用，图书馆也不例外。互联网＋技术改变了传统图书馆的外部环境，使得图书馆的管理、信息资源的存储方式等都发生了变化，这就要求图书馆必须加强技术指导，提升管理和服务水平。

3. 拓展服务方式

互联网＋技术已渗透到人们生活的方方面面，人们可以接收到不同区域不同国家的信息资源，图书馆的服务范围不断扩大。信息传播方式的多元化，促使图书馆不断改变服务策略，拓展多元化的服务方式，满足用户的多元化需求。

4. 积极推进"跨界融合"，实现资源共享

互联网＋的出现，改变了信息资源的流通方式和获取途径，使得图书馆的管理与服务打破了时空的限制，最大化优化馆内信息资源的配置，推动了图书馆与互联网之间的融合，促进不同区域内信息资源的共建共享。

毋庸置疑，在互联网＋背景下，图书馆的建设与发展不是与互联网＋单纯地叠加，而是把互联网＋的先进发展理念与技术融合到图书馆中，通过跨学科、跨专业、跨领域的结合，重构图书馆的业务结构，创新服务意识，提高建设水平，逐步实现互联网＋与图书馆的融合发展。

二、互联网＋时代图书馆的转型发展途径

随着互联网＋技术不断地深入人们的生活中，作为信息中心的图书馆也深受其影响。图书馆的转型发展，一般都伴随着思想理念的转变、基础设施的购置、人才队伍的建设以及新的规章制度的修订等，只有相关配套设施的跟进，图书馆才能取得实质性发展。在互联网＋时代，图书馆如何更好地为用户提供优质高效的服务，如何借助互联网发展的东风来实现自身的转型发展，在信息化、数字化时代具有十分重要的意义。纵观已有的研究与实践，我们可以看出，互联网＋在图书馆界有着广阔的实践与研究空间，图书馆应紧紧依托互联网＋，做好转型发展的准备。

1. 引进和加强培训具有互联网＋思维的专业人才队伍

习近平在 2016 年主持召开的网络安全和信息化工作座谈会上发表了重要讲

话，多次强调了人才的重要性。他指出：互联网主要是年轻人的事业，要不拘一格降人才。要采取特殊政策，建立适应网信特点的人事制度、薪酬制度，把优秀人才凝聚到技术部门、研究部门、管理部门中来。由此可见，人才队伍建设的重要性。在互联网＋时代，图书馆想跟上时代步伐，实现图书馆的完美转型，就必须加强人才队伍建设。对图书馆来说，这类人才不仅要有能够提供图书馆资源检索、分析、利用的图书馆基本服务能力，也还需要在互联网＋环境下图书馆与其它行业深度融合的专业背景、数据挖掘、互联网应用与创业创新能力。[①]

2. 积极推进图书馆互联网＋的跨界融合

互联网＋作为新型的信息资源，改变了社会生产生活的方式，推动了社会各界的发展。图书馆在与互联网＋的有机融合中，改变了图书馆原有的存在形态，其思维模式、管理模式、服务模式都发生了转变，提高了图书馆的服务水平和信息资源质量，推动了图书馆的转型发展。互联网＋环境下图书馆角色的转变与定位，对图书馆与其他行业之间开展跨界合作提供了便利。在新形势下，图书馆理应保持良好的心态，不断创新服务模式，通过信息资源的共享，建立数字服务平台，实现图书馆的转型发展。

三、图书馆互联网＋融合发展策略

《关于积极推进互联网＋行动指导意见》为图书馆与互联网相融合的信息资源服务的管理、效率和组织方式的改变和提高指明了方向。"互联网＋图书馆"有助于图书馆管理与服务不断创新，从处理单一的结构化数据的模式中脱离出来走进大数据知识服务生态系统的形成，[②]为用户提供个性化的全方位服务。

1. 做好顶层设计

面对互联网＋给图书馆带来的冲击与挑战，图书馆必须根据国家互联网＋

---

① 韩翠峰.互联网＋环境下的图书馆服务转型与发展［J］.图书与情报，2015（5）：29–32.

② 张松鸽."互联网＋图书馆"融合的信息资源微服务研究［J］.创新科技，2017（2）：79–81.

发展战略，与政府机构、图书馆学会及联盟加强合作，出台互联网＋环境下图书馆发展的相关政策及指导意见，改变传统的工作方法与思路，稳步推进图书馆的转型与发展。

2. 加强基础平台建设

互联网＋的到来，给图书馆的发展与建设带来了前所未有的机遇，但是许多图书馆的基础建设相对落后，支撑互联网＋发展的基础平台建设尚不完善，不能适应互联网＋的迅速发展。目前，在国家积极营造的政策、法规等有利环境下，各个图书馆着力加强基础设施与基础平台建设，努力建立适应互联网＋发展的图书馆新面貌。

3. 制定相关法律法规

2015 年 3 月，在第十二届全国人民代表大会第三次会议的政府工作报告中，李克强总理正式提出"制定'互联网＋'行动计划"。[①]同年 7 月 4 日，国务院印发了《关于积极推进互联网＋行动的指导意见》，[②]从理论与应用的角度对互联网＋进行指导和研究。但是截止目前，尚未对图书馆互联网＋形成明确的政策法规以及标准规范等协议。因此，在研究国家有关互联网＋相关政策法规的同时，图书馆应根据自身的发展情况，制定出适合本馆发展的标准规范，尽可能地寻求适合互联网＋环境下图书馆管理与服务的协议。

4. 解决好图书馆安全和知识产权问题

随着互联网技术与思维不断发展，用户的隐私问题、数据的安全问题与知识产权保护问题便摆在图书馆的面前。面对这些问题，图书馆必须建立新的保障措施，清除存在的安全隐患问题，加强对互联网＋时代数据知识的实施监护，及时修复存在的问题，优化各种知识系统，确保图书馆在互联网＋环境下健康运行。

---

① 中国共产党新闻网 . 李克强：政府工作报告—2015 年 3 月 5 日在第十二届全国人民代表大会第三次会议上［EB/OL］.［2015-03-17］. http://cpc.people.com.cn/n/2015/0317/c64094-26702593.html.

② 中国共产党新闻网 .《国务院关于积极推进 " 互联网＋ " 行动的指导意见》（全文）［EB/OL］.［2015-07-05］. http://cpc. peo-ple.com.cn/n/2015/0705/c64387-27255409.html.

第四节　图书馆跨界融合的发展趋势

前面我们已经分析过图书馆在互联网＋时代所面临的机遇与挑战，正是有着这样前所未有的机遇，图书馆才必须改变管理模式和服务策略，紧紧依靠互联网＋技术，加强基础设施建设，强化信息资源建设，引进具有互联网＋思维的专业技术人员，推进图书馆的整体发展。在互联网＋背景下，跨界合作是人们谋求创新、推出新产品和提供新服务的常用方法。①互联网＋的发展，使得信息资源具有广泛性，而且传播速度较快，人们不再单一地依靠图书馆来获取信息，满足了人们多元化的信息需求，有效地推动了图书馆信息资源的整合，以及服务模式的改变。

关于建立在移动互联网技术上的互联网＋，大的逻辑是用互联网技术与思维去改造传统产业，连接一切是其主要方式，但核心是去中心化，去平台化。②互联网时代意味着很多变革，不论变革如何，人类社会始终需要一个社会机构来承担存储社会记忆的职能，这是图书馆存在的理由，也是图书馆不可替代的社会功能的基础。③面对信息环境的改变，图书馆应根据时代与社会的需求，适时调整图书馆的发展方向，加强图书馆的管理与服务，加强图书馆与其他行业的融合发展，寻求图书馆发展的新思路。

互联网跨界融合的创新浪潮已风靡经济社会各行各业，互联网与传统行业的整合重塑更是席卷全球，以跨界融合为显著特征的互联网＋时代已经到来。信息资源共享已然成为互联网时代转变发展方式、促进产业升级的重要动力。在互联网＋"融合、创新、开放、链接"思维模式的推动下，社会各界不同行业之间的跨界交流稳步推进，这给图书馆的服务带来了深刻的影响。互联网＋环境下，信息服务的环境与用户的信息需求都发生了明显的变化，图书馆传统的服务模式无法适应新信息环境的变化，图书馆必须打破原有的思维模式，根

---

① 周德明，林琳，唐良铁. 图书馆服务：新载体新平台［J］. 图书馆杂志，2016（8）：4-9（14）.

② 曹磊，陈灿，郭勤贵，黄璜，卢彦. 互联网＋的跨界与融合［M］. 北京：机械工业出版社，2015.

③ 李易宁. "互联网＋图书馆"的延展维度与新思路［J］. 图书馆，2017（4）：70-74.

据用户不断增长的信息需求，依托互联网＋思维模式，采取新的措施逐步实现跨界融合。

一、开展跨界融合是图书馆信息资源共建共享的需求

图书馆作为文化知识的集散地，在传播人类文明与科学文化知识、开展文化教育活动方面具有重要的作用。互联网＋时代，知识传播的途径逐渐增多，而信息的成本有所下降，人们的阅读方式与习惯也发生了变化，为迎合民众的阅读习惯，信息资源共建共享已成为一种必然趋势。要在全社会范围内实现信息资源共建共享，图书馆则必须转变服务策略，与社会其他行业实现跨界融合。

二、开展跨界融合能够促进图书馆服务创新

随着信息技术的飞速发展，用户对信息服务的需求也越来越多样化，仅仅靠图书馆是无法获取内容丰富的文化知识的，也根本适应不了互联网＋时代所带来的新变化。图书馆作为重要的文化服务机构，要想参与到文化服务事业当中，就必须与社会各界的信息机构进行协同合作，才能将图书馆的职能发挥到最佳。图书馆通过与社会其他信息机构的跨界融合，能够将不同行业的人力、技术等资源进行整合，实现不同行业元素的渗透融合，进而提升图书馆的专业技术水平，促进图书馆业务的标准化建设，推动图书馆事业的良性发展。

三、开展跨界融合，是与社会其他行业合作共赢的需求

互联网＋时代，图书馆需要突破传统的服务模式，大胆走出去，与社会其他机构进行跨界交流，行业之间通过优势互补、各取所长，这样才能扩大信息资源的传播范围，实现合作共赢。

图书馆在互联网＋技术与思维的推动下，加快了向数字化时代的复合型图书馆转型，通过与其他看似不相干业务的行业进行合作，将双方的信息资源、技术手段、服务能力等融合在彼此的管理与发展中，通过优势互补，产生新的服务亮点，拓展服务范围，提升服务效能。图书馆通过联合不同的行业主体，

以某种形式的合作，搭建开放、互动、服务读者的新平台，共享彼此资源，不仅能够有效降低成本、提高效能，还能推动传统业务的转型升级，促进事业发展，从而在新的环境下更好地实现图书馆的社会职责。总之，图书馆实行跨界合作不仅有利可图，而且势在必行。[①]纵观我国图书馆的发展，虽然取得了长足的进步，但是尚停留在局部变革的层面，如文献的数字化、手机图书馆、微博微信和微信公众号（两微一端）服务等，是人与人的互联或线上与线下的互联，[②]而不是像德国康斯坦丁大学那样，对图书馆进行人机互动的通体革命，在物理空间与虚拟空间上没有达到深度融合，整体上没有形成高度的统一。因此，图书馆必须创新发展理念，结合本馆的发展实际，不断实践，与时俱进。

随着信息社会的不断发展，图书馆在未来将发生翻天覆地的改变，它不仅是文献信息中心和人们的学习中心，还将是人们的休闲中心和交流中心。在推动信息化过程中，图书馆要紧跟互联网 + 的步伐，对图书馆的管理和服务模式进行重新审视，以基础建设和技术应用为主，逐步提升图书馆员的信息素养，逐渐提高图书馆的服务能力，不断满足用户日益增长的信息需求，继续发挥信息技术的引领作用，引领未来图书馆发展的高级形态。

---

① 周德明，林琳，唐良铁 . 图书馆服务：新载体新平台［J］. 图书馆杂志，2016（8）：4-9.

② 王世伟 . 融合图书馆初探［J］. 图书与情报，2016（1）：54-60.

第三章　互联网＋时代图书馆跨界融合动力与方向

互联网是创新变革的重要驱动要素，互联网＋不仅推动了互联网与传统产业之间的融合，也促进了以互联网平台为媒介的各个产业之间的融合趋势。我国经济发展变革和产业结构的调整过程中，依托互联网技术的互联网与产业以及产业之间的跨界融合成为发展的新态势。对互联网＋时代的跨界融合的生成机理、作用层次、图书馆跨界融合的动力以及图书馆跨界融合的方向进行分析，能够更好地掌握互联网＋时代产业融合的规律，有利于推进图书馆跨界融合向更深层次、更广范围拓展，提升互联网＋时代图书馆的内在价值和外在竞争能力。

第一节　互联网＋跨界融合的机理

一、互联网＋时代跨界融合的生成机理

不同组织和不同产业之间的跨界融合，是边界固化走向边界模糊的过程，也是组织结构变迁的一种动态过程。跨界融合是组织跨越边界的融合，是性质不同甚至差异化较大的组织或者同一产业内的不同行业组织互相交叉，在多组

织边界融合处形成不同于原有产业或行业业态的新业务运行模式。跨界融合以互联网信息技术为融合平台，发挥互联网的载体和介质作用，不断延伸了不同组织和产业之间的范围。通过实现有效的融合，依托互联网形成具有更大价值和创造能力的产业领域或组织业态。以互联网为纽带的组织和产业融合，主要有以下几种方式：

1. 以互联网为基础，实现产业链条的纵向整合和跨界融合

互联网产业链条是互联网＋背景下实现不同产业跨界融合的基础条件。在产业融合与分化的现实背景下，互联网发挥其介质功能，成为组织跨界融合的必要纽带。如果产业间和组织之间无法通过互联网功能的发挥提高效率，提升产业创新能力，提升组织价值，那么不同产业之间的跨界融合和不同组织之间的跨界融合将无法实现。互联网产业的发展为整个产业链纵向的整合与跨界融合提供了重要的基础条件，这种纵向的跨界融合主要表现为通信服务运营商、信息技术服务商、信息技术设备制造商通过自身的业务发展需要，不断向供应链的上游或下游延伸和扩展，与供应链的上下游企业或组织进行融合。信息技术优势企业通过前向或后向一体化的方式，打造出集硬件服务和软件服务为一体的互联网服务模式。这种模式通过产业布局、甚至垄断互联网入口作为提升自身产业价值和创造能力的核心驱动要素。通过扩大入口的数量以吸引更多的用户，从而提升其产业价值，这成为产业间跨界融合的基础，加速产业间组织跨界融合的进程。①

2. 以互联网为介质，实现传统产业之间的横向跨界融合

随着信息技术的发展，传统的业态在互联网时代遇到新的发展瓶颈，面临新的挑战，需要摆脱发展中的困境。为了获得更多的用户和价值的实现，很多传统的产业业态纷纷利用互联网技术平台，拓展新的服务模式，进行服务创新产品创新，提升自己的核心竞争力。

互联网＋时代，传统的图书馆服务受到极大的挑战。用户对网络信息技术依赖程度的增加，使得传统图书馆文献检索、图书阅读服务、知识获取的手段不断被弱化，甚至某些传统服务被互联网取代。由于受到时间与空间的

---

① 任媛. 以互联网为纽带的产业跨界融合模式生成机制、作用层次及推进策略［J］. 商业经济研究，2015（20）：129-130.

制约，用户直接到图书馆物理空间获取知识信息的方式逐渐被弱化，大量的图书馆用户更加希望依赖于互联网手段，高效便捷的获取所需要的信息资源。传统图书馆单一的查询、借阅、归还等服务模式由于受到时间和空间的限制，已经不再是用户利用图书馆进行文献信息获取的首选途径。在新的互联网＋的背景下，世界各国的图书馆都纷纷利用互联网服务这一新平台扩展服务领域提升服务能力。过去为图书馆单纯提供设备图书、电子资源管理系统等产品的图书馆供应商也在互联网＋背景下，不断创新升级，转变为图书馆互联网＋服务解决方案提供商。这些变化加速了图书馆信息服务在互联网＋时代的转型升级，同时随着传统零售企业、物流企业、商贸流通企业、图书出版发行企业等对互联网服务模式的应用，也加速了图书馆与这一类传统企业的横向融合，出现了图书馆与商业、图书馆与物流业、图书馆与出版业等之间的横向跨界融合。

3.用户需求的升级是跨界融合的内在驱动因素

用户需求是任何一个产业发展的最基本动力，有什么样的需求就会形成满足这种需求的业态。图书馆服务的跨界融合虽然是图书馆作为服务提供方的供给创新，但归根到底是为满足用户需求的图书馆服务供给创新和图书馆服务与信息用户感知体验的融合。

在个性化、多元化的信息消费与需求时代，信息用户往往需要在同一平台满足多元化的需求。为了适应这种信息需求，能够将个性化碎片化的信息需求集中起来的信息服务平台和复合业态就产生了。实际上随着电子商务的发展，线上线下融合已经成为主流。以用户需求为中心，不断追求用户体验价值和用户参与互动深度融合的新型业态应运而生。用户成为跨界融合的内在需求条件，丰富新颖的业态匹配、多样化的贴心服务对于用户来说具有提升消费体验融合的强大黏性。① 对于用户来讲，高效率、低成本地获取优质的服务是用户核心价值目标，也是组织服务的内在追求。通过构建跨界业态或跨界客户服务平台，能够敏感地感觉到用户需求的变化，是感觉用户需求终端的神经末梢。

---

① 夏毓婷.服务业跨界融合的特征和形成机理［J］.南通大学学报（社会科学版），2016（05）：123-128.

4. 互联网技术依托产业平台，实现跨界融合

互联网技术必须通过有效的平台才能实现产业之间的跨界融合，也才能为现实的产业领域或组织之间的融合提供基础。产业平台类型繁多，如信息平台、实体平台、第三方支付平台、供应链平台、众创空间平台等。在图书馆的跨界融合发展中，这些平台起到了重要的功能载体作用。产业平台是由一个或数个企业开发出的产品、服务或技术，为其他企业创建补给品、服务和技术的基础与媒介，为用户提供综合性产品、技术或服务的功能载体。[①] 产业平台具有强大的资源整合和要素配置能力，能将不同产业领域多元化的要素进行有效的整合，从而形成最终价值。而以互联网技术为平台的互联网经济，又是引发产业跨界融合的主要推动力量，形成强大而富有包容力的产业平台是新时代互联网引领经济发展的重要工具。依托互联网技术形成的产业平台经济所产生的长尾效应，使原本一些并不具有融合条件和基础的产业，能够依托互联网平台逐渐具备融合条件，实现更好的融合。例如阿里巴巴、百度、腾讯等互联网巨头，建立的开放式平台汇聚了大量的中小企业，通过平台实现融资、技术服务、信息咨询等帮助中小企业快速发展。跨境电商平台形成的多样化运用模式，融合了内部金融、物流、实体商业、信息服务等领域，在各领域产生网络效应实现了跨界融合。

5. 信息技术发展是跨界融合的先决条件

信息技术的发展是促使产业边界模糊化的原始基因。[②] 随着信息化和数字化技术的发展，信息通讯领域和信息处理领域的技术融合不断加深，推动了产品和服务功能的模块化，也推动了制造业与服务业的融合，服务业内部的融合和产业之间的融合成为可能。当前我国正处于科技革命和产业革命的关键时期，互联网技术在生产、流通、消费以及金融生活等方面深度应用并广泛渗透。进一步推动了生产方式、商业模式、物流模式、交通方式以及生活方式的变革，促进了不同产业领域之间、以及同一产业领域不同行业、不

---

① 钱平凡，温琳. 产业平台是产业共同发展与竞争的新利器［N］. 中国经济时报，2014-04-04（005）.

② 夏毓婷. 服务业跨界融合的特征和形成机理［J］. 南通大学学报（社会科学版），2016（5）：123-128.

同组织之间的跨界融合。信息网络技术实现了不同领域组织之间的互联互通，互联网技术由消费互联网发展为产业互联网，为组织之间的跨界融合创造了网络支持和基础条件。随着信息技术的发展而出现的第三方支付平台，为电子商务新的商业模式提供了技术支持。同时移动互联网的发展，也为这些新的信息支持提供了更广阔的应用方式。对图书馆来讲，移动互联网的发展加速了图书馆与通信运营商之间的深度融合。二维码扫描、语音识别、人脸识别等技术的发展也为图书馆与技术服务商和信息资源服务商之间的跨界融合提供了广阔的合作领域。

6. 跨界融合发展的实质是产业价值链的解构与重构

产业分工越细，产业彼此之间的依赖性就越强，融合的程度就越高。分工是价值链形态的高级别分工，即是按照一定标准化接口或功能界面进行价值链解构，从而为产业融合创造了前提条件。①

为了获取标准化产生的生产率增长和定制化带来的顾客满意度提升，大型服务企业会越来越模块化。②为了满足顾客的定制化需要，保险与银行类企业常常凭借技术手段，进行服务流程和服务产品的标准化，并在此基础上进行模块化组合。③服务产业模块化是服务组织模块化演进的高级形态。④在许多企业同时进行服务生产模块化和服务组织模块化过程中，单个企业的某些模块化服务产品或模块化服务组织便耦合、嵌入到其他企业的服务产品或服务组织中，促使该服务产业价值链不断变厚，从而引发原来相关的服务企业进行跨行业的兼并与重组，⑤最终带来产业结构在全球价值链的视野范围内调整、转移和升级，

---

① 夏毓婷. 服务业跨界融合的特征和形成机理［J］. 南通大学学报（社会科学版），2016（5）：127.

② Sundbo, J. The Service Economy. Standarization or Customization？ A Dilemma for Service Firms and Economic Theory［J］. The Service Industries Journal，2002，22（4）：93-116.

③ Terher, B. S., Hipp, C., Miles, I. Standardisation and Particularisation in Services：Evidence from Germany［J］. Research Policy，2001，30（7）：115-1138.

④ Brusoni, S., Prencipe, A. Making desing Rules：A Multidomain Perspective［J］. Organization Science，2011，17（2）：179-189.

⑤ Ethiraj S. K, Lrvinthal, D. Modularity and Innovation in Compex Systema［J］. Management Science，2010，50（2）：160-171.

并使服务产业集群得以形成和衍生。①

　　模块化的服务产品设计需要企业组织的模块化，组织模块化伴随着产品模块化同步进行。② 服务组织模块化作为新型的网络组织，意指具有某一独立服务职能的模块化组织，它是一种组织创新模式。管理有组织职能，对于组织中的服务活动和服务人员，可通过模块化的方式将其归类，分成具有某一服务职能和服务特性的组织；而流程的模块化必然导致组织结构的模块化③，同时，也能够改变企业边界和组织形式，使服务型企业的组织决策机制由集中转向分散，并使垂直一体化的组织结构转变为模块化网络组织。这种情形催生了服务组织模块化，其功能主要是提供模块化形态的服务作业和服务活动。服务经济兴起的时代，企业要想构建超越对手的竞争优势，必须要以顾客为中心来整合组织内部资源和能力，实现服务价值创新。④ 服务模块化的价值主要体现在其节省成本、提供个性化的服务、创新服务方式和较好的操控性⑤，从而能够获取服务专业化的提升、服务质量的一致与系统协作的效益。⑥ 服务模块化的价值创新需要进行系统的剖析⑦，将原有的功能链条环节进行剥离和独立，建立新的服务业态。价值链形态的解构，打破了以往封闭的模块利用单元。服务组合功能组合的重构过程中，行业内多样化的新业态和新模式逐渐形成。不同领域不同行业跨界融合的过程，实际上就是组织融合型的新产业价值链形成的过程，是对原有价值链的解构和重构过程。

　　① S Balaji P., Aoyama Y. From Software Services to R&D Services：Local Entrepreneurship in the Software Industry in Bangalore［J］. India Environrment and Planning A，2007，8（5）：23–25.

　　② Gershenson J K，Prasad G J，Zhang Y. Product Modularety：Definitions and Benefits［J］. Journal of Engineering Design，2007，14（13）：298–311.

　　③ 赵愚，王迎军. 服务业模块化运营的系统分析［J］. 天津师范大学学报（社会科学版），2008（4）：32–35.

　　④ Kim W C，Mauborgne R. Blue Ocean Strategy：How to Create Uncontesed Marker Space and Make Competition Irrelevant［M］. Boston Massachusetts：Harvard Business School Press，1997. 120–125.

　　⑤ 王家盛. 王欢河供应链协同管理策略研究［J］. 燕山大学学报，2008（2）：67–69.

　　⑥ 林润辉，李维安. 网络组织：更具环境适应能力的新型组织模式［J］. 南开管理评论，2000（3）：35–38.

　　⑦ 黄如金. 论中国式管理策略原则［J］. 中国工业经济，2009（12）：45–48.

二、互联网＋跨界融合的作用层次

以互联网为纽带的跨界融合，是推进产业结构调整和经济发展转型的重要工具，是推进产业结构调整和经济发展转型的重要渠道。以互联网为纽带的跨界融合，通过加速产业结构升级，促进组织变革，催生新型业态和产业的形成等三个层次实现。[①]

产业结构升级是在技术进步或比较优势引起的产业由低级阶段向高级阶段的转变，以互联网为纽带的跨界融合，加速了产业结构的升级。互联网技术的快速发展，实现了不同产业或同一产业不同领域之间横向和纵向的跨界融合，加速社会分工的进程，加快了结构的升级。互联网在农业和工业领域的渗透，促使了农业和工业互联网的深入发展，服务业领域更是以互联网为发展依托平台。农业、工业、服务业在部门里的边界不断模糊，不同产业之间不再有清晰的划分界限，并且在互联网技术的催生之下衍生出许多跨产业融合的新业态，迫使低端的产业向以互联网平台为基础的高端产业逐渐演变。以互联网为纽带的跨界融合，改变了单纯由消费需求主导市场的局面，通过跨界融合创新组织发展模式，达到了主导市场的目标，实现了资源在不同组织之间的合理流动，提高了组织和产业运行的效率。在不断加速产业升级的过程中，以互联网为纽带的跨界融合，还引发了组织变革。在跨产业融合过程中，互联网技术对传统产业的传统经营方式产生了极大的冲击，使传统的产业组织必须对内部的流程进行再造，加快组织内部的变革，以便更好地适应外部环境发展的需要。在互联网技术掀起的组织跨界服务竞争中，传统的组织运行方式下获得的竞争优势地位在互联网＋时代的跨界融合中受到挑战和冲击，组织不主动改变这种现状，只能在组织竞争中被淘汰。互联网技术使得传统的产业和组织依靠灵活的运行机制，构建了新的运行模式，改变了组织竞争规则，重构了组织相互依存、相互合作的机制。产业组织变革成为应对互联网为纽带的跨界融合的主要对策。

以互联网技术为平台的组织跨界融合引起的组织变革中，价值网络机制发挥了重要作用。而变革中发挥作用的价值网络机制，又进一步推动了产业组织

---

① 任媛. 以互联网为纽带的产业跨界融合模式生成机制、作用层次及推进策略［J］. 商业经济研究，2015（20）：129-130.

变革，形成了良性的变革循环。互联网技术在行业和组织当中的应用与渗透，使得组织运行过程中的信息搜寻、组织之间的沟通与协调、组织之间的交易与支付等等行为变得更加容易，极大地降低了组织交易成本。互联网在各种产业链平台整合的基础上，通过将更多的利益主体引入进来，从而创造了价值网络机制。价值网络机制的形成弥补了市场机制的缺陷，使企业价值创造能力受到以互联网为核心的价值网络机制制约。[①] 因此在互联网＋时代组织跨界融合的背景下，必须按照价值网络的要求加速内部的变革，对组织流程进行再造，以更好的适应价值网络机制的要求。

产业链纵向的跨界融合和传统产业组织横向的跨界融合共同作用下，互联网产业链不断影响渗透到传统组织内，使传统组织不断改变原有的组织运作模式，加速了以互联网技术为特征的现代组织产生。互联网技术平台成为传统组织与新兴组织之间、传统产业与新兴产业之间跨界融合的重要桥梁。以互联网为纽带的组织跨界融合，在互联网产业与传统产业，以及传统产业与新兴产业融合的共同作用下，催生出新的行业与业态，如互联网金融、网络数字出版、网络营销等。

互联网云计算、大数据等信息技术手段是互联网产业发展的基础，同时也是以互联网技术平台为依托的跨界融合的基础。无论是传统行业组织跨界融合，还是新兴产业与传统产业的跨界融合，都需要互联网技术发挥强大的介质功能和载体作用。云计算是通过使计算分布在大量的分布式计算机上数据中心的运行与互联网更相似。这使得组织能够将资源切换到需要的应用上，根据需求访问计算机和存储系统，如同从古老的单台发电机模式转向了电厂集中供电的模式。它意味着计算能力也可以作为一种商品进行流通，就像煤气、水电一样，取用方便，费用低廉。[②] 大数据在云计算为代表的技术创新大幕的衬托下，使原本看起来很难收集和使用的数据开始容易被利用起来，通过各行各业的不断创新，逐步为人类创造更多的价值。云计算超强的存储和计算能力，大数据快捷的准确的数据挖掘和分析能力，使互联网支付平台的每一个参与要素都能共享，

---

① 任媛. 以互联网为纽带的产业跨界融合模式生成机制、作用层次及推进策略［J］. 商业经济研究，2015（20）：129-130.

② 云计算.［OL］http://baike.baidu.com/item/ 云计算

利用这些数据与信息，逐渐消除了产业之间的边界，实现了行业间的跨界融合。

随着互联网为纽带的跨界融合形式和内容的不断更新，组织跨界融合的作用层次将会呈现立体化和综合化，发展为多元化、多层次的融合模式驱动组合。

第二节　互联网＋图书馆跨界融合动力

互联网＋将改变图书馆发展的外部环境，图书馆用户更多关注的是通过何种渠道获取所需要的信息资源，对图书馆作为物理空间的依赖度将有所降低。在互联网＋环境下，用户希望实现需求的方式和渠道能够多元化，以保证需求实现的便利和及时性。这种需求的变化将迫使图书馆进行组织变革和业务流程的再造，进行管理和服务创新。

一、互联网＋图书馆跨界融合的技术动力

随着信息技术和信息基础设施水平的不断发展，互联网将成为新一轮变革力量的重要动力源泉。[①] 各个产业领域和各行业各组织的"互联网＋化"，必然提升用户对互联网＋图书馆的认可度。培育稳定的互联网＋用户群体，加快图书馆互联网＋化的进程，实现图书馆与其他行业依托互联网技术平台的跨界融合，能有效带动图书馆互联网＋的发展。截至 2016 年 12 月，我国网民规模达7. 31 亿，普及率达到 53. 2%，超过全球平均水平 3. 1 个百分点，超过亚洲平均水平 7. 6 个百分点。[②] 全年共计新增网民 4299 万人，增长率为 6. 2%。中国网民规模已经相当于欧洲人口总量。截至 2016 年 12 月，我国手机网民规模达6. 95 亿，增长率连续三年超过 10%。台式电脑、笔记本电脑的使用率均出现下降，手机不断挤占其他个人上网设备的使用。移动互联网与线下经济联系日益

---

① 柳洲. 互联网＋与产业集群互联网化升级研究［J］. 科学学与科学技术管理，2015（8）：73–82.

② 全球及亚洲互联网普及率来源于 http://www.internetworldstats.com/stats.htm.

紧密，2016 年，我国手机网上支付用户规模增长迅速，达到 4.69 亿，年增长率为 31.2%，网民手机网上支付的使用比例由 57.7% 提升至 67.5%。手机支付向线下支付领域的快速渗透，极大丰富了支付场景，有 50.3% 的网民在线下实体店购物时使用手机支付结算。[①] 十三五是我国互联网＋转变成经济新常态的关键性时期，互联网的基础性作用将得到前所未有的提升，云存储、大数据应用、云计算与产业结合、可穿戴移动设备、物联网将成为未来五年中国经济能否成为世界第一大经济体的关键助推器。互联网日益成为创新驱动发展的先导力量。[②]

同时根据《国家软件和信息技术服务业十三五发展规划（2016-2020 年）》十三五期间我国软件和信息技术服务业发展规划，软件和信息技术服务业步入加速创新、快速迭代、群体突破的爆发期，加快向网络化、平台化、服务化、智能化、生态化演进。云计算、大数据、移动互联网、物联网等快速发展和融合创新，先进计算、高端存储、人工智能、虚拟现实、神经科学等新技术加速突破和应用，进一步重塑软件的技术架构、计算模式、开发模式、产品形态和商业模式。新技术、新产品、新模式、新业态日益成熟，加速步入质变期。开源、众包等群智化研发模式成为技术创新的主流方向，产业竞争由单一技术、单一产品、单一模式加快向多技术、集成化、融合化、平台系统、生态系统的竞争转变，生态体系竞争成为产业发展制高点。软件企业依托云计算、大数据等技术平台，强化技术、产品、内容和服务等核心要素的整合创新，加速业务重构、流程优化和服务提升，实现转型发展。国家也将有力地支持各类公共服务平台利用云计算、大数据等新技术汇集数据信息，丰富平台资源，创新服务模式，推动平台互联互通、服务共享。培育一批知识产权、投融资、产权交易、能力认证、产品测评、人才服务、企业孵化和品牌推广等专业服务机构。推动行业协会、产业联盟等第三方中介组织加强自身建设，提升对行业发展和管理的服务支撑水平。信息技术的发展和国家对互联网＋发展的高度重视，将从根本上为图书馆互联网＋发展注入动力，解除制约图书馆互联网＋发展的瓶颈。

---

① 第 39 次中国互联网络发展状况统计报告发布［J］. 新闻战线，2017（3）：33—35.
② 鲁炜. 互联网日益成为创新驱动发展的先导力量［EB/OL］.［2016-01-28］. http://news.xinhuaner.com/info/2016-01/28c_135054024.htm.

同时互联网技术发展，人工智能、增强现实、神经科学等新技术加速突破和应用将为图书馆互联网＋建设提供了必要的技术条件，成为图书馆互联网＋可持续发展的必要技术保障。

大数据已经向各行业扩散与渗透，通过对用户信息行为进行大数据分析，图书馆可以实施反向定制，实现精准用户信息服务，创新运营手段引发图书馆服务模式的变革。数据是未来行业的核心能源，数据可以影响甚至改变整个产业生态体系，流动的大量数据聚合了庞大的用户信息需求，也使得融入互联网的个体用户趋于数据化。对于物理空间价值可能淡化的图书馆，大数据将成为图书馆最重要的资产，具有巨大的潜在价值。通过大数据能够创造新的需求，从而对社会资源进行合理分配，使社会效率获得提升。

互联网技术是互联网健康发展的基础，云计算、大数据、移动互联网、物联网等快速发展和融合创新，新技术、新业务、新生态的产生，无一不依赖技术创新作为驱动。技术创新是互联网未来发展的主要驱动力，互联网与传统产业的融合方式有很多，但更好的融合效果和价值的实现，源于技术创新与制度变迁以及社会发展的高度融合。技术创新是互联网＋发展的前提，创新又主要体现在新知识、新技术、新软硬件的再生产以及新业态、新产业、新产品、新集成创新等多方面。

二、互联网＋图书馆跨界融合的社会动力

1. 国家或地区公共政策的引导

各个国家和地区发布的有关互联网＋的政策对推动图书馆跨界融合产生了积极影响，也成为互联网＋时代图书馆发展的推动力量之一。2015年10月底，美国国家经济委员会和科技政策办公室联合发布了新版《美国国家创新战略》，提出重点支持智慧城市、教育技术以及计算机新领域等发展，维护美国创新生态系统；① 2015年10月，欧盟发布地平线2020框架计划2016—2017年工作计划，提出加大在未来新兴技术、信息通讯技术、信息化基础设施等领域的投

---

① 美国发布新版国家创新战略［EB/OL］.［2015–12–25］. http://www.sipo.gov.cn/zlssbgs/zlyj/201608/t20160812_1285855.html.

入；① 2015 年 7 月，日本总务省公布《面向 2020 全社会 ICT 化行动计划》，提出实现第 5 代移动通信系统（5G）和促进开放数据利用环境等一系列措施。② 我国政府也积极实施"互联网＋"行动计划，支持基于互联网的各类创新，先后出台推动物联网、云计算、中国制造 2025、大数据等一系列关于"互联网互联网＋"的公共政策。2015 年 7 月，浙江图书馆联合全省公共图书馆发布了《浙江省公共图书馆"互联网＋"行动计划》，打造推动本省公共图书馆事业创新发展的新引擎。③ 这些政策措施改变了人们进行知识和智慧交流的方式，在推动社会变革的同时也推动着图书馆服务模式的变革。

2. 由内而外的组织变革到服务变革的过渡

随着组织变革，互联网＋也催生了组织服务模式的变革。这种变革不仅要求组织对内部管理产品研发、资源的配置等方式进行转型，还迫使其对外运营和营销模式、信息传播方式、用户体验方式等进行变革。在组织这种变革趋势之下，图书馆作为一个信息服务机构也需要顺应这种趋势，对信息服务方式和信息用户体验等进行变革。

互联网＋提出了服务加互联的新思路，传统的用户思维以解决用户某一咨询问题为目的，仅限于短时间内满足用户的咨询需要，未能有意识培育一种与用户长期合作的关系，为用户提供不间断的知识服务。互联网＋思维颠覆了传统的用户思维，关注用户研究，通过各种互联网技术熟悉用户，拉近与用户的心理距离并与用户保持长期的密切联系。以广大用户为中心，感知用户的需求并区别对待，为用户提供不同层次的信息服务。通过"兜售参与感"让用户参与到信息服务品牌建设及其他活动中，增强用户对自身品牌的认知，从而达到口碑效益。用户体验至上是用户对某个问题在咨询之前、咨询之中和咨询之后的全部个人感受，包括情感、喜好、印象、生理和心理反应等，是用户在咨询的过程中建立起来的纯主观感受。图书馆信息服务需要把提升用户体验作为第

① 欧盟"地平线 2020"2016-2017 年度计划启动［EB/OL］.［2015-11-04］. http://www.hbstd.gov.cn/gzdt/49416.htm.

② 杨晓东."图书馆＋"：面向互联网＋时代的图书馆服务模式［J］. 图书馆工作与研究，2017（3）：62-67.

③ 开放融合，连接一切——浙江省公共图书馆互联网＋行动计划［J］. 图书馆研究与工作，2015（3）：21.

一要务①，互联网＋图书馆信息服务行动计划为用户提供知识增值服务，即超过用户期望的服务。互联网＋思维不同于一般意义上的"互联网思维"，图书馆的互联网＋思维应更加强调"民主、开放、参与"，强调"安全、合作、多边、透明"，呼吁突破传统、摒弃封闭、破除守旧、激发创新。互联网＋思维将为图书馆的变革和服务创新提供新的思想支撑和前进动力。

3. 图书馆社会学想象力的启迪

著名复杂网络研究专家巴拉巴西认为想象力是大数据时代的核心思维之一，"想象力是一切创造的核心，任何对想象力的破坏或限制，都会使其中的趣味丧失。"② 社会学家米尔斯提出："社会学的想象力是一种心智品质，这种品质可帮助他们利用信息增进理性，从而使他们看清世事，以及或许就发生在他们之间的事情的清晰全貌。"③ 社会学的想象力给图书馆学以启迪，图书馆学的想象力是图书馆人一种特有的心智品质。它将图书馆的命运置于蕴含意义的社会秩序中的位置去理解，引导图书馆清晰而理性地认识周遭世界，以顺利应对并有所作为。④ 在日新月异的信息技术革命中，图书馆学的想象力为图书馆发展注入了无限活力，让图书馆浴火重生。"图书馆自动化发展史表明，在图书馆领域，每一项新的信息技术几乎都能引起极大关注并推动变革。"⑤ 在互联网＋时代，张兴旺等⑥ 对图书馆互联网＋的研究、王露露等⑦ 对推动高校图书馆社交网络服务的研究等，都是对图书馆学的想象力的展现。图书馆社会学想象力，给图书馆

---

① 康耀玮. 互联网＋时代图书馆网络服务创新研究［J］. 图书馆学刊，2015（10）：100–102.

② ［美］巴拉巴西. 爆发：大数据时代预见未来的新思维［M］. 马慧，译. 北京：中国人民大学出版社，2012.

③ ［美］米尔斯. 社会学的想象力［M］. 第3版. 陈强，张永强，译. 北京：生活·读书·新知三联书店，2012.

④ 杨晓东. "图书馆＋"：面向互联网＋时代的图书馆服务模式［J］. 图书馆工作与研究，2017（3）：62–67.

⑤ 胡小菁，范并思. 云计算给图书馆管理带来挑战［J］. 大学图书馆学报，2009（4）：7–12.

⑥ 张兴旺，李晨晖. 当图书馆遇上"互联网＋"［J］. 图书与情报，2015（4）：63–70.

⑦ 王露露，徐军华. "互联网＋"模式下的高校图书馆社交网络调研与分析［J］. 图书馆学研究，2015（18）：27–33.

界传播了跨界融合的新思维，对互联网＋时代图书馆的跨界融合趋势，有着一定的启迪作用。

4."文化＋"加速其他产业与图书馆主动融合

这一互联网技术为平台的组织跨界融合中，文化成为组织跨界融合的重要因素。文化元素、文化形态、文化资源、文化基因等在经济的各个领域的渗透更加广泛，并加速产业创新，推动行业业态的裂变，给传统产业注入新的发展驱动力。由于文化元素的相互渗透，使得各类产业尤其是第三产业的服务业许多行业门类和领域都印上了文化的烙印，寻求文化元素与企业组织的融合，表现出文化＋的发展趋势。这是文化＋的内涵，也是服务业跨界融合的显著特征。随着文化元素的介入和向其他行业的渗透，服务业越来越强调重视丰富文化元素的融合以促进新模式新业态的产生。通过文化元素、文化形态、文化资源与企业产品和服务的融合，为企业创造更高的商业价值。随着文化与产业的跨界融合，许多行业实现了华丽转身，从产业链条的低端走向产业链条的中高端。图书馆作为文化事业的重要组成部分，在文化产品的开发和传播中发挥着重要作用。文化创意产业、商业、电子商务企业、地铁等公共服务设施、公共文化产业以及互联网教育产业等都主动地与图书馆寻求合作，形成业务领域的交叉，逐渐模糊边界实现跨界融合，为产业的发展拓展新的业态，创造新的发展动力。

第三节　互联网＋图书馆跨界融合的方向

一、基于知识供应链的纵向融合

随着计算机信息技术和知识经济的发展，图书馆作为知识和信息服务组织，与商业信息数据供应商、图书及电子资源出版商、图书馆配商、网络图书馆以及社区图书馆等组织的合作逐渐紧密，以围绕用户服务为最终目的形成了知识供应链体系。在这个供应链体系中，图书馆与相关组织以满足最终用户的信息需求为目的发生业务交互。在业务流程中产生客户流、资金流、服务流、资金流和信息流，供应链链条各个组织之间的融合程度不断加深，合作关系不仅仅是上下游之间的流向，而是互动合作关系。

1. 图书馆与出版社的跨界融合

在知识经济时代，发展环境的变化使得图书馆的服务和出版社的经营都处在传统运营模式向精细化管理升级阶段。两者之间的数据开放、信息共享和突破组织边界的合作，有助于各自优化资源配置，提高服务效能，降低运行成本。作为图书馆知识供应链体系的两个主要要素，出版方联系着知识的生产者，是阅读产品的生产组织；图书馆联系着知识的消费者，是为读者服务的公共组织。让知识为最终用户服务，推进全民阅读是这两种组织共同的愿景。正是这种共同的愿景，成为了图书馆与出版社跨界融合的变革需求驱动因素。对于出版社而言，传统的图书出版业务流程基本以出版物的最终销售完成而止步；对于图书馆而言，传统图书馆的核心服务集中在读书的外借与归还。在数字化阅读产品的市场需求倒逼机制作用下，出版界提出了数字出版的概念，同时将出版社部分传统的纸质图书内容同步实现了数字格式的转化。通过数字平台传播来分享利润分成，但在运作平台和机制方面并没有形成成熟的数字化模式。而图书馆以纸质图书为核心的馆藏资源条件下，也不能有效满足读者对阅读移动化、碎片化、信息实时动态化等方面的阅读需求，服务的内容相对简单，服务的方式也相对单一，对阅读群体的渗透能力有限。

在传统模式下，图书馆和出版社对于读者需求的判断仍然以经验主义和感性判断为主，缺乏对读者需求的精准识别。读者的阅读需求和图书馆的文献馆藏以及出版社的图书出版之间不能实现有效的精准匹配，出版、馆藏、需求之间存在着严重的脱节现象。而出版社市场行为中对于图书的发行数量、价格定位等方面的决策中，也往往依托于同类书市场销售量、同一作者历史作品销售数量、编辑人员的经验等作为市场预测的基础信息。出版流程对于用户需求不能做出精准的识别，加剧了出版社的图书出版中出版数量大、出版品种多、库存量大、重印率低等现象的存在。在传统行业的互联网发展热潮中，以读者服务为核心的图书馆和以出版业务为核心的出版社，都必须应对数字化、信息化转型升级的趋势，改变传统形式单一的供应链合作方式，开启依托互联网平台的跨界融合，数字时代的跨界融合成为发展的必然趋势。

知识服务的方式和提供知识服务的机构各异，但开展知识服务或进行知识服务融合的动因都是趋同的。在信息化环境下，图书馆与出版社的知识服务融合是数字时代跨界融合必然的趋势，通过提升图书馆与出版社知识服务水平，驱动知识服务向智慧服务进阶以及实现知识供应链深度融合。随着国家产业结构的调整和升级，国家通过制定政策加速文化产业的发展中的融合趋势。2012年文化部在关于印发《文化部"十二五"时期文化产业倍增计划》的通知中明确提出促进文化产业跨界融合的相关政策，计划指出要"建立健全产业融合发展的体制机制，优化产业融合发展的政策环境，促进文化与旅游、体育、信息、物流、工业、建筑、会展、商贸、休闲等行业融合，提高国民经济的文化附加值。支持各类企业加大创意设计投入，提升纺织、轻工、包装等行业的文化内涵，推动创意设计向家具、家电、家纺、家饰生产延伸。打破文化产业门类的边界，促进不同文化行业之间的联姻融合，整合各种资源，延伸文化产业链。"①在文化产业的发展过程中，图书馆和出版社通过信息技术优势、内容资源和宣传推广平台实现跨界融合并在融合实践中取得一定成效。图书馆与出版社在文献采访、编目业务、开放获取、知识援助、阅读推广等领域的协作也已有所成效。②跨界融合成为文化创新和知识创新以及知识服务的重要路径，③图书馆与出版社都在知识服务领域有所建树或存有抱负，双方达成知识服务融合的共识和意向无疑能够促进数字时代跨界融合大趋势。

信息技术环境下，技术的发展、新技术手段的不断涌现以及融合创新发展趋势，给包括图书馆、出版等行业在内的各个行业领域带来了新的变化和挑战，图书馆和出版社的组织边界逐渐模糊化，彼此之间的业务活动产生交替和重合，机构之间的融合趋势已经显现。④此外，图书馆和出版社都已知识服务为核心任务，在新技术的推动下，知识服务的方式受到社会经济发展和用户信息需求的变化而面临挑战，迫切需要对知识服务的方式和内容进行变革和创新。知识服

---

① http://guoqing.china.com.cn/zwxx/2012-03/02/content_24782595.htm.

② 肖希明，完颜邓邓.国外图书馆与出版商、书商的多元化合作［J］.图书馆，2016（4）：6-12.

③ 白玉静.跨界，融合，创新——第六届全国文献采访工作研讨会提出数字时代文献资源建设新思路［N］.新华书目报，2016-04-22：3.

④ 刘锦山，方卿.双向融合绘新篇［EB/OL］.［2014-11-12］.http://www.chinalibs.net/Zhaiyao.aspx?id=362642.

务方式的变革要求给图书馆与出版社带来压力和挑战的同时，也给双方知识服务的融合发展带来了机遇，跨界融合顺理成章地成为图书馆与出版社提升知识服务水平和能力的可行路径。图书馆与出版社达成知识服务融合的共识和意向，是双方知识服务水平的共同追求所驱动的，[①]图书馆与出版社在知识服务领域的跨界融合，是提升图书馆与出版社发展水平和竞争力的有效途径。

图书馆和出版社的跨界融合，也是知识服务向智慧服务升级要求驱动结果。智慧服务以知识服务为基础，是建立在知识服务基础上更智能化、更高层次的知识服务。知识服务和智慧服务虽然都是为信息用户提供知识服务，但是知识服务阶段倾向于为特定用户提供个性化知识解决方案或产品，以解决用户实际问题；而智慧服务更侧重于满足广大公众用户的普遍需求，并引导用户将知识转化为智慧，即"转知成慧"。[②]相对于知识服务，智慧服务更加高级，更加智能化，是现阶段知识服务模式发展的必然产物，但是智慧服务建立在知识服务模式的积淀基础上。数字环境下图书馆与出版社达成知识服务融合的共识和意向，是创新知识服务方式、完善知识服务体系的可靠手段，更是实现数字环境下知识服务转型升级的必要前提。[③]通过跨界融合发展，可以加速图书馆和出版社知识服务向智慧服务的升级转变进程。

图书馆和出版社之间在知识服务方面的跨界融合，加速了双方所处的知识供应链体系的深度融合。在信息技术尤其是互联网技术平台的支撑之下，知识服务供应链各个要素之间的融合程度不断加深，而知识供应链深度融合则有利于提升整体运作效率、改善薄弱环节、增强国际竞争力。[④]知识供应链深度融合也同时促进了图书馆和出版社服务能力和层次的提升和变革，促进了图书馆与出版社自身功能和价值的完善。处在知识供应链体系中的图书馆和出版社，不

---

①　叶翠，刘灿姣. 数字环境下馆社知识服务融合的动因、问题及对策探究［J］. 图书馆，2016（11）：62–65.

②　黄幼菲. 公共智慧服务——图书馆知识服务的高级阶段［J］. 情报资料工作，2012，（5）：83–88.

③　叶翠，刘灿姣. 数字环境下馆社知识服务融合的动因、问题及对策探究［J］. 图书馆，2016（11）：62–65.

④　张晋升，杜蕾. 数字出版产业链融合的价值和路径［J］. 中国出版，2010（16）：44–46.

仅仅扮演者原有的角色，在供应链体系中承担着传统的知识生产和知识供需衔接的任务，而且随着知识供应链深度融合向供应链各节点、各要素渗透，不断延伸其作用和价值。学术出版一定要为学术服务，在深耕内容的基础上提供更多的产品形式，出版与图书馆并非简单的上下游流向关系，而是互动关系。出版的外延与内涵都能在图书馆为读者服务的变化中找到答案，与出版社的跨界融合是图书馆在知识供应链深度融合中必要的环节。

2. 图书馆与图书供应商的跨界融合

对于读者日益增长的阅读需求而言，图书馆的图书馆藏增长速度是有限的，同时馆藏图书的增加与馆舍存储空间之间存在着矛盾。而作为物理空间的图书馆也处在特定的地理位置，服务所辐射的范围也是有限的，在空间距离上相对较近的读者会拥有图书馆服务更多的受益机会，空间距离较远的读者受益机会相对较少。许多图书馆通过总分馆模式，通过总馆向分馆调拨图书来实现图书资源的均衡性调节。但是这种总分馆之间的图书资源调拨与读者阅读需求的增长之间不匹配，尤其是分馆的馆藏图书无法有效满足读者的阅读需求。图书馆纸质图书采购一般经过采购订单确定、图书馆配、图书编目加工、上架流通等流程，对读者提出的推荐购买的图书阅读需求的响应相对滞后和迟缓，这也是迫使部分读者在书店和图书馆之间选择书店阅读的原因之一，尤其是畅销书的馆藏和阅读之间时间的差异更加明显，影响了图书馆对读者需求的响应能力和服务水平。

在图书馆面临读者图书需求响应相对迟缓的同时，随着互联网的发展，实体书店受到电子商务和虚拟化阅读平台应用的影响，生存空间不断被压缩。作为经济实体，书店需要通过经营来获取利益，保证自身的可持续发展。图书馆服务和响应的相对滞后性为书店的发展带来了契机，个性化服务、特色化经营以及向城市公共空间的转变成为实体书店发展的出路。与图书馆的跨界融合成为书店特色经营的重要策略，依托于互联网平台，在互联网＋的思维下将实体书店和图书馆有机融合起来已经成为一种趋势。

如安徽省铜陵市图书馆新馆建设设计为公共图书馆和新华书店的综合体，建成后的铜陵市图书馆和新华书店合体运行，实现了两种组织形态的跨界融合，这是国内第一个公益性图书馆与经营性书店整体合作的案例。在互联网＋环境下，新华书店与图书馆合体运作，可以凭借相互兼容在一起的图书管理系统，实现"你读书，我买单"服务，第一时间将读者的需求响应匹配为图书馆的馆藏图书供应中。读者在书店阅读到认可的图书，可以在新华书店内通过查询系统搜索图书馆馆藏书目，如果图书馆没有馆藏，可以使用"你读书、我买单"的专用管理系统，直接把书借回家，看完后把书还回图书馆即可。读者在新华书店借阅时图书馆已经完成了图书从发行渠道到馆藏的转变，极大地提高了效率。通过铜陵市图书馆与实体书店混合运营的探索，成为公共图书馆服务跨界融合谋发展的另一种探索。[①]

二、图书馆与利益相关者的横向融合

1. 图书馆与公共文化机构的跨界融合

图书馆与公共文化机构如博物馆、群艺馆、档案馆和美术馆等组织在发展过程中不断融合发展，开展社会文化艺术活动，在空间和功能上相互渗透，实现资源的整合和共享。图书馆和博物馆在功能与资源方面能够实现共享，Frieze认为："图书馆和博物馆的合作是一种自然选择，因为两者存在的目的都是提升公众智力水平和知识素养。"[②]从图书馆和博物馆发展的历史渊源看，图书馆和博物馆在最初发展时期就密不可分，两馆合一的状态十分常见。图书馆和博物馆在馆藏资源上虽有侧重，但是能实现资源的优势互补。图书馆与博物馆、群艺馆等公共文化组织有着共同的社会功能，通过为社会公众服务，从而提高公众文化素养。

图书馆、档案馆、博物馆在概念内涵、社会职能、自动化技术应用的发展趋势等方面具有相似的社会属性，都是知识经济时代的社会信息资源系统节点，需要进行紧密合作。[③]除了在服务公众的方面的一致性外，图书馆、博物馆、档案馆、美术馆等在资源方面存在许多关联之处，在共同利益资源共建共

---

① "中国·铜陵"政府门户网站. 铜陵新华书店图书馆店正式启用［EB/OL］. http：// www. tl. gov. cn/art/2015/12/28/art_4447_177581. html，2015-12-28/2016-05-10.

② Frieze，H. S. Art MuseuHls and Their Connection with Public Libraries. Public Libraries in the United States of America：PartOne：1876 Report. Illinois：University of Illinois Graduate School of Library Science Monograph Series#4. 1876：433-444.

③ 夏忠刚. 档案馆博物馆图书馆社会功能之比较［J］. 浙江档案，2001（1）：15-16.

享、协调发展、面临的挑战以及社会用户知识服务等领域存在诸多共同点与互补点。①② 在经费来源和服务方式等方面具有类似的机构性质和社会功能，在资源整合和提高资源利用率以及节约经费等方面存在合作的必要性，在社会功能、建筑设计与利用要求和工作流程、服务模式以及技术保障等方面存在合作的可行性。③④ 在互联网＋环境下，图书馆、博物馆、档案馆、美术馆、群艺馆等公共文化组织依托互联网信息平台实现信息共享，在管理机制方面"可以采取创建知识库、构建知识节点与知识网络地图，组织知识链管理知识资产，培育学习型组织，构建知识评价机制等措施"构建不同文化机构资源数字知识管理创新机制。⑤

近年来国内地方图书馆与公共文化场馆之间的融合实践案例不断增多，主要有：浙江省景宁县畲族文化研究发展中心（文化馆、图书馆、博物馆），河南省鹤壁市三馆合一工程（博物馆、图书馆、群众艺术馆），浙江省义乌市图书馆、档案馆合建工程，青岛开发区综合展馆工程（图书馆、档案馆、博物馆、规划展馆）等，⑥ 此外一些条件具备的图书馆建立了附属博物馆或具有博物馆功能的特藏部门。

2. 图书馆与新媒体技术服务商的跨界融合

图书馆跨界服务在移动媒体上的应用主要表现为手机图书馆等服务。在互联网＋时代，图书馆依托新媒体技术，实现在移动端图书馆业务的集成。在移动媒介上，图书馆除了提供文献检索、查询和阅读功能以外，可以进行的内容整合还包括和书店、出版社、旧书网等合作，建设跨界书目信息共享平台，做

————————

①　刘家真. 我国图书馆（档案馆与博物馆资源整合初探［J］. 中国图书馆学报，2003（3）：36-38.

②　冯湘君. 档案馆与图书馆知识服务的比较分析［J］. 图书馆工作与究，2006（4）：19-21.

③　关萍. 体制创新——"三馆合一"［J］. 科技情报开发与经济，2006（13）：75-76.

④　徐益. 浅谈网络环境下档案馆与图书馆的合作共建［J］. 湖南档案，2002（4）：26-27.

⑤　李巧玲. 数字档案馆与数字图书馆的知识管理创新机制研究［J］. 档案，2009（5）：15-17.

⑥　韩光亮、王璇. 融图书馆档案馆博物馆规划展馆于一体开发区综合展馆开建［J］. 青岛日报，2010-07-13（2）.

到不同机构之间的无缝连接。如浙江的"文化通"移动 APP，它汇聚了浙江省公共图书馆、博物馆、文化馆、美术馆、影剧院等公共文化单位举办的讲座、展览、活动、演出等文化信息，此外，一些高校、咖啡馆、体育中心、书店等公共场所举办的对公众开放的活动也被纳入其中。①内蒙古图书馆推出的"彩云服务"，图书馆与书店合作，用户买书时只要此书在图书馆的采购计划里，用户就可以直接借阅，无需再购买，此服务广受好评。②杭州图书馆最近开发的"悦读服务"APP，已开通了查询功能，图书馆持证用户只要用手机扫描书店图书的 ISBN 号，即能识别此书能否在书店柜台借阅。③移动互联网的大趋势是开放、融合，微信、支付宝已经推出城市服务栏目，嵌入了空气质量、移动图书馆之类纯公益服务，服装品牌优衣库开发了日历、闹钟、菜谱 APP，耐克有环保主题 APP 等。④

3. 与购物中心和商业便利店的融合

图书馆还可以与购物中心和商业便利店实现跨界融合。如新加坡公共图书馆分布在全国各地，一些公共图书馆甚至设立在商场内，读者可以方便地就近借阅。新加坡国立图书馆通过将图书馆和购物中心的跨界融合，把文献服务推送到购物中心或社区中心，用户可以在这些场所检索图书馆文献资源或直接办理图书外借业务。尤其是建设在紧靠地铁车站购物中心内的小型图书馆，麻雀虽小，五脏俱全，图书内容以生活实用类为主，提供图书阅览与外借。新加坡在商场和购物中心建设有 11 家图书馆，分布在全国各地，为民众服务。这样，民众到了购物广场除了可以购物，也可以利用片刻时间到图书馆看看书，享受喧闹中的宁静。周围的居民更可以方便地利用这种身边的图书馆，如乌节路图书馆是新加坡最大的一间购物中心图书馆，位于繁华的

---

① 浙江文化通让文化信息尽在掌握［EB/OL］.［2016-01-04］. http://www.ccdy.cn/xinwen/gongong/xinwen/201408/t20140808_977794_1.htm.

② 张贺. 内蒙古图书馆颠覆世界图书馆百年服务模式，推出奇特服务——"你看书，我买单"［EB/OL］.［2016-01-04］. http://nm.people.com.cn/n/2015/0205/c196820-23799099.html.

③ 杭图新年推出"悦读"服务计划［EB/OL］.［2016-01-04］. http://www.hangzhou.gov.cn/art/2015/12/30/art_812270_333350.html.

④ 跨界了！看传统品牌那些"不务正业"的 App［EB/OL］.［2016-01-04］. http://www.cyzone.cn/a/20131107/246838.html.

购物休闲一条街——乌节路购物中心的三楼和四楼，以设计与应用艺术类文献为主要馆藏，定位为社区的设计时尚生活枢纽。它的建设采用了时下流行的"设计思维"（Design thinking）模式，集思广益，从图书馆的设计、建设到使用都融入了用户需求。

泰国曼谷的趣味阅读公园 Thailand Knowledge Park（TK Park），是泰国首相办公室推广阅读的一个项目，取名为公园，就是要跟平时接触的正襟危坐的图书馆有所不同。首先选址在曼谷有名的 Central World 商场内，面积达 1500 平方米，按功能划分了不同区域，内有超过 30000 本书、200 本杂志。除了指定的宁静阅读区外，其它地方都可以随意交谈，分享阅读心得，打破了图书馆一贯严肃气氛。馆方还意识到通过计算机和互联网平台接受和传递知识是一大趋势，所以设有上网专区，供小朋友和家长使用，另还有音乐区及迷你剧场等，可以说是推动文化的重要基地。①

4. 图书馆与休闲文化机构的跨界融合

图书馆尤其是公共图书馆，已经成为城市文化生活的重要组成部分。一些城市图书馆在探索社会力量参与全民阅读中实现了图书馆和文化休闲机构的跨界融合，如江阴市图书馆将图书馆与咖啡馆、茶楼等休闲文化服务机构的一种合作形式，逐步建构起"三味书咖"城市阅读联盟。②"三味书咖"城市阅读联盟由江阴市图书馆提供基础规模的图书，负责图书的定期流转和相关服务。江阴图书馆与包括"桥南小茶"在内的民营咖啡馆的一种创新合作，由市图书馆根据咖啡馆的实际情况提供一定数量的图书资源，并负责定期流转和阅读服务工作的统一管理；咖啡馆则需提供合适的场地、投入设备以及配备服务人员负责日常的运营。图书馆为"三味书咖"城市阅读联盟，提供了统一用户管理、资源供给、信息发布与定期更新等多种类的文化服务。③

休闲文化服务机构开辟专门的空间场地，配置服务人员，为阅读服务提供持续的服务。这种跨界融合又实现了图书馆和休闲文化机构的双赢，图书馆提

---

① http://blog.sina.com.cn/s/blog_58d5480e0101f9vu.html

② 霍瑞娟."图书馆＋"：专业服务跨界融合发展的探索［J］.图书馆杂志，2016（8）：10–14.

③ 宫昌俊.图书馆＋：开启全民阅读 PPP 新模式［J］.图书馆杂志，2015（11）：15–17.

供的图书和文献为市民提供了重要的阅读来源，又为休闲文化机构集聚了更多的人气和消费的顾客群体，增加了商机。休闲文化机构提供的阅读空间又延伸了图书馆服务的半径，使更多的市民能够就近便利实现阅读。

5. 图书馆与文化企业合作的探索

现代公共文化服务体系建设的一项重要功能，就是通过公共文化服务培育和促进文化消费，通过培育公众的文化素养、扩展文化服务的辐射范围、激发并引导公众的文化消费，实现这一目标。文化领域的消费有着自身的特点，消费需求表现出较强的弹性，是一种选择性消费。良好的公共文化供给，能够在带给公众文化素养提升和基本需求满足之后，会激发公众追求更为丰富多彩的文化产品和服务，这就要求文化服务必须走向个性化、多样化。社会力量的参与能够有效弥补政府在公共文化服务方面的不足，构建公共文化服务体系离不开政府、市场和社会的共同参与。政府的作用是保基本、促公平；市场用来提供多样化的产品和服务；社会的作用则在于激发各类社会主体参与公共文化服务的积极性，创造良好的社会环境。

近年来，各地政府积极鼓励社会力量和民间资本参与到公共文化建设中，如合肥市图书馆主推的"悦·书房"项目，就是政府和社会资本合作（PPP）模式的一次创新实践。"悦·书房"最初在 2016 年 6 月 28 日由华博胜讯股份与合肥市图书馆共同打造推出，是一个 24 小时对外开放的阅读空间。作为安徽首家 24 小时图书馆，悦·书房一开放就引起了广大群众和全国媒体的强烈反响，好评如潮。悦·书房位于合肥市图书馆东侧，服务面积约 500 平方米，服务区内设有阅览座席 100 余个，藏有图书 8000 余册，内容涉及文学、人物传记、社会科学等多个知识门类，可为读者提供成人及儿童图书阅览服务。悦·书房每年还将定期举办 120 场主题文献荐读、书友交流等阅读推广活动。该书房共有三层，分别为阅空间、趣空间、创空间。一层阅空间，图书以人文社科类为主，24 小时对外开放，提供咖啡、奶茶、冰淇淋以及三明治、披萨等西式轻食。这里有精巧的摆件、丰富的绘本、可爱的桌椅、五彩斑斓的软装，宛如一个童话图书世界，可以满足学前儿童及小学生的阅读需求。

6. 图书馆与互联网教育行业的跨界融合

随着互联网技术的发展并与其他产业之间的融合，作为一种新型的网络教学方式和教育技术，慕课顺应时代发展趋势而产生。慕课在对教育本身产生广泛而深刻影响的同时，也给图书馆的传统服务带来巨大挑战。

慕课全新的教学理念不仅促使图书馆服务方式由被动式课外辅助服务向课程内主动式嵌入服务发展，图书馆的服务对象群体也从以往的单纯图书阅读读者群向外扩展。尤其是高校图书馆的用户群由本校读者向校园外扩展延伸，图书馆的资源服务也将从为有限的本校读者服务转向为社会公众开放。甚至还将打破课程学习仅仅属于高校图书馆服务范畴的界线，使包括公共图书馆在内的各类型图书馆都参与到这场全民学习的洪流中，进而带来图书馆在观念、政策、资源、技术、服务等方面的一系列重大转变，促使图书馆探索和建立与大规模开放学习时代相适应的新型服务体系。[①]

慕课首先是一个优质教学资源的聚宝盆，优质慕课实际上就是用现手段对知识进行富集、重构、再利用的一种全民知识组织方式。《2013 地平线报告》指出，慕课首先是一组可扩充的、形式多种多样的内容集合，这些内容由特定领域相关专家、教育家、学科教师提供，汇集成一个中央知识库。[②]

无论是对学习者，还是对图书馆而言，这都是非常重要的变化：慕课彻底改变了以往课内与课外，课前、课中和课后的不连贯学习方式，将学生在每个知识点的听课、查资料、阅读、评测等全部学习过程高度统一在一起，学习过程不再因时空和学习材料的限制而被时时打断，这使得慕课学习更符合人的学习思维习惯，从而很好地保证了学习的效果。过去那种学生利用课外时间去图书馆查找、阅读资料的过程被"无声"地融人了在线课堂中，图书馆的角色将由此发生变化。

除了面对高校用户的慕课以外，面向其他用户群体的图书馆服务也在不断将互联网教育模式和图书馆实现有机融合。2017 年 5 月，互联网＋线下图书馆新模式的非凡乐园公益图书馆入驻长沙。凡学教育打造的绘本阅读平台，旨在培养幼儿养成从小走进图书馆的良好习惯，爱上阅读，拓宽视野，享受阅读的

① （美）NMC 地平线项目，龚志武，吴迪，陈阳键，苏宏，王寒冰，Johnson, L., Adams Becker, S., Cummins, M., Estrada, V., Freeman, A., Ludgate, H. 2013 地平线报告高等教育版（上）[J]．广州广播电视大学学报，2013（2）: 1–6.

② Jennifer Howard. Can MOOC's help text-books? [J]. Chronicle of Higher Education, 2012, 59（4）: 19.

乐趣，让孩子能感到读书带来的乐趣，促进幼儿全面发展。幼儿园阅览室普遍存在场地布置不专业，绘本书资源匮乏，孩子借阅易破损，多半采取家长捐助书籍的模式在运营，书籍管理难，可持续性不强等问题。而引入凡学"非凡乐园"图书馆后，这些问题会迎刃而解。"非凡乐园"公益图书馆线下有海量的绘本图书，多半是国际知名绘本书，国内市场少见或价格高昂。"非凡学习"APP与线下自助借阅机的结合，让借阅过程既可控又简单。公益图书馆采取押金制度，让免费图书馆模式可持续发展，避免资源的浪费与损坏。同时，丰富的APP资源与家长孩子互动，帮助家长培养孩子的阅读、分享习惯。

三、基于用户工作流的适应性跨越融合

1. 与用户体验情景的融合

随着信息技术的发展，强大的 LTE 无线网络的云计算，把数以亿计的电脑相连，这不仅包括口袋中的手机，还甚至包括各种各样的含有电脑的设备，比如手表、相机、汽车等等。人们生活的方方面面都以某种方式与无线网络和云计算相连。在这种"物联网"时代对情景和情景感知的研究不断深入，国内外依托信息技术对情景感知的研究应用实践逐渐增多，基于情景感知的自适应服务应运而生。情景（context），也称情境，是指用于刻画一个实体所处状态的任何信息，包括某个实体的位置、时间、活动和偏好等。实体可以是一个人、一个地方、一个对象，也包括用户和应用软件本身。[1][2]利用情景向用户提供适合当前情形的相关信息或服务就是情景感知（context-aware）服务。它通过自动感知用户当前所处的情景信息（如人物、地点、时间和任务等）自动获取和发现用户需求，实现信息服务与用户的自适应，提高服务的准确性和可靠性，是

───────────

[1]　Dey A K，Abowd G D. Towards a better understanding of contextand context-awareness ［C］// Gellersen H W，Thomas P J，HUC. The 1st International Symposium on Handheld and Ubiquitous Com-puting［J］. Berlin：Springer，1999：304-307.

[2]　Yau S S，Karim F. An adaptive middleware for context-sensitivecommunications for real-time applications in ubiquitous computingenvironments［J］. Real-Time Systems，2004，26（1）：29-61.

协助信息服务系统提高性能和质量的重要支持手段和方法。[1]

图书馆在发展过程中，逐渐从传统的图书馆模式向智慧图书馆过渡。智慧图书馆更有利于图书馆实现基于用户工作流的适应性跨越融合。相对于传统的数字图书馆来说，智慧图书馆具备更强的全方位感知能力，在互联互通方面和智能化人性化管理和服务中也具有很明显的优势。智慧图书馆不仅仅是图书馆空间建筑智能化的体现，而是智能建筑与信息化、自动化系统图书馆的有机结合，更是依托物联网技术、云计算和无线网络集成和分析感应数据，实现资源与服务的无缝衔接。情景感知技术源于普适计算的研究，最早在1994年由 Schilit 提出，他将感知的情境分为三类：计算系统环境（包括网络连接、沟通成本、通信宽带）；用户上下文信息（包括人机交互历史，用户概要、位置等）；物理背景信息（包括照明、噪音程度和交通条件等）。[2]用户情景感知的过程就是通过传感器的用户数据采集，识别用户的信息和所处的环境，分析用户的情景信息，并根据需要提供适当的有针对性的业务服务。互联网＋背景下，图书馆通过用户工作流的适应性跨越融合，应用情景感知技术更人性化的用户体验方式，为用户提供信息推送服务。从而不断升级图书馆信息服务的能力，提升图书馆的核心竞争力。

2. 图书馆与用户的创新融合

在公共图书馆服务史上，公共图书馆的主动服务和延伸服务大多数时候重合交叉在一起，如公共图书馆调查、索引和目录的编制、延长开放时间、分馆的设立、参考咨询服务、流动图书车或巡回图书馆、图书馆战时服务等等。1949年，联合国教科文组织发布《公共图书馆宣言》指出："公共图书馆必须主动积极的去实现其政策，并成为社区生活的活力之一，公共图书馆应当采用分馆或巡回图书馆的方式，把服务延伸至家中或工作场所，强调了公共图书馆延伸服务的意义和必要性。[3]在其后半个多世纪的时间里，在《公共图书馆宣

---

① Yang S J H, Shao N W Y. Enhancing pervasive Web accessibilitywith rule-based adaptation strategy [J]. Expert Systems with Appli-cations, 2007, 32（4）: 1154-1167

② 王苑，徐莉莉. 基于情景感知的智慧图书馆服务探析 [J]. 图书馆研究, 2015（3）: 19-23.

③ 林祖藻. 联合国教科文组织公共图书馆宣言 [J]. 江苏图书馆学报, 1986（1）: 101-103.

言》理念的指导之下，世界各地的公共图书馆特别是欧美发达国家的公共图书馆社区服务蓬勃发展，方兴未艾。而 1949 年联合国教科文修订的《公共图书馆宣言》进一步在"宣言理论"部分明确指出公共图书馆，作为人们寻求知识的重要渠道，为个人和社会群体进行终身教育，自主决策和文化发展提供了基本条件。①

24 小时图书馆，实质是图书馆和用户共同维护的图书馆。这种服务方式是图书馆和用户融合创新的结果，图书馆提供阅读基础设施和配套，用户自觉履行心理契约，维护 24 小时自助图书馆的运行秩序，是图书馆在发展过程中为公众服务、融入社区发展的新模式。24 小时图书馆也是互联网 + 时代的技术产物，它融合了图书馆、互联网技术，通过自动分拣、自助借还等技术手段，实现读者对图书借阅的自助操作。24 小时自助图书馆的应用与推广，在一定程度上提升了我国图书馆社会服务水平，在时间和空间都延伸了图书借还功能。图书馆服务的这种新模式，增加了公共图书馆的覆盖率，促进了全民阅读的推广。

2005 年东莞图书馆建立了 24 小时自助图书馆，揭开了国内乃至国际图书馆界 24 小时自助图书馆服务的序幕，自此 24 小时自助图书馆服务成为公共图书馆服务的一种必然趋势。2013 年江苏省首个 24 小时自助图书馆在张家港市梁丰社区建成，读者刷市民卡就可以进入图书馆。内设全程监控器、自助售卖机、自助借还机，其中二维码电子书的机器尤为醒目，还有图书消毒柜，此外还配备了电脑供市民网上阅读。构建了一个自由而健康、有序而温馨的现代公共阅读场所，专家指出这破解了现代社会公共阅读方式和载体创新、公共阅读领域如何加快推进现代治理的问题。

---

① 沈鸣 . 联合国教科文组织公共图书馆宣言（1994）[J] . 江苏图书馆学报,1995（4）: 59-60.

第四章　跨界融合中的图书馆数字资源建设

伴随着经济全球化的不断发展，信息技术飞速发展，我国的科学技术水平也得到了快速提高，尤其是互联网＋时代的到来，使得信息的载体逐渐向数字化转变，为人们开拓了信息资源传播与交流的新渠道，这促进了图书馆数字化时代的到来，使传统以纸质文献资源为主要载体储存信息的图书馆受到了严重冲击，但同时也面临着严峻的挑战。

图书馆作为文献信息中心，文献资源建设是图书馆事业发展的主要基石。但是，互联网＋出现之后，改变了人们对信息资源的获取，图书馆的文献资源建设也随之发生了翻天覆地的变化，服务的自动化、现代化、高效化、多样化和社会化，图书馆已然成为信息高速路上不可或缺的一部分。①然而，人们对图书馆各种资源的利用率明显呈逐年递减趋势，尤其是对图书馆数字资源的利用程度非常低。对此，图书馆需要调整自己的发展方向与管理模式，借助互联网＋时代发展的契机，与新信息技术不断融合，不断创新图书馆文献资源建设策略，加强图书馆信息资源建设的针对性和专业性，提高文献资源建设的质量。

---

① 孟德玉. 互联网时代数字图书馆信息资源建设的途径探讨［J］. 科技视界，2013（31）：204-251.

第一节　跨界融合对图书馆数字资源建设的影响

2017 年 1 月 22 日下午，中国互联网络信息中心（CNNIC）在京发布第 39 次《中国互联网络发展状况统计报告》（以下简称为《报告》）。《报告》显示，截至 2016 年 12 月，中国网民规模达 7. 31 亿，互联网普及率达到 53. 2%。中国互联网行业整体向规范化、价值化发展，同时，移动互联网推动消费模式共享化、设备智能化和场景多元化。[①]互联网＋作为全新的思维理念与经济形态，加快了传统产业的转型与升级，推动了互联网与其他行业之间的融合发展。图书馆面对互联网＋所带来的巨大冲击，必须重新定位发展方向，创新服务模式，加快馆藏资源建设。

一、互联网＋时代图书馆数字资源的建设现状

（一）数字资源建设现状

在互联网、信息化时代，信息载体逐渐实现了数字化，人们阅读的方式也发生了变化，传统以纸质文献和图书为主要载体存储信息的图书馆显然不能满足用户的信息需求，正面临着严峻的挑战。为了适应互联网信息时代的发展，国家积极推进各省市级数字图书馆工程建设，连续三次将"全民阅读"写进了政府工作报告，这反映了国家战略层面对数字阅读的重视，为整个图书馆界的发展指明了方向。

有关数字图书馆的起源，最早可见美国在 20 世纪九十年代初发布的研究报告《信息基础建设与科技法案》，研究报告中明确界定了数字图书馆的功能与范围。我国有关数字图书馆建设的工作也开展得很早，北京大学和清华大学早在 1995 年便开展了数字图书馆的相关研究，2004 年 11 月在北京大学举办的"中国高等教育数字化图书馆（CADLIS）"项目的建设启动暨成果汇报会议，标志

---

① CNNIC 发布第 39 次《中国互联网络发展状况统计报告》［EB/OL］. http：//media. people. com. cn/n1/2017/0123/c40606-29042485. html.

着我国的高校图书馆数字化建设正式地进入了快车道。[①]李蓉梅、张克林在其文章《加强我国数字图书馆的资源建设》中认为，部分数字图书馆的数字资源的获取在总体数量上虽然达到了一定规模，但数字资源的质量并不高，而且没有合理地结合自身优势进行资源建设，数字图书馆还有待加强特色资源建设。[②]资源建设的目的是为了更好地服务于用户，因此，数字化时代图书馆所提供的个性化服务就显得尤为重要。为了进一步加强公共文化服务体系建设，十八大以来，党中央、国务院一直高度重视公共文化服务体系建设，重视互联网时代数字阅读的作用，积极在全国省市级图书馆推进数字图书馆工程建设。当前我国公共文化服务体系建设力度不断加大，逐步形成了全面推进、重点突破、稳步提升的新局面。[③]

目前，我国数字资源建设的主要特点有以下几个方面：一是数字资源类型比较全面，期刊、报纸、论文等各个方面都有，涉及领域较广，为用户信息的获取和科研工作都提供了便利。二是全文数据库的数量逐渐增多，比如万方、中国知网等数据库，方便了用户对信息资源的全面获取，也从另一个侧面反映了我国学术水平的不断提高。三是数字资源建设参差不齐。由于各地区的经济实力不同，图书馆在资源建设方面也存在着明显的差异，经济条件发达地区，数字资源建设的质量和速度明显要优于经济欠发达地区，比如，北京、上海等一些沿海城市，引进的数据库比较多，涉及的面广，占到了全国数据库的一半左右。

（二）数字资源建设存在的问题

数字资源是数字化技术和电子出版技术发展的产物。[④]互联网＋时代，数字资源迅猛发展，传统图书馆呈现出了边缘化的倾向，另外，伴随着互联网＋而涌现出的海量信息，种类复杂繁多，涵盖了文本、音频、图像等等，打破了

————————

①　张芮.媒体融合背景下数字图书馆资源建设策略研究［D］.郑州大学，2016.

②　李蓉梅，张克林.加强我国数字图书馆的资源建设［J］.阜阳师范学院学报（社会科学版），2004（3）：126-127.

③　赵莹莹.安徽省高校数字图书馆建设现状及对策研究［D］.安徽大学，2016.

④　李维.大数据时代图书馆数字资源融合研究［D］.湘潭大学，2016.

时空与学科的界限，呈现出明确的广阔性。这对图书馆的发展形成了很大的压力，尤其给数字资源的加工带来了困扰，数字资源只有通过采集加工后的有序组织，用户才能够有效地利用这些资源。[①] 因此，数字资源必须解决无序混乱的状态，进而加工成集中有序的信息资源，才能满足用户不断增长的文献信息需求。互联网＋时代，图书馆对海量信息的存储也面临着极大地挑战，面对如此庞大的信息资源，必须进行压缩，而且要有专门存储的数据库，这样才能节省数据库内存，确保信息资源的正常运行。

1. 数字资源质量不高

互联网时代的到来，使得信息资源数量非常庞大，充实了图书馆的馆藏，而且便于用户获取和利用。但是，由于网络环境的不稳定，加上资源数量庞大且质量没有保障，在信息资源内容选择、加工处理等方面有没有统一的指标体系，出现了重复建设和资金浪费的现象，这对图书馆数字资源的完善和建设造成了一定的制约。

2. 缺乏对数字资源的整合和传播

面对纷繁复杂的信息，图书馆必须根据用户的需求，对数字资源进行优化组合，加强资源之间的重组和类聚，重构数字资源管理体系。当前很多图书馆的信息化建设还停留在信息孤岛阶段。对此，各级各类图书馆都应根据本馆的实际情况，加强数字资源建设，优化配置，加大数字资源的整合力度，才能满足用户多元化的信息需求，使资源利用最大化。应该注意的是，数字资源拓展了图书馆的信息资源空间，为用户提供了极大的便利，但是，图书馆员还应充分认识到图书馆藏书建设的重要意义，通过对数字网络资源的优化，提高数字文献资源的传播，在最终意义上实现数字文献资源的综合性发展。[②]

3. 对数据的处理和备份需求高

互联网＋时代，种类繁多的数字资源占据了图书馆的大量空间，尤其是一些文本、图片、音频、视频等信息，对图书馆的资源利用造成了一定的难度。当前，许多图书馆在数据处理和备份方面还存在许多问题，不能够很好地满足

---

① 张芮. 媒体融合背景下数字图书馆资源建设策略研究 [D]. 郑州大学, 2016.
② 蓝维晖. 数字时代文献资源的特点与建设思路探析 [J]. 图书馆学刊, 2016（2）: 93-96.

互联网＋时代图书馆数据处理和备份的需求。图书馆要想提高信息的利用率，就必须简化数据的存储和处理方式。

4.数据的安全存在问题

互联网＋环境下，由于用户的动态性和云计算的复杂性，使网络存在不稳定性，给一些不法分子以可乘之机，用户的信息很有可能会泄露，图书馆的数据信息也存在安全漏洞，这对个人和图书馆都造成了严重的影响。因此，图书馆必须加强用户信息和图书馆数据信息的安全，这样才能为用户提供优质高效的服务，促进图书馆的长远发展。

5.缺少适应互联网＋思维的专业技术人员

互联网＋思维和理念对图书馆的人才队伍提出了更高的要求，要求图书馆员不仅具备图书情报方面的专业知识，而且还要具备计算机知识，以及分析和处理各种问题的能力。但是，现在许多图书馆严重缺乏这方面的人才，而且人才流失现象比较严重，这对图书馆处理数据信息、提高服务能力提出了挑战，建立能够及时适应新环境、具有综合素养的人才队伍就显得尤为重要。

总之，互联网＋环境下各种媒体的融合发展，推动了图书馆数字资源建设进入了一个新的发展阶段，同时也为图书馆服务带来了挑战。对此，图书馆应根据互联网时代数字资源发展的变革，在充分认识到本馆存在问题的同时，积极转变服务理念，创新服务手段，提供个性化服务，推动图书馆资源建设的完善与发展。

二、跨界融合对图书馆资源建设的推动作用

伴随着社会各界的不断渗透、融合，传统的图书馆发生了巨大的变化，信息的数字化以及跨界整合，推进了图书馆的发展速度。尤其是网络信息化的不断发展，促使了图书馆努力融入互联网，因此，图书馆的服务模式发生了巨大的变化，传统图书馆的借阅服务以及文献查询服务等正逐渐被新技术、新手段所代替。移动互联网技术出现后，用户对信息资源的种类和要求不断提高，尤其是人们阅读方式的变化，促使图书馆不断改进服务模式，加强管理。

1.跨界融合丰富了图书馆的馆藏资源

传统图书馆的文献资源主要是以图书馆员的收集、采编、加工而形成的，

但是在互联网＋时代，图书馆的文献信息资源结构发生了变化，除了以实物形式存在的纸质资源，更多的是存取方便的数字资源，数字资源一跃而成为图书馆提供信息服务的重要基础。随着信息社会的深入发展，网络信息资源拥有程度将成为衡量一个国家综合国力的一项重要指标。[①]

2. 跨界融合改变了图书馆的服务理念

跨界融合作为图书馆未来发展的新出路，对图书馆的服务理念产生了强大的影响。这就要求图书馆必须建立跨界思维，这样才能打造图书馆服务新境界。尤其对于图书馆管理者而言，需要超越本位、换位思考，以打造利益共同体为目标，以开放共享促融合共赢。[②]

3. 跨界融合提升了图书馆的服务能力

互联网＋促进了各种行业以及各种媒体之间的融合，移动数字图书馆就是媒体融合下出现的新形式。移动数字图书馆借助于移动通信技术，以及网络架构技术等，服务内容比较多元化，可以灵活自如地通过移动终端查询信息，突破了时空限制，为广大用户提供了丰富的信息资源服务，尤其是一些专业性、人性化的信息服务更是得到了用户的青睐，满足了用户的各种信息需求。

4. 促进了图书馆信息资源的整合

互联网＋为图书馆带来了新的发展环境。随着信息量的增加，用户对信息服务的需求逐渐多元化，这对图书馆的信息资源建设提出了更高的要求。图书馆要想满足用户的多元化信息需求，就必须加大对资源的整合力度，尤其要重视资源整合的横向广度和纵向深度，这样才能为用户提供更加合理人性化的信息服务。图书馆在进行信息资源融合时，一定要根据用户需求，将不同类型、不同存在形式的资源进行创造性地整合，形成一个全新、系统的有机整体，才能为用户提供更加优质、高效的信息服务。

---

① 张登军. 数字图书馆建设重中之重—网络信息资源融合［J］. 中国科技信息，2014（12）：114-115.

② 许建业. 跨界、融合、创新是文献资源建设的新方向［N］. 中国出版传媒商报，2016-04-08（15）.

三、跨界融合对图书馆数字资源建设的意义

互联网＋时代，数字资源在图书馆文献资源建设中占有重要作用，是图书馆文献资源保障体系中不可或缺的主要部分。在互联网快速发展的今天，各种数字资源的推送方式比较多样化，传播速度更快更便捷，图书馆如何以可视化的形式将大量信息呈现给用户，用户如何在海量信息中快捷地获取自己所需的信息资源，这是图书馆数字资源建设的主要任务。随着用户对数字资源需求的增加，图书馆不断加大了对数字资源的建设力度，通过资源共建共享，争取为用户提供更加全面、优质的信息服务。

1. 扩大了图书馆数字资源的范围

互联网＋时代的到来，促使图书馆加大了对文献资源的采购力度，尤其是数字资源的采集，除了涵盖传统图书馆所拥有的资源外，还将一些信息量大、社会关注的热点等都囊括其中。另外，增加对数字资源的深度挖掘和分析，加强对图书馆数字资源的深度加工，以形成各类有用的信息，提升图书馆信息资源的应用和共享能力，真正扩大数字资源的范畴。图书馆利用互联网＋思维和理念拓展数字资源的建设，有利于推进图书馆建立更加丰富完整的资源体系，也可以为优化该体系提供更加优质的资源，提升服务能力，推动图书馆的融合发展。

2. 加强图书馆网络设施建设

图书馆网络建设主要是以计算机为平台，为用户提供图书借阅、馆藏和数据查询，以及馆际互借和文献传递等，但是互联网＋所带来的大量信息，在做数据处理时需要较强的数据采集和储存能力，以及较高的计算机能力，因此，这就需要图书馆有足够大的 IT 架构。由于互联网＋时代海量信息的不断增加，信息的类型也十分繁多，这对图书馆能够支持和处理数据的硬件设施也提出了更高的要求，图书馆必须适时调整功能结构，提高对网络资源的利用。

3. 促进图书馆纸质资源的数字化

图书馆所拥有的大量纸质文献，如图书、期刊、报刊等，在互联网＋时代信息数字化的趋势下，其利用率逐渐下降，图书馆也失去了信息中心的地位。为了更好地向用户推送信息资源，许多图书馆都尝试将本馆的纸质资源逐步进行数字化建设，通过网络共享，为用户提供更加便利的资料检索和借阅服务。

4. 提升图书馆的服务能力

图书馆数字资源范畴的不断扩大，为用户提供了更加便捷的服务，而且通过对数字资源的深度挖掘分析和加工，创新了图书馆的服务模式，为向智慧型图书馆转变提供了分析和决策依据。

第二节　互联网＋背景下图书馆数字资源建设策略

互联网＋的核心在于实现虚拟与现实空间的融合，以业务重构与流程优化推动传统行业发展创新。[1] 在互联网＋的推动下，面对开放的信息环境，图书馆应积极转变观念，建立新的思维理念，抓住用户信息需求的变化，借助互联网平台，对馆藏资源和网络资源加以整合，通过资源共享实现图书馆的跨越式发展。

一、图书馆数字资源整合策略

网络信息资源的涌现，拓展了图书馆的信息资源空间，改变了图书馆的服务模式，为用户获取信息提供了方便。但是，面对数据庞大的海量信息，用户一时间无从下手，因此，这就需要图书馆加大对数据资源的整合，为用户提供一套行之有效的信息获取方式。数字资源整合则是指资源优化组合的一种存在形态，是依据一定的需要，对各个相对独立的数字资源系统中的数据对象、功能结构及其互动关系进行融合、类聚和重聚，重新结合为一个新的有机整体，形成一个效能更好、效率更高的数字资源体系。[2] 对数字资源进行整合的目的是，为了将各种信息资源进行加工组织，以有序的方式为用户提供方便的检索、利用等。互联网＋时代的到来，促使数字资源的急剧增加，不断向用户提供

---

① 李丽娜. 互联网＋背景下基层图书馆馆藏资源与服务的融合模式研究［J］. 图书馆学刊，2017（2）：103-106.

② 毕强，陈晓美，邱均平. 数字资源建设与管理［M］. 科学出版社，2010：76-125.

新的数字资源，扩大了用户信息获取的渠道。但是，大部分图书馆的资源系统是封闭式的，这使得用户在获取信息资源时有一定的难度，主要是因为不同类型的信息资源在组织方式、存在形式以及检索途径等方面都不同。因此，互联网环境下图书馆必须进行资源整合，尤其在资源建设方面一定要突出特色，加强纸质资源与数字资源的协调发展，同时，要合理规划空间布局，实现资源转型，提升服务能力。在资源整合过程中，要坚持"创新、协调、绿色、开放、共享"的发展理念，从自身水平出发，结合本馆的发展实际，积极推进图书馆的创新发展。

通过数据整合、信息整合、知识整合，优化各种资源，将数字信息资源整合为一个有序的新的整体，方便优化检索利用，提高它们的易用性。首先，应统一数字资源整合的规范与标准，便于检索与利用。其次，加强以"开放的公共查询目录"（Open Public Access Catalogue，简称 OPAC）系统为基础的数字资源检索系统的可操作性，提高用户对数字资源的利用率，以及对图书馆数字资源服务的认可和满意度。再次，关注地区的一些龙头产业和部分高校的学科建设，建立和完善图书馆专业数据库以及特色数据库，方便用户检索，为用户提供参考咨询服务。

通过整合数据资源，避免了资源的重复购买，降低了经费的支出，加强了资源的共享，提高了资源的利用。目前，中国高等教育文献保障系统（China Academic Library & Information System，简称 CALIS）、中国高校人文社会科学文献中心（China Academic Humanities and Social Sciences Library，简称 CASHL）等工作站的运行与发展，对数字资源的建设起到了积极的推进作用。

二、图书馆数字资源优化策略

图书馆作为文献信息的中心，其馆藏量非常大，尤其是传统图书馆在对数字信息资源管理的过程中，其管理体系相对较为单一，导致其资源出现了浪费现象。[①]互联网时代，数字资源建设种类比较多，在优化处理过程中肯定存在着

---

① 蓝维晖. 数字时代文献资源的特点与建设思路探析［J］. 图书馆学刊，2016（2）：93–96.

一定的差异，比如概率统计、回归分析等技术方法的应用，推动了信息资源建设的科学发展。

随着数字资源的快速发展，图书馆不断加强网站建设，逐步融合高端的信息技术与网络技术，拓展图书馆的业务和服务内容，尽可能地为用户提供更加快捷高效的现代化方式阅读平台，从而提高图书馆文献资源的利用率，实现文献资源的优化管理。互联网＋环境下，图书馆用户在信息获取方面希望获得的信息内容新颖、来源丰富、种类完善，这就对图书馆的信息服务提出了更高的要求。

1. 馆藏信息资源的内容结构要合理化。图书馆的文献资源主要以印刷体为主，因此，在互联网＋背景下，图书馆要具体分析本馆的文献特色，选择流通量大、利用率高的资源进行数字化建设，根据服务资源、服务项目分门别类地进行科学安排，要有助于用户迅速准确地查找与利用。这还需要图书馆及时进行更新信息资源内容，将最新的信息动态展现给用户，便于用户及时获取。

2. 加强跨界融合下的信息交互能力，加强图书馆与用户之间的互动性，提高用户对信息资源的利用。信息资源共享一直是我国图书情报界和信息管理界关注的重大课题。近些年图书馆通过与各行各业之间的跨界合作，逐步实现了信息资源的共建共享，推动了数字图书馆的发展。

3. 借助互联网平台，为用户提供个性化订阅推送服务。互联网＋背景下，图书馆不再被动地为用户提供服务，而是根据用户对信息资源的需求，利用微博、微信公众号和移动图书馆为用户提供个性化的定制服务，有利于信息资源的传播，也方便了广大用户对资源的获取。

4. 加强数字资源的信息化管理，争取技术支持。伴随着互联网的迅速发展，图书馆中的数字资源管理逐渐趋于信息化，为整个资源的保存提供了技术支持。近几年在教育部的领导下建立的中国高等教育文献保障系统（CALIS），就是通过把先进的数字技术手段与高校丰富的文献资源整合起来，实现信息资源共建、共知、共享，使其发挥最大的社会效益，为中国的高等教育服务，CALIS 在一定程度上实现了数字文献资源的共享。①

---

① 蓝维晖. 数字时代文献资源的特点与建设思路探析［J］. 图书馆学刊, 2016（2）: 93-96.

三、图书馆数字资源保存策略

网络信息技术的快速发展，使得数字资源的获取变得十分方便，而且容易传播，但是海量信息的猛增，以及更新速度之快，给图书馆的自动化管理，以及如何保存和利用这些数字资源造成了一定的难题。目前，好多图书馆的存储空间小，存储载体退化，图书馆自动化系统基本架构于普通的服务器，加上技术的更新等因素，都对图书馆数字资源的存储形成了不利影响，限制了图书馆的服务和管理。针对上述存在的诸多问题，图书馆必须采取相应的措施，妥善解决数字资源的保存问题。互联网＋时代，图书馆充分利用各种渠道增强信息共享，提高了资源的利用率，为数字图书馆的构建和信息资源采集开拓了一种全新的形式和途径。数字资源的开放存取是数字资源发展到一定阶段的必然产物，推动了图书馆的发展与进步。资源存取程度以及共享程度是权衡数字图书馆在业务开展过程中，开放存取实现程度的核心指标。[①] 数字文献资源的储备及开发也是实现我国数字文献资源优化保存的重要组成部分，可以为社会的经济发展奠定良好的基础。[②]

随着现代信息技术的发展，图书馆技术条件与手段的改善，数字化信息资源越来越多，服务形式也逐步地由基于物理馆舍的服务转向基于网络的服务。因此，数字化信息资源作为图书馆网络信息服务的主要基础，对它的有效存储与管理就变得越来越重要。[③]

1. 加强对数字资源的管理

面对不断增加且数量庞大的数字资源，图书馆应当合理规划这些资源的存储问题，就资源存储的有效范围以及具体的时间期限，进行选择性地整理、保存和利用。同时，要考虑到不同年龄段用户的知识层面、兴趣爱好等特征，对数字文献资源进行系统性的储存。国外一些国家级图书馆早已通过对资源信息分析以及综合性的权衡将数字资源规划成：永久保存级、服务级、镜像级和链

---

① 张芮．媒体融合背景下数字图书馆资源建设策略研究［D］．郑州大学，2016.

② 蓝维晖．数字时代文献资源的特点与建设思路探析［J］．图书馆学刊，2016（2）：93-96.

③ 吴新年．海量数字信息资源存储技术研［J］．图书与情报，2003（5）：56-59.

接级这样四种等级。[①] 在国内而言，可以根据数字资源的学科类型、应用范围等进行存储，这样不仅可以提高数字资源的利用率，也可以保证数字资源存放的安全性。在实际应用中，可以综合评估本馆数字平台的存储容量以及资金问题，灵活安排数字资源的储存等级，确保信息资源的增长能够满足特定时期特定范围的需求。通过对数字资源的管理，可以实现数字信息存取的便利性，提高数字资源的利用率。

2. 提高数字资源存储的技术水平

信息技术的日新月异，推动了不同媒体之间的融合与发展，对图书馆数字资源的建设带来了深刻的影响，尤其对数字资源存储的技术提出了挑战。由于各级各类图书馆数字资源存储体系和软件的不同，对资源的存储和检索造成了混乱，不利于图书馆资源的共建共享，阻碍了用户对资源的获取。对此，图书馆在数字资源管理和应用中，应规范数字资源格式，采取统一的形式，既有利于信息资源的交流，也有助于对数字资源的保护，提升其利用率。另外，互联网技术的发展，也滋生了计算机病毒、木马系统等破坏数字资源的不良问题，加上信息技术的更新、变迁等对资源的获取也带来了一定的困扰。互联网＋时代，信息资源存储的安全问题十分重要，这要求图书馆必须提高技术水平，加强对数字资源存储的安全防护，创建和完善适合数字图书馆全面综合的安全防护方案，对访问数字图书馆获取数字资源的广大用户展开用户认证，以及给特许用户实现合适的特殊访问权限，[②] 也可以对部分数据进行加密处理，防止不法分子非法盗取。同时，不断完善图书馆信息资源的存储制度，提高数字资源的可靠性和稳定性。

3. 加大数字资源建设力度

图书馆数字资源的保存是一项长期繁杂的工作，保存过程也需要大量的资金投入，只有稳定的资金支持，才能保障数字资源的长期存放与发展。目前，我国大多数图书馆的建设资金基本来源于国家财政，以及部分出版商的赞助，有限的资金阻滞了数字资源的发展和利用。为了强化数字资源的保存，需要从各个方面加强和完善资金支持，了解科学合理的资金需求，在资源购买和利用方面避免浪费和重复购买。

---

① 张芮. 媒体融合背景下数字图书馆资源建设策略研究［D］. 郑州大学，2016.

② 张芮. 媒体融合背景下数字图书馆资源建设策略研究［D］. 郑州大学，2016.

第三节 互联网+时代图书馆数字资源融合的保障机制

数字资源融合是互联网环境下图书馆数字资源集成、整合与共享发展的新趋势，是图书馆资源建设的一次重大突破与创新，但是图书馆在数字资源融合过程中面临着诸多现实问题，而这些问题的解决方法与措施则是图书馆数字资源融合研究的重要内容与发展方向。[①]

图书馆作为文献信息资源中心，在人们的学习、工作以及能力提升方面具有重要的作用。但是，随着互联网+时代的到来，人们对图书馆各种资源的利用率却出现了逐年递减的趋势，对图书馆的文献资源建设形成了巨大的冲击。在数字化阅读时代，图书馆如何应对信息技术发展所带来的改变，是目前图书馆亟需解决的问题。对此，图书馆必须以积极创新的方式，加强文献资源建设，提升服务能力，才能促进图书馆的长远发展。

一、转变观念，积极调整文献资源采购方式

互联网+时代的到来，不仅带来了技术的变革，更带来了思想观念的变革。随着互联网与社会其他行业之间的融合发展，信息公开、资源共享成为互联网时代不可阻挡的趋势，极大地方便了人们对信息的利用，这成为图书馆数字资源融合发展的前提。转变思维观念，就必须抛弃之前一些落后的办馆理念，重视广大用户体验，培养具有互联网+思维的专业图书馆员，提高图书馆馆员的整体素质。

目前，有一大部分的图书馆为了充实馆藏，保证最大限度地满足用户文献信息需求，加大了文献资源的采购力度，但是却忽略了文献资源建设的针对性和指向性，并没有从根本上提高文献资源的利用率。对此，图书馆必须根据用户的需求和学科特点，调整文献资源采购方式，优化馆藏结构，提高文献资源质量。图书馆还须成立专业的文献资源采购人员。通过专业的培训，积极培养互联网+思维，提高文献资源采购人员的素养，以及在数据采集、处理与分析

---

① 张芮.媒体融合背景下数字图书馆资源建设策略研究［D］.郑州大学，2016.

等方面的能力，形成以图书馆为核心的学科化文献资源建设模式。同时，图书馆必须改变传统的采购方式，设置采购评价系统，强化用户在采购中的作用，从根本上改变文献资源建设的流程，提高文献资源采购的针对性。大多数图书馆与书商、出版社合作，强化文献资源采购的针对性和效用性，为用户提供各种便利。

二、完善法律，加强资源管理

法律法规是促使图书馆数字资源融合更具合法性和保障图书馆数字资源融合顺利进行的制度保障。[①] 由于我国到目前为止还没有一部真正的图书馆法，在数字资源融合过程中，比如知识产权问题、信息安全问题、用户隐私保护问题等都存在着问题，图书馆必须与有关政府部门协商，制定出相关的法律法规体系，保护数据安全与用户隐私安全，为图书馆数字资源的融合发展提供法律保障。同时，图书馆数字资源的融合发展还需要一个强有力的领导机构以及政府的支持。图书馆还要从各个方面考虑加强管理，实施统一的标准，对数字资源融合进行合理的规划与科学布局，通过创新激励制度，提高图书馆员的积极性与参与性，保证数字资源融合的顺利进行。当然，还需要培养一大批与时俱进的专业性人才，这是图书馆工作展开的重要保障，是图书馆数字资源融合发展的重要支持。

三、合理配置纸质资源与数字资源

互联网＋时代的到来，使信息的数字化、全球化特征越来越明显，海量信息的涌现以及获取途径的多样化，使用户的需求呈多元化发展。互联网＋时代，改变了人们的阅读习惯，人们不再单纯地从书本上获取信息，数字图书、视频、有声图书等成为现代社会人们阅读的主要形式。因此，许多图书馆都积极调整本馆的馆藏结构，适度改变了纸质资源与数字资源的比例，加大了数字资源的建设力度，提高数字资源的专业性和质量，以此满足信息时代人们的不同需求。

---

① 李维．大数据时代图书馆数字资源融合研究［D］．湘潭大学，2016.

图书馆在文献资源建设方面，只有使纸质资源与数字资源相互补充，相互依存，才能促进图书馆的发展。

四、加强特色数字资源建设

自建特色资源库是图书馆数字资源建设的重要组成部分，也是图书馆提供个性化服务，增强特色数字资源的重要手段。特色馆藏数字资源具有不可替代性，对每一个图书馆来说都是独一无二的，因此，加强建设图书馆特色数字资源就显得十分重要。目前，许多图书馆非常重视本馆的特色资源建设，而且资金投入力度也不断加大。但是好多图书馆尤其是高校图书馆的特色资源库不对外开放，共享程度低，另外，馆藏资源的数字化工作难度大，加上数据备份，对图书馆工作者提出了更高的要求。

五、培养人才，改进技术

能够适应新环境、具有互联网＋思维的专业性人才是图书馆数字资源融合开展的重要保障。互联网＋时代，信息的快速发展对馆员能力和素养提出了更高的要求，除了具备基本的信息资源处理能力外，还需要具备数据挖掘与分析、应用等能力。有了专业化的人才队伍，就能为用户提供个性化的信息资源服务，才能为图书馆数字资源的建设提供技术支持，解决数字资源在信息存储、数据安全等方面的问题，不仅能够增强该馆的核心竞争能力，而且可以提高图书馆的整体层次，为图书馆的发展赢得新空间。

六、建立并完善信息资源共享平台

互联网＋时代数字化、信息化的发展，使得跨界融合、资源共享成为一种趋势。国家和政府部门对数字图书馆的建设越来越重视，期望通过构建新的信息资源共享平台，将图书馆的资源更好地呈现给用户，提高资源的利用率。但是，信息资源共享平台的建立需要大量的资金，全靠政府拨款很难支持数字图书馆的发展，对此，图书馆在争取财政支持的同时，要加强与数字资源商等之间的合作，建立一个可以容纳不同类型信息资源的共享平台，可以使用户获取异地或国内外其他图书馆的信息资源，这样既减少了图书馆的开支，也提高了信息资源的利用率，避免了重复建设。

图书馆作为信息资源传播和推广的平台，其资源的建设和有效的利用非常重要。[①] 在互联网快速发展的今天，图书馆的文献资源建设一方面应该善于集中各方面智慧，重视专业化智库的建设；另一方面，应该借鉴西方专业智库发展的经验，为我国各类智库的发展提供信息保障。[②] 同时，图书馆应顺势而为，借助新媒体与新技术不断进取，重新构建图书馆的发展思路，培养具有互联网＋思维的新型人才，才能不断推进图书馆的发展。

---

① 樊惠民.浅析大数据对图书馆资源建设的影响［J］.图书管理，2016（9）：169–170.
② 陈益君.互联网思维与图书馆文献资源建设的转型［J］.图书馆研究与工作，2017（1）：46–51.

第五章　跨界融合中的图书馆信息服务创新

　　互联网 + 等新一代信息技术的到来与快速发展，为人们的生活带来了全新的体验与思维方式，人们的生产、生活、工作等方式都发生了深刻的变革，媒体技术的应用突破了时空的限制而日益融合，使得信息载体越来越丰富，网络信息资源也得到了迅速增长，尤其是 2015 年李克强总理在政府工作报告中提出互联网 + 行动计划后，① 全国各个行业都积极制定互联网 + 发展战略规划。不同领域的人们受互联网思维的启发，以及在互联网思维的促进下不断转变思路与行为方式，为各个行业的发展与创新带来契机，其突出表现是行业和行业之间越来越多的交叉、融合，跨界发展成为时代的显著特征。② 目前，互联网 + 思维和理念在众多领域里得到了成功应用，③ 比如淘宝（互联网 + 零售）、余额宝（互联网 + 金融）、滴滴出行（互联网 + 交通）等为用户提供的个性化、智慧化服务，都是互联网 + 与传统行业之间的融合。但他们并非是单纯的累加，而是

---

　　① 李克强：政府工作报告—2015 年 3 月 5 日在第十二届全国人民代表大会第三次会议上 ［EB/OL］．［2015—03—17］．http://cpc.people.com.cn/n/2015/0317/c64094—26702593.html.

　　② 屠淑敏，冯亚慧，李玲丽，粟 慧 . 互联网思维视野下的公共图书馆跨界服务思考—跨界 OR 被跨界 ［J］．图书与情报，2015（1）：125—130.

　　③ 百 度 百 科 . 互 联 网 + ［EB/OL］．［2016—01—17］．http://baike.baidu.com/link?url=w_UeMklQpeXn1yCmge3UXJ_gcdX5u7NDM8jqdPGLxP7NtBgrUC1i-wKmE1Cfm6I5l-32TedxbMs7lPY2dSBeM_.

借助互联网技术及平台，实现二者的深层次融合，进而创造新形态、新业态和新生态。在互联网＋的快速发展以及与其他各行业不断融合的推动下，促成了数字阅读的盛行，数字阅读逐渐成为人们的需要。互联网＋背景下信息的开放存取改变了信息资源的交流利用模式，这对图书馆的信息服务也产生了深远的影响，不断促使着图书馆更加注重数据资源和信息资源的协同共享、开放融合，以及面向用户体验的智能化服务。[①] 互联网＋所带来的碎片化阅读如何与传统阅读协调发展，是当前图书馆信息服务工作亟需解决的问题。

第一节　互联网＋背景下图书馆信息服务现状

一、图书馆信息服务的现状

印度著名图书馆学家阮冈纳赞于 1931 年提出的"图书馆学五定律"，即：书是为了用的、每位读者有其书、每本书有其读者、节省读者的时间、图书馆是个生长着的有机体，[②] 指出了图书馆服务的目的是"一切为了读者"。众所周知，图书馆发展的驱动力首先源于用户需求，用户需求将从根本上决定图书馆的发展乃至生存。同样，没有技术驱动，图书馆的信息组织、管理协调、用户服务、机构效能都将失去重要的保障。在需求和技术双驱动下，图书馆正在从以物理馆舍和印本文献为特征的传统图书馆，走向以网络和知识服务为标志的新型图书馆。数字图书馆、移动图书馆、智能图书馆、智慧图书馆已经从概念走向现实。云计算、大数据、数据关联、语义组织、智能分析、知识发现等技术正在成为图书馆技术支撑的重要组成部分，并重构图书馆的业务运行体系。随着信息技术的飞速发展与网络技术环境的逐渐完善，互联网在人们的生活中显得越来越重要，已成为信息知识的主要载体，人们对信息知

---

① 李立睿，邓仲华．基于互联网＋的融合图书馆构建研究［J］．图书与情报，2015（6）：33—37.

② 吴慰慈．图书馆学基础［M］．北京：高等教育出版社，2007：73.

识的获取也更多的倾向于互联网，信息知识正处于由实体、静态到虚拟、动态的转变过程中。[①]加拿大学者乔治·西蒙斯在其著作《网络时代的知识和学习—走向连通》中指出："今天的知识不再是静态的层级和结构，而是动态的网络与生态。"[②]

互联网+是互联网通过与传统产业的深度融合，实现各行业之间信息的沟通与交换。"跨界融合、创新驱动、重塑结构、尊重人性、开放生态、连接一切"是互联网+时代所具有的主要特征。[③]随着新一代信息通信技术的应用，人们的生活、学习、工作等各个方面都发生了变化，带来了颠覆性的思维方式、行为特征和全新体验。[④]这一信息需求的巨大改变，正逐渐改变了图书馆的服务模式，使图书馆的信息服务方式正逐步向移动化、智能化和多元化发展。互联网+背景下，图书馆最大的改变就是借助以互联网为标志的新一代信息通讯技术，改变与用户之间原有的信息交互模式，与传统图书馆各项功能进行交汇融合，实现图书馆服务的创新。图书馆信息服务在互联网+时代随处可见，图书馆为了适应时代的要求和满足用户的需求，对其原有的服务内容不断进行拓展，重构服务模式，将图书馆的信息服务与社会各行各业相融合，通过开展多元化合作，拓展了服务内容，扩大了服务范围，改变了信息的存放，提高了信息的利用率，也巩固了图书馆在社会公共文化服务体系中的地位与作用。目前，众多图书馆利用各种新媒体技术，为用户搭建新的服务平台，不断创新图书馆的服务方式，比如图书馆微信平台、移动图书馆等在图书馆的逐渐应用，极大地方便了用户对信息的获取，推动图书馆的服务方式向智能化和多元化发展。

———————————

① 向宏华，龙军.互联网+时代高校图书馆的机遇、挑战与对策研究［J］.河北科技图苑，2016（5）：3—6（转80）.

② 知识的三重结构［EB/OL］.［2016-03-18］.http://club.learning.sohu.com/teacher/thread/3qsn7v7c83c.

③ 韩翠峰.互联网+环境下的图书馆服务转型与发展［J］.图书与情报，2015（5）：29-32.

④ 陶功美.基于互联网+思维模式的图书馆服务意识探讨［J］.新世纪图书馆，2015（12）：30-32.

二、互联网＋时代人们的阅读特点

互联网＋作为一种新的经济常态，将与经济社会的各个领域进行深度融合。图书馆作为国家文化的重要组成部分，要抓住互联网＋时代发展的机遇，充分利用现代信息技术，通过与互联网的深度融合，不断创新服务模式，提升读者满意度。

1.信息内容丰富化

互联网时代的到来，为人们的生活等带来了机遇，也带来了挑战，随着生活节奏的加快，人们的生活压力也不断增大。为了提高工作水平，提升生活质量等，人们需要了解各个方面的海量信息，来开阔自己的视野，丰富自己的知识，使自己成为能够应对社会转型发展的复合型人才。互联网＋时代的到来，为人们带来了海量信息，信息的内容也多种多样，一下子使人们眼花缭乱。

2.阅读对象数字化

移动网络、智能手机、ipad 的普及，使随时随地阅读成为了可能，传统纸质图书的阅读不再占据主要地位，而是已渐渐被边缘化。在这个信息爆炸的时代，人们更加倾向于通过手机等移动设备来查询自己所需的信息，数字阅读已成为一种必然。

3.阅读时间、地点自由化

随着信息技术的快速发展，移动智能终端得到了普及，这使人们的阅读不再受时空的限制，可以通过各种渠道随时随地获取最新、最热门的知识。近几年流行的地铁图书馆、咖啡图书馆、公交图书馆等，体现出了图书馆服务模式的创新，更好地为用户提供了个性化、智慧化的服务。

4.阅读方式便捷化

随着信息技术在阅读领域的推广应用，互联网＋时代提供的阅读资源越来越多样化，数字化的应用使人们的阅读方式变得更加快捷，也使人们的阅读变得更加舒适和愉悦。无论是内容广泛，还是传播速度比较快的信息，人们都可以随时随地地获取，而且还可以根据个人的信息需求开展个性化的阅读定制。另外，文字逐渐减少，图片和视频不断增多的数字化阅读，更是给人们带来了全新的体验，人们也逐渐适应了这种轻松的阅读方式。尤其是"云图"技术的产生，将知识资源进行数字化、有声化后，使人们能够利用多种渠道及碎片时间"听书"，从而大幅提升信息摄入量，适合老人、少儿及视障人士等不方便利用互联网或移动终端的读者使用，在一定程度上扩大了全民阅读的覆盖面。①

三、图书馆跨界服务的基本思路及主要内容

在互联网＋背景下，图书馆如何实现跨界融合服务是迫切需要解决的一个问题，只有对自身进行准确的定位，理清跨界融合的基本思路，图书馆才能通过跨界融合实现转型与发展。实际上，无论是在服务的广泛性上，还是在服务的有效性上，互联网＋与传统图书馆的服务都各有优劣。互联网上海量信息的良莠不齐，使用户短时间内无法一一分辨，达不到预期的效果，这就需要借助互联网上各种平台对信息资源进行甄别，以此来满足大多数用户群体的信息需求。纵观图书馆发展历程，作为一个主要的信息服务机构，拥有丰富的信息资源，比较先进的技术平台，科学的管理制度以及专业的人才队伍，具备了跨界融合的基本条件，这就要求图书馆依托馆藏信息资源、信息服务平台以及学科馆员，通过合作共建共享，为用户提供更加优质的信息服务。当然，由于用户结构与需求的多元化，加上不同地区用户素养的差别，对图书馆的服务提出了更高的要求，图书馆必须转变"重藏轻用"的思维模式，重视馆际合作，加强信息资源的共享，提升服务效率。

借助各种服务平台，图书馆与用户之间、馆员之间都可以进行形式多样的信息交流互动，其交流的内容之多、范围之广，都是传统图书馆所不能比拟的。在跨界服务中，图书馆所提供的主要内容有以下几个方面：一是文献资源的检索与利用。除了一般的借阅服务外，目前将馆际互借、文献传递等都纳入了正常的服务范围内，CALIS、CASHL 的出现，解决了广大用户因地域原因而获取不了文献信息资源的困难，深受用户的青睐。二是信息资源的推送。信息推送服务主要包括图书馆内外的一些新闻报道、通知公告以及新书推介、服务导航等，避免了读者在寻求信息资源时的盲目性。三是阅读推广活动的开展。图书馆通过举办读书月系列活动、经典名著诵读等，不断促进用户之间的学习交流

---

① 焦雯.云图·公共数字有声图书馆让真正的全民阅读成为可能［N］.中国文化报，2013-11-04（004）.

与讨论。四是提供参考咨询服务，为用户解决在利用图书馆时遇到的各种问题，包括在借阅过程和查找数字馆藏资源时遇到的各种问题。五是积极听取用户的建议与意见，这些都有利于图书馆服务工作的改进，有利于图书馆管理工作的规范化、合理化等。尽管互联网背景下图书馆的服务方式背景多样化，但信息量还是比较少，而且受图书馆自身技术与管理水平的限制，大多数都局限于本馆内的信息服务，对馆外的资源提供的比较少，与其他社会机构之间的合作较少，使得许多资源都不能进行很好的整合与共享，缺乏与用户之间的互动。互联网＋背景下，图书馆应积极寻求与出版商、数字资源提供商以及新闻媒体等之间的合作，扩大服务范围，提升服务水平。

四、互联网＋思维对图书馆信息跨界服务的促进

互联网＋的快速发展，使得信息载体不断丰富，媒体之间的界限也随着信息技术的发展而慢慢淡化，媒体之间的融汇贯通反映出了各种媒体正逐渐走向融合。近几年智能手机、ipad 等媒体的普及，为移动阅读的拓展提供了可能，促使了数字阅读的盛行，碎片化阅读在社会各个阶层、各个年龄段的人们中得到了广泛认可。在互联网＋思维模式下，有关图书馆跨界服务的文献，更多地集中在图书馆信息服务业与搜索引擎跨界合作的技术框架方面。①这些研究虽然在图书馆范围内展开，但对促进社会融合，推进经济繁荣也具有较强的现实意义。

1. 互联网＋背景下信息服务的特点

互联网＋背景下进行的信息服务，突破了时空限制，而且信息内容多样化，信息资源可以随时随地进行传输，人们也可以按照自己的需求与喜好及时获取信息，而且充分利用了人们的"碎片时间"，极大地方便了用户，提高了图书馆的服务效率。当下，信息的获取与传播更多地依赖于手机等移动互联网，这是互联网＋背景下信息服务的一个基本特点。有了手机等移动互联网这种全新的体验，用户不再受传统图书馆馆址的限制，可以轻松通过手机随时随地使

---

① 张美莉. 基于互联网＋思维的图书馆跨界服务研究 [J]. 情报杂志，2016（9）：204—207.

用图书馆，可以进行在线馆藏查询、图书续借等服务，为用户节省了大量的时间。但是海量信息的涌现，使人们一时间眼花缭乱，无法分辨信息的真伪与优劣，这也为图书馆信息服务带来了新的挑战。面对新的挑战，则要求图书馆能够从海量信息中进行筛选，尽可能为用户提供个性化的服务，节省用户时间，提高服务效率。

2. 图书馆信息资源的融合

传统图书馆在资源建设方面，主要以自身馆藏资源为主，以合作共享资源为辅，而互联网＋背景下，图书馆通过跨界融合，可以实现资源的深度融合。图书馆通过与政府、商业等机构的跨界联合，依托互联网将图书馆馆藏的数据和信息资源进行有效合成，采取开放、互动、合作的形式，在不同产业与行业之间展开信息和数据共享，方便了用户的检索与获取。在互联网＋思维与理念的影响下，图书馆在提升信息资源配置能力，提高信息服务效率，以及增强科研创新方面发挥着重要的支撑作用，图书馆不再将馆藏纸质资源与数字资源割裂开来，而是寻求在新技术环境下二者的高度融合，为用户提供高效优质的服务。互联网＋的不断发展，也不断促使着图书馆更加注重数据资源和信息资源的协同共享、开放融合，以及面向用户体验的智能化服务，[①]信息资源的融合已成为一种必然的趋势。

3. 图书馆跨界服务的展开

随着互联网＋的不断发展，各行各业之间都打破了界限，彼此之间不断进行融合、吸收，呈现出了形式多样的跨界服务。互联网＋背景下，跨界思维、跨界融合、跨界服务等等都被赋予了新的内涵，未来的竞争比较激烈，图书馆的信息服务也突破了边界的限制，以用户思维为中心，与其他行业联合发展，逐渐向以跨界融合为基础服务的方向转变，不断寻找新的创新点，实现优势互补。

传统图书馆的服务主要指的是文献信息服务，包括文献检索、书目查询、流通借阅、馆际互借、参考咨询，以及信息的推送、提供的数据库资源等，而互联网＋思维下，图书馆的跨界服务则突破了信息服务的边界，通过与不同领

---

① 李立睿，邓仲华. 基于互联网＋的融合图书馆构建研究［J］. 图书与情报，2015（6）：33—37.

域、不同行业之间进行合作，相互渗透，将图书馆的空间、资源等进行深度融合，以多元化的知识共存共享为主要的协同服务模式，注重用户服务需求，实现图书馆转型与发展。以互联网＋思维来审视图书馆跨界服务，每一次跨越边界，总是形成一种服务增值的产品形态，最大限度地满足用户需求，尤其是以用户需求驱动为根本，开展多种多样的体验式服务。[①] 通过与其他行业之间的合作，图书馆改变了人们对它的传统认识，这种跨界服务已然渗透到人们生活、工作、学习之中了。比如温州市图书馆与温州市建设银行联合推出的"图建共创阅读文化"24 小时自助微型图书馆，西宁市图书馆与伊尔顿国际饭店合作开设的阳光书吧，都是图书馆开展跨界融合的实践，通过创新服务模式，提高了用户对图书馆的满意度，也扩大了图书馆在社会公共文化中的地位。

第二节　互联网＋背景下图书馆服务面临的挑战与机遇

一、互联网＋背景下图书馆信息服务面临的问题

随着信息技术和互联网的快速发展，图书馆面临着不可逆转的大众文化潮流，图书馆的用户服务方式也发生了改变，图书馆的信息资源建设、信息的开放存取等都面临着巨大的挑战。图书馆界对于用户服务以及信息的获取问题比较重视，但仍然存在一定的问题。

1. 图书馆"信息中心"地位的改变

图书馆作为收集、整理和存储文献资料并向读者提供利用科学、文化、教育的机构，其性质决定了它的根本任务是以服务社会，服务用户为主。但是随着互联网技术的快速发展，知识结构以及组织方式都发生了改变，人们获取知识的渠道越来越多元化，信息知识的获取更加便利，人们的阅读模式和阅读习

---

① 黄希全．数字图书馆推荐系统中用户偏好的建模方法［J］．情报杂志，2006（1）：28–30．

惯也随之发生改变。传统图书馆的服务内容、服务方式等文献传递服务已经不能满足用户的信息需求，尤其是传统图书馆对信息资源的挖掘和分析能力更难以满足并实现用户多元化、个性化信息需求的目的，图书馆基本上是被动地向用户提供咨询与信息服务，其服务模式与服务能力难以适应互联网＋时代的用户需求。[①] 图书馆的"中心地位"和作用逐渐削弱，日益边缘化，其中心地位逐渐向"信息中心"转变。

2. 用户与图书馆关系的变化

互联网＋时代海量信息的涌现，降低了信息获取的门槛，也减少了信息获取的许多环节，这给广大用户带来了很大的便利与满足感。与此同时，由于传统的图书馆在服务过程中所存在的一些弊端，以及多项规章制度的制约，导致大量用户不再寻求图书馆员的帮助，而是将目光更多地转向了互联网所提供的智能化的自助服务。互联网突破了用户与图书馆之间的界限，用户和图书馆员都可以参与图书馆的管理，用户可以是信息的发布者，也可以是信息的使用者，用户不再单纯地依赖图书馆获取信息资源，他们与图书馆员一样，可以成为信息的共同管理者和使用者。

3. 信息资源结构的变化

随着网络搜索引擎的普及，以及移动通讯网络的便利，数字资源、网络资源以及一些免费开放获取的资源，在很大程度上满足了用户对信息的需求，使得传统图书馆的馆藏资源的利用明显下降，尤其是纸质文献的利用率更是大幅下降。互联网＋时代的到来，使得信息资源的类型越来越多样化，不断出现一些新格式的信息载体如 TXT、PDF，加上 BBS、微信等信息表达形式的出现，让信息的传递更加快捷，传递服务也更广。伴随海量信息的剧增，涌现出了大量信息垃圾，加上信息的多样化以及杂乱无章使得用户在利用信息时存在一定的困难。如何利用用户的碎片化时间，通过最优的信息渠道获取更多更准确、对自己更有用的信息，强化对信息的优化整合以及对信息的甄别，成为了目前图书馆亟需解决的问题，也是用户重点关注的问题。信息资源结构的变化，使得与图书馆密切相关的出版业也发生了深刻的变化，更多的出版机构将目光转

---

① 向宏华，龙军. 互联网＋时代高校图书馆的机遇、挑战与对策研究［J］. 河北科技图苑，2016（5）：3—6（转80）.

向数字资源，开展数字化产品和网络化服务，纷纷推出支持移动终端的 APP。①

4. 信息资源的开放存取

开放存取是指允许用户不受经济、法律和技术的限制免费获取公共网络上的论文以进行阅读、下载、复制、打印和搜索等。②在互联网＋背景下，图书馆对信息资源进行科学的开放存取具有一定的必要性，可以通过跨界融合，与政府、企业等机构进行深度合作，实现资源共享，满足用户对信息资源的需求。但是，随着互联网＋时代的来临，涌现出的海量信息资源使得图书馆在信息资源开放存取方面面临着极大的困境。首先是信息资源的安全与版权问题得不到保障，这也是信息资源匮乏的一个主要原因。其次，信息资源的长期存放存在着问题。信息资源的反复使用、深度挖掘对科研创新具有积极意义，但是哪些信息资源适合长期存放是一个比较难的选择，如何借助一些硬件设施和软件工具进行筛选，是图书馆亟需解决的问题。

二、互联网＋给信息服务带来的发展机遇

自 2015 年党和国家提出互联网＋行动计划后，互联网＋战略把互联网和包括传统行业在内的各行各业结合起来，③各行各业都积极实施互联网＋计划。这给图书馆带来了一个全新的信息环境，为图书馆事业的发展带来了一定的机遇，拓宽了图书馆信息服务的渠道，为图书馆的发展提供了广阔的空间。在互联网＋的冲击下，图书馆的资源建设以及服务模式等都受到了彻底的颠覆。互联网＋以其"跨界融合，连接一切"的特质，打破了图书馆固有的边界，减弱了信息不对称性。④互联网＋突破时空的限制，使其跨界融合成为可能，对图书馆信息资源的配置、整合以及用户服务模式等方面产生了深远的影响，使文献信息资源的作用与价值最大化，文献信息资源共享范围得到了扩大，服务对

① 朱强 . 国外图书馆的发展趋势及其启示［J］. 国家图书馆学刊，2015（5）：12-15.

② Budapest Open Access Initiative［EB/OL］.［2016-05-06］. http://www.budapest open access initatiative.org/read.

③ 解读：李克强政府报告中的互联网＋是什么［EB/OL］.［2016-01-22］. http://economy.caijing.com.cn/20150305/3832729.shtml.

④ 马化腾等 . 互联网＋：国家战略行动路线图［M］. 北京：中信出版社，2015：46，52.

象的数量也得到了大量增加。这种多元化的、多媒体的信息资源环境，降低了用户阅读的门槛，而且随处可见的信息传播和资源共享在第一时间呈现在信息用户面前，为人们带来了极大的便利，人们可以根据自己的喜好选择自己感兴趣的知识与信息，也可以对当前的热点问题发表自己的观点，对图书馆创新服务创造了新的机遇。"十三五"规划纲要（草案）中也指出，互联网＋给图书馆的信息服务和阅读推广都注入了新的活力。互联网＋的加速发展，实现了用户可以随时随地与图书馆进行信息传送操作，对于在传统图书馆下，用户必须到馆才能完成的图书续借、图书预约，以及图书馆进行图书催还、信息公告等，现在完全可以借助互联网平台，只要动动手指就可以实现上述各种服务，方便了用户对信息的获取，也减轻了图书馆员的劳动量。

因此，图书馆应充分利用好互联网＋背景下各行业跨界融合的有利形势，借助互联网＋给图书馆信息服务所搭建的这样一个广阔的发展平台，积极转变服务方式，实现服务转型升级。

第三节　跨界融合下图书馆信息服务新对策

随着互联网的不断发展，信息资源越来越丰富多样，人民的阅读需求、阅读方式以及获取信息的渠道等都变得多样化，用户对图书馆的服务内容也提出了更高的要求，知识性服务、嵌入式服务、学科馆员服务等应运而生，这使得传统图书馆信息服务必须优化服务体系，完善服务内容，拓展服务途径等，才能改变图书馆被边缘化的风险。信息时代，图书馆应从互联网＋背景出发，紧紧抓住互联网＋这一发展契机，积极引入互联网＋理念，将各种新信息通讯技术与图书馆原有的功能进行对接整合，坚持信息服务"学科性、学术性、技术性"的原则，改变思维模式，积极创新阅读模式，争取政策保障，加强与社会各界之间的交流合作，培养一大批能够提供各种创新服务的跨界人才，才能适应信息化时代海量数据的爆发，才能满足各类用户不断发展的新需求，推动我国图书馆事业的转型发展，这也是图书馆事业适应现代经济社会发展的必然选择。

一、转变服务模式，树立跨界服务理念

图书馆作为文献信息资源的集散中心，在文化建设中发挥着十分重要的作用，其传统的服务模式主要是流通借阅、文献检索、参考咨询等，而且在开展信息服务时相对比较被动，处于单向服务状态。但是，互联网＋时代的到来，使得人们的阅读越来越碎片化，在这种情形下，人们不再依赖于从图书馆获取信息，互联网便成为人们获取信息的最主要渠道。互联网＋时代，图书馆的服务不再将互联网单纯地作为工具来应用，而是通过各种途径，将信息资源进行深度融合与创新协同，提升服务效能，为用户提供具有个性化、智慧化的服务。互联网＋思维是实现从传统图书馆向智慧图书馆转型的最佳途径。[①] 目前，全国各地许多大型图书馆都建立了移动图书馆，目的是为了更好地顺应用户阅读习惯的变化，使用户可以随时随地通过手机等移动设备获取所需的数字信息资源服务，使阅读无处不在。因此，图书馆要积极应对互联网＋这种新时代所带来的冲击，利用互联网与各个行业深度融合的大趋势，转变服务策略，变被动服务为主动服务，创新服务方式，提升服务品质和服务效能，提供"互联网＋借阅流程""互联网＋数字阅读"等一体化服务，将图书馆图书资源以及服务转移到互联网上，[②] 促进图书资源共享，不断探索创新各种"微服务"途径，推动图书馆建设的深化以及服务品质的进一步提升，[③] 以此满足新常态下读者的信息需求。

这种服务策略的转变，首先需要图书馆从思维模式上进行真正的转变，在互联网＋思维的影响下，用户思维、跨界思维以及平台思维就显得尤为重要。2015 年，宁波市图书馆以用户为中心，通过建立城市街区 24 小时自助图书馆、手机图书馆等推进的智慧阅读，取得了显著成效，得到了广大读者的喜爱。2014 年内蒙古图书馆依托现代信息技术，跨越学科背景，专业界限等知识及视

---

① 向宏华，龙军. 互联网＋时代高校图书馆的机遇、挑战与对策研究［J］. 河北科技图苑，2016（5）：3—6（转80）.

② 刘燕. 互联网＋思维背景下的高校图书馆服务创新［J］创新科技，2016（12）：82—84.

③ 王晓芳. 微时代背景下图书馆服务创新策略［J］图书馆学刊，2014（5）：79—81.

角，推出的"彩云服务——我阅读，你买单，我的图书馆，我做主"服务项目，[①]提供与书商、出版社的合作，创新了图书流通借阅、文献传递、阅读推广等图书馆的传统服务。图书馆紧紧依托互联网，积极为读者构建一个能够提供海量信息资源，进行学习交流、资源分享、共同成长的新平台。国家图书馆在 2015年借鉴"慕课"所创建的"国图公开课"[②]，西宁市图书馆与伊尔顿国际饭店合作开设的"阳光书吧"等都是这方面典型的事例。

二、建立和完善图书馆的服务平台

作为传统信息服务机构的图书馆，在互联网 + 思维的影响下，通过重新定位其服务理念与共建共享信息资源，对其思维模式进行了重构与拓展，逐渐建立和完善图书馆的智能化服务平台，为用户提供更加快捷、高效的信息服务，满足了广大用户对文献信息资源服务的需要，进而提升图书馆的管理和服务水平，提高了用户对图书馆服务的满意度，也强化了图书馆在文化教育事业中的地位与作用。

互联网 + 环境下图书馆服务创新的要求，契合了"全民阅读"活动等当代社会要求。目前，国内最主要的两大移动互联网社交分享平台新浪微博和微信在图书馆得到了广泛的应用，图书馆通过这些微阅读平台在线为用户进行专业指导和答疑解惑，以及发布推送的一些热点问题和重要资讯，改变了传统网站发布信息的单一模式，提高了信息服务的广度和高度，符合人们碎片化阅读习惯，方便用户进行个性化选择和利用信息，得到了广大读者用户的喜爱与关注。移动互联网为信息的传播与共享提供了广阔的发展平台，移动图书馆的建立，方便了用户对信息资源的获取，顺应了人们碎片化阅读的习惯，尤其是手机信息平台的利用，将图书馆的服务进一步延伸、拓展，其服务的个性化特征和及时性给图书馆服务带来了新的变化，改变了图书馆服务的被动性，满足了广大

---

① 袁润，李飞，张朝霞，等. 图书馆与书店合作移动外借服务流程及其信息交换探索[J]. 图书情报工作，2015（8）：32-37.

② 国图公开课：互联网 + 时代下的全民学习[EB/OL].[2015-04-20]. http://cul.qq.com/a/20150420/017758.htm.

用户对信息资源的需求，也提高了用户对图书馆服务的满意度，推动了"全民阅读"活动的开展，扩大了图书馆的影响。

图书馆实现跨界融合和联合服务模式的创新，使其真正成为社会信息和知识组织的分析服务场所。①无论是公共图书馆、高校图书馆，还是社区图书馆等小型图书馆，他们服务的范围比较广，类型多，层次高低不一，这就要求图书馆必须根据服务对象的不同，以用户为中心，转变服务理念，拓展服务内容，建立多元化的服务模式，针对不同用户的不同需求提供相对应的个性化、专业化的学科服务平台，使用户与图书馆之间实现零距离服务。

三、整合信息资源，加强协同建设

互联网＋时代的到来，使图书馆文献信息资源结构发生了重大改变，做好馆藏资源的组织与整合，以及分析服务工作显得尤为重要。互联网＋背景下图书馆服务的跨界融合必然是以信息资源为驱动，以用户需求为导向的多元协作模式。②

首先，利用互联网＋等新技术的驱动作用，以用户为中心，优化馆藏信息资源，积极整合现有资源，深度挖掘本馆的特色资源，将文献资源建设的重点转移到特色信息资源建设上来，形成集基础信息资源与特色化资源相结合的信息资源建设、管理与服务体系。通过新技术的驱动作用，将各种信息资源进行重组和整合，形成相对稳定与完善的信息资源，通过优势互补，为用户提供多元化、个性化以及智慧化的信息服务，提高了信息资源的利用率，促进了图书馆的转型与发展。其次，强化图书馆之间的合作与联盟，图书馆与社会其他机构间的合作，尤其是馆配商之间的互动服务，提供信息资源丰富的共享服务平台，使用户实现网络信息资源的共知共享。目前，好多图书馆依托本馆的智能化服务平台，通过与其他图书馆以及社会机构的协同发展，形成了具有自身

① 向宏华，龙军.互联网＋时代高校图书馆的机遇、挑战与对策研究［J］.河北科技图苑，2016（5）：3—6（转80）.
② 熊太纯，陈飞，屈波，黄秋琴.互联网＋时代图书馆互动服务信息内容建设研究［J］.图书馆学研究，2016（13）：52—55.

特色的信息资源配置和服务模式。比如，2013 年上线的美国数字公共图书馆（Digital Public Library of America，简称 DPLA），既整合了全美范围内多家机构的数字资源，又搭建了用户与资源之间的平台。[①]康奈尔大学图书馆曾与六家社会机构进行合作，建立了 VIVO 社交型网站，通过与他人之间的合作进行科学研究与创新；[②]该馆还与 Microsoft、Googl 等机构合作，对内部藏书进行数字化管理与存放。在我国，图书馆之间的合作，以及图书馆与其他社会机构之间的合作，也取得了突破性的进展。一些大型公共图书馆以及高校图书馆，如清华大学图书馆、上海图书馆等，将本馆的馆藏资源嵌入到当当网、Amazon、Google Books 等，为用户提供便捷快速的服务。内蒙古图书馆与当地新华书店联合推出的"彩云服务"图书借阅平台，更是实现了"借、采、藏"一体化，使用户也参与到图书馆的信息资源建设中来，通过对内外资源的利用，不但提高了文献信息资源的整合水平，而且提升了用户对图书馆服务的满意度。

互联网 + 的发展，将图书馆更多实体馆藏资源的借阅服务都通过各种网络平台展示给用户，使他们能够随时随地利用图书馆的多载体资源，也使图书馆的服务得到了进一步延伸。比如，2015 年 12 月，上海市徐汇区图书馆创建的"约书吧"，就是集图书网上"检索—预约—借阅—传递"于一体，[③]通过实体资源与网络数字资源相结合的服务模式，满足用户对文献信息资源的各种需求。

四、优化学科服务团队，促进图书馆转型发展

图书馆职工队伍的素养与知识水平的高低，对图书馆的全面发展起着重要的作用，高水平、高素养的人才队伍是图书馆发展的基本保障。在互联网 + 背景下，用户的需求越来越多元化、个性化，图书馆员的职业边界也变得有些模糊不清，加上新技术的进步与发展，这使得传统的图书馆馆员面临着严峻的挑

---

① 涂志芳，刘兹恒. 美国数字公共图书馆的创新特点及对我国的启示［J］. 图书与情报，2015（6）：47–53.

② VIVO 网［EB/OL］.［2016–03–10］. http://www.baike.com/wiki/VIVO%E7%BD%91.

③ 程琦. 创建"约书吧"延伸服务：徐汇图书馆开启互联网 + 服务模式［EB/OL］［2016–03–10］. http://gov.eastday.com/shjs/node9/ulai90494.html.

战。互联网＋时代的图书馆员，一定要具备多方面的知识，要跟上新技术的进步与新思维的发展，不断开阔视野，逐渐提升自身的素养，不但要懂用户、懂业务、懂服务，还要懂营销、懂技术，这样才能使自己成长为适合"跨界"的新型人才。

首先，实施学科馆员——图情教授制度。这种制度的建立，对强化信息服务，提升图书馆服务能力有着积极的推动作用，尤其在高校图书馆中的作用非常明显。学科馆员的存在，在对口联系、跟踪服务方面为教学科研带来了极大的方便，开辟了信息导航、重点学科资源信息链接、专题数据库建设、编辑学科发展动态以及定题服务、代查代检等信息服务工作，推进了读者服务工作的全方位拓展，并不断深化、创新，为读者提供优质、满意服务，在学校教研工作中发挥了重要作用。其次，建立完善的馆员培训体系。在互联网＋环境下，为了提升图书馆服务质量和服务水平，满足用户日益增长的文献信息需求，图书馆应根据互联网＋背景下图书馆的发展要求，以及图书馆员自身的发展情况，对图书馆员进行科学的、有针对性的、分层次的培训，以此来提升图书馆员的服务能力。但值得注意的是，馆员培训是一项长久的、系统性的工程，要树立终身学习的观念，通过各种途径打造比较规范的制度化的培训体系。目前比较流行的培训方式如专题培训、传帮带，以及专属馆员培训的网络平台等，都可以增强用户对知识的有效利用和服务能力的提升。比如辽宁省图书馆建立的部门培训联络员制度，十分有利于开展形式多样的培训活动。通过面向全体馆员征询培训意见、培训形式等，强化了馆员培训的针对性、主动性，也加强了馆员参与图书馆建设的热情。再次，加强人才队伍的引进，优化配置图书馆人力资源。互联网＋时代对图书馆员的服务能提出了更高、更为精细的要求，传统图书馆想要在竞争中立于不败之地，为用户提供优质的服务，则迫切需要高素养、高水平人才的大力支持。因此，图书馆应根据本馆的实际情况进行全面的考量，引进具有互联网＋思维的知识性人才，能够为用户提供更加广泛深入的学科服务。另外，还需要对人力资源进行合理的配置。互联网＋时代下的图书馆员，必须摆脱固有的思维模式，变被动服务为主动服务，重新认识用户的信息需求，为用户提供更加灵活准确的个性化信息服务。尤其是互联网＋背景下"嵌入式学科馆员"，更要具备广博的知识、合理的知识结构，还必须具有与其他行业深度融合的专业知识背景、数据挖掘等创新能力，提供信息资源检索、分析、利用的图书情报基本服务能力。^①"嵌入式"学科馆员的出现，打破了传统图书馆信息资源单向传播的方式，通过对用户信息需求的掌握，建立了适应用户需求的信息推送服务，增强了与用户之间的沟通，为用户提供了个性化、知识化、学科化的服务，体现了图书馆的高效服务。只有建立这样一支具有专业知识和信息技能的学科馆员队伍，才能为用户提供更为专业的，比较深入的学科服务，也才能更好地支撑用户的科研信息需求，形成互联网＋思维下图书馆协同创新服务模式。

五、提升服务能力，保障信息安全

伴随互联网＋时代的快速发展，全面融合态势下的网络和信息安全存在很大的问题，图书馆必须加快网络安全关键技术研发，形成全程全网的网络安全态势感知、监测预警、应急响应和快速恢复能力。在提升技术能力的同时，还需加大数据保护和用户信息保护力度。由于互联网时代海量信息的涌现，以及各种社交媒体的发掘，大量数据以及用户的信息都面临公开的弊端，图书馆必须通过技术的研发，做好数据的开放存取与用户信息的保密工作。

六、图书馆服务发展新趋势

随着互联网＋思维的逐渐融合与渗透，图书馆在服务模式方面进行了大量的探索，涌现出来许多新颖、独特的服务模式，引领了图书馆专业服务发展的新趋势。许多图书馆开展的自助服务，得到了广大用户的喜爱，也激发了图书馆随时随地进行社会化服务的潮流。另外，图书馆与其他行业之间的融合，为图书馆服务创新提供了新的起点。目前大多数图书馆参与的全民阅读活动，是图书馆服务推广的主要形式之一，通过与其他行业、机构之间开展的合作，共谋发展，共同进步，推动了图书馆界向专业化方向发展的趋势。

---

① 向宏华，龙军．互联网＋时代高校图书馆的机遇、挑战与对策研究［J］．河北科技图苑，2016（5）：3—6（转80）．

　　互联网＋的发展，为当下社会各行各业的发展提供了新的发展机遇与空间。通过跨界融合，将图书馆的空间、文献信息资源以及提供的平台，与用户的空间、活动等进行深度融合，通过知识的多元存在，达到互动共赢的协同服务目的，为用户提供更精准的、全方位的个性化服务。

第六章　跨界融合中的图书馆阅读推广

　　阅读是人民群众最基本的文化权利，也是最为普遍、最为持久的文化需求，关系到个人与整个国民思想道德素质的提升，是国家文化软实力的重要体现。阅读在一个人成长过程中的影响也是十分明显的，一本好书有时候能够改变人的一生。莎士比亚曾经说过："生活里没有书籍，就好像没有阳光；智慧里没有书籍，就好像鸟儿没有翅膀。"在不断推进社会发展、建设创新型国家和学习型社会的今天，阅读有着不可替代的作用。我国政府十分重视人民的文化素养，积极倡导全民阅读，努力建设学习型社会。

　　近年来，随着互联网＋的快速发展，以及现代化公共文化服务体系的构建，广大用户的阅读需求日益多元化，阅读资源也主要以数字化、网络化呈现，这为图书馆阅读推广活动开拓了新的领域，也提出了新的机遇与挑战。在这一环境的影响下，我国的阅读推广活动全面展开。图书馆作为文献信息资源的集散地，阅读环境比较好，人文气息和学习氛围相对浓厚，加上专业的服务团队，十分有利于开展阅读推广活动。图书馆是一座城市的文化地标，是一座城市服务创新的平台和共享知识信息的枢纽。当前，图书馆事业面临前所未有的大好机遇，如何创新体制机制，拓展服务功能，真正把图书馆传播现代文化，促进全民阅读的功能发挥好，为构建新业态下的现代公共文化服务体系做出贡献，是每个图书馆工作者义不容辞的责任。

第一节　跨界融合对图书馆阅读推广的启示

一、全民阅读的兴起以及阅读推广的概念

1. 全民阅读的兴起

全民阅读是根据"世界读书日"演变而来的。[①]1972 年联合国教科文组织向全世界发出了"走向阅读社会"的倡议，1982 年在伦敦召开的世界图书大会上，联合国教科文组织提出世界性阅读推广活动计划："走向阅读社会—80 年代的目标"，1995 年在第 28 届大会上将 4 月 23 日[②]确定为"世界读书日"。"世界读书日"全称为"世界图书与版权日"，又译"世界图书日"，最初的创意来自于国际出版商协会。1995 年正式确定每年的 4 月 23 日为"世界图书与版权日"，其目的是让政府和公众更加重视知识的传播，推动全世界的人爱上阅读和写作，能够享受到阅读的乐趣，能够对那些为人类文明做出过巨大贡献的文学、文化、科学以及思想的大师们给予充分的尊重，并致力于对知识产权的保护。

阅读活动是人类特有的文明行为和社会现象，是人们获取知识、启迪心智的最基本途径。最是书香能致远，腹有诗书气自华。自"世界读书日"确立以来，联合国教科文组织、美国、英国等发达国家，对图书馆在阅读推广中所发挥的作用，以及扮演的角色都表现出极大的关注。我国政府及各个部门也对阅读推广活动表现出了极大的重视与支持。1997 年 1 月，中央宣传部、文化部、国家教委、国家科委、广播影视部、新闻出版署、全国总工会、共青团中央、全国妇联九个部委共同发出了《关于在全国组织实施"知识工程"的通知》；

---

① 世界读书日［OL］.［2013-04-27］. http://baike.baidu.com/item/%E4%B8%96%E7%95%8C%E8%AF%BB%E4%B9%A6%E6%97%A5.

② 联合国教科文组织选择 4 月 23 日的灵感来自于一个美丽的传说。4 月 23 日是西班牙文豪塞万提斯的忌日，也是加泰罗尼亚地区大众节日"圣乔治节"。传说中勇士乔治屠龙救公主，并获得了公主回赠的礼物———一本书，象征着知识与力量。每到这一天，加泰罗尼亚的妇女们就给丈夫或男朋友赠送一本书，男人们则会回赠一枝玫瑰花。巧合的是，这天是著名作家塞万提斯、莎士比亚、维加 3 位著名文学大师的辞世纪念日，又是美国作家纳博科夫、法国作家莫里斯·德鲁昂、冰岛诺贝尔文学奖得主拉克斯内斯等多位文学家的生日。

2004 年，中国图书馆学会为了实施"倡导全民读书，建设阅读社会"为宗旨的"知识工程"，在全国范围内举办大型活动让全国公众都知道"世界读书日"。至此，全国各地大型图书馆在"世界读书日"这一天都会举办各种阅读推广活动。2006 年，中国图书馆学会成立了推动全民阅读专门的组织机构——科普与阅读指导委员会，2009 年，将该组织更名为阅读推广委员会。在 2015 年 3 月 5 日第十二届全国人民代表大会上，国务院总理李克强把"全民阅读"写进《政府工作报告》，倡导全民阅读，普及科学知识，弘扬科学精神，提高国民素质和社会文明程度，希望能够在全社会培育一种人人阅读的良好氛围，建设书香社会，逐步推进基本公共文化服务标准化均等化，扩大公共文化设施免费开放范围。[①]经过十年的发展，全民阅读从最初的倡议，到 2016 年列入国家"十三五"规划纲要八项"文化重大工程"之一，全民阅读逐步上升为国家战略，成为一项国策。至此，在政府部门的大力倡导和支持下，"全民阅读"越来越受到人们的青睐，已上升到国家发展战略层面，阅读推广活动便在这种情况下应运而生，成为推进全民阅读的主导行为和重要方略。

2. 阅读推广的概念

"阅读推广"一词来源于英文的"Reading Promotion"，可以称为"阅读促进"，是在"阅读辅导""导读""读书指导""阅读宣传""阅读营销"等概念的基础上发展而来的。[②]关于阅读推广的概念，可谓"仁者见仁，智者见智"，最早对于图书馆阅读推广的关注出现在 1949 年《公共图书馆宣言》里面："必须激励阅读兴趣，不断通过精心策划的公共关系项目宣传推广图书馆服务。"[③]新书推荐便是它的最初推广形式。英国文化、媒体和体育部在 2003 年发布的报告《未来的框架》中，[④]提出"阅读是所有文化和社会活动的首要任务"，并第一

---

① 李克强. 倡导全民阅读 建设书香社会［EB/OL］. 凤凰网［2015-03-05］. http://news.ifeng.com/a/20150305/43275756_0.shtml.

② 张怀涛. 阅读推广的概念与实施［J］. 河南图书馆学刊，2015，（1）：2-5.

③ UNESCO Public Library Manifesto［J］. The Library Association Record. 1949. 51（9）：267-268.

④ Department for Culture，Media and Sport. Framework for the Future：Libraries，Learning and Information in the Next Decade［EB/OL］.［2014-06-02］. http://webarchive.nationalarchives.gov.uk/+/http://www.culture.gov.uk/reference library/publications/4505.aspx.

次将阅读推广规划为图书馆事业的首要使命。至 2012 年，国际图联大都市图书馆委员会提出将"推广活动"定位为影响图书馆未来发展的第一个新指标。① 我国文化部在 2013 年将"阅读推广活动"增加到了公共图书馆评价定级指标中，后来又将"阅读推广活动"两次写入政府工作报告，表现出了政府部门对阅读的重视与支持。我国学者从各个方面对"阅读推广"的定义进行了阐述，主要有以下几个方面：胡庆连在他的著作《公共图书馆致力"社会阅读"推广的逻辑起点》中指出："社会阅读推广，就是让本地区每一个有阅读能力的人都加入到阅读行列。让读书成为生活中不可或缺的一部分，进而构建学习型社会。"② 闻德峰认为："凡是活动的目的在于培养民众的阅读兴趣，鼓励民众从事阅读行为，养成民众的阅读习惯，进而普及社会风气，均属于阅读推广活动的范畴。③ 万行明则把阅读推广比喻为助推图书馆腾飞的另一支翅膀，认为"阅读推广即推广阅读，就是图书馆及社会相关方面为培养读者阅读习惯，激发读者阅读兴趣，提升读者阅读水平，进而促进全民阅读所从事的一切工作的总称。"④ 吕学才通过对图书馆阅读推广活动的研究，认为"阅读推广就是让本地区每一位具有阅读能力的人都加入到阅读列，让阅读成为人们日常生活中不可或缺的一部份，同时培养市民图书馆之意识，以促进全民综合素质的提高。"⑤ 谢蓉主要从数字图书馆的角度出发，认为"图书馆阅读推广活动是图书馆作为推广主体，通过一定的推广媒介，利用特定的设施设备，选择适当的阅读内容并对活动形式进行一定的设计，从而对阅读推广的客体对象（特定的读者群体）施加影响，并接受反馈不断调整以期达到最佳效果的所有工作。"⑥ 张超从青少年的角度出发，认为"阅读推广就是指把阅读这一富含动态特征的思维活动作为一个作用

①　吴建中 . 新常态 新指标 新方向（2012 中国图书馆年会主旨报告）[J] 图书馆杂志，2012（12）: 2–6. 67.

②　胡庆连 . 公共图书馆致力"社会阅读"推广的逻辑起点 [J]. 河南图书馆学刊，2009（2）: 83–84.

③　闻德峰 ."国家图书馆文津图书奖"宣传推广活动在黑龙江省图书馆举行 [J]. 图书馆建设，2010（11）: 114.

④　万行明 . 阅读推广：助推图书馆腾飞的另一支翅膀 [J]. 当代图书馆，2011(1): 8–11.

⑤　吕学才 . 图书馆的阅读推广活动研究 [D]. 吉林大学，2011: 20–21.

⑥　谢蓉 . 数字时代图书馆阅读推广模式研究 [J]. 图书馆论坛，2012（3）: 23–27.

目标，然后通过某种特定渠道或者方法，改变阅读的作用区域及其影响范围，使它的受众更容易、更简单的接受它、参与它的一种文化传播活动。"① 王辛培主要通过对阅读推广活动机制的研究，认为"阅读推广是图书馆、出版机构、媒体、网络、政府及相关部门等为培养读者阅读习惯、激发阅读兴趣、提升阅读水平、促进全民阅读所开展的有关活动和工作。"② 张婷则基于全民阅读的视角，认为"阅读推广即推广阅读，包括谁来推广（主体），向谁推广（对象），推广什么（客体），怎么推广（方法）。"③

从上述各个学者的观点来看，阅读推广顾名思义就是推广阅读，是将有益于个人和社会的阅读活动进行推广，让更多的人参与到阅读的文化活动和事业当中来。阅读推广活动灵活性比较强，涉及的层面也比较广，其拓展空间十分强大，从本质上来说，它实际上是一种传播活动，通过对文献资源的宣传以及所提供的服务，促进知识的传播，以此来提升用户的阅读素养。

在阅读推广的大潮中，出现了一个相当热门的词语，即"图书馆阅读推广"，而有关"图书馆阅读推广"的定义也比较多样，其中于良芝教授的观点得到了大家的一致认可，他在著作《图书馆阅读推广—循证图书馆学的典型领域》一文中指出："凡是能够将读者的注意力从海量馆藏引导到小范围的有吸引力的图书的推广方式，都有可能提高图书的流通量。"④ 从于良芝教授的结论可以得出，"图书馆阅读推广"是指：图书馆通过精心创意、策划，将读者的注意力从海量馆藏引导到小范围的有吸引力的馆藏，以提高馆藏的流通量和利用率的活动。⑤ 为了让所有的读者参与到阅读中来，最大限度地提高读者的阅读素养以及能力，在互联网＋的快速冲击下，各类图书馆都在积极开展并创新阅读推广，

---

① 张超. 基于创新推广理论的青少年阅读网络资源建设［D］. 山东师范大学，2012：11-12.

② 王辛培. 阅读推广活动机制创新研究［J］. 图书馆界，2013（1）：80-82.

③ 张婷. 基于《阅读推广：理念·方法·案例》的全民阅读推广"全景图"［J］. 图书馆杂志，2013（11）：110-112.

④ 于良芝，于斌斌. 图书馆阅读推广—循证图书馆学的典型领域［J］. 国家图书馆学刊，2014（6）：9-15.

⑤ 王波. 阅读推广、图书馆阅读推广的定义—兼论如何认识和学习图书馆时尚阅读推广案例［J］. 图书馆论坛，2015（10）：1-7.

阅读推广已成为全世界图书馆非常重视的一项职能。图书馆依靠自身的优势，联合社会各界力量，积极倡导全民阅读，不断加强阅读文化和服务研究，形成了开展阅读推广活动的长效机制。

二、国内外图书馆阅读推广活动现状分析

随着互联网＋的快速发展，以及互联网＋在社会各个领域的发展和应用，对图书馆阅读推广活动产生了很大的影响。目前，国内外图书馆都十分重视阅读推广活动，有关阅读推广活动的研究也越来越多，但侧重点各不相同。

1. 国外图书馆阅读推广活动的现状

国外对图书馆阅读推广活动比较重视和关注，时间较早。历届美国领导人对图书馆阅读推广活动也十分重视，1988 年，里根总统就将"青少年读者年"作为次年阅读推广活动的主题，1997 年美国总统克林顿就掀起过"阅读挑战"的运动，1998 年又在国会上通过了《阅读卓越法》，为人们的阅读提供法律保障，美国国会图书馆曾提出在 4 年之内将美国建成"读者之国"，美国图书馆协会在 2000 年又推出了"一出生就阅读"的计划，布什政府在 2001 年初发布了《不让一个孩子落后》的教育改革议案，投资 9 亿美元进行阅读改革，大力提升阅读在美国民众心目中的影响力。英国图书馆阅读推广兴起于 20 世纪 90 年代，2000 年后走向成熟和兴盛。之后，英国学者雷切尔·冯·里尔将阅读提升为一种创造性的活动，提出了"读者发展"的理念。英国政府则致力于把全国人都打造为读书人，把当年的 9 月到下一年的 8 月确定为"读书年"。英国图书馆阅读推广活动得到了基金与相关机构的支持与帮助。[1] 西澳大利亚州于 2004 年在全国范围开展的儿童阅读推广活动"更好的起点"，在地方政府、图书馆和社会力量的帮助与支持下取得了良好的成效，也是图书馆跨界融合的产物。还有其他欧美国家以及日本、新加坡等亚洲国家也十分重视阅读，组织了丰富多彩的阅读推广活动。近些年对阅读推广的研究也比较多，其研究重点主要倾向于阅读内容，比如阅读活动、阅读计划等推广策略的实例研究比较多，侧重于学生

---

① 赵永斌. 从国内外阅读推广现状谈新时期公共图书馆阅读推广服务［J］. 图书馆工作与研究，2014（7）：87–88.

阅读推广，尤其重视亲子阅读、家庭阅读的研究。[①] 比如，英国学者瓦塞利奥和罗利（Vasileiou, Magdalini; Rowley, Jennifer）就通过访谈法对高校图书馆的电子书推广策略进行了研究。美国盖尔波公共图书馆发起的 Story Tubes 在线视频竞赛项目，青少年通过视频介绍自己喜爱的图书，从而激发他们的阅读兴趣，并起到推介图书的效果。[②]

2. 国内图书馆阅读推广活动的现状

随着信息技术的发展，出现了各种各样的新媒体，人们的阅读方式也随之多样化，微信、微博、移动图书馆、电子图书等等，一时间占据了人们生活的中心。在建设学习型社会的过程中，作为阅读推广活动开展主体的图书馆，应充分利用自身的资源优势，积极推进阅读推广服务，实现自身的社会价值。我国各级政府对图书馆阅读推广活动也十分重视，逐年加大对全面阅读活动的支持力度。中国图书馆学会在 2008 年将"促进全民阅读"写入《图书馆服务宣言》，其研究重点倾向于图书馆阅读推广的措施和方法。2013 年我国文化部将阅读推广活动增加到公共图书馆评估定级指标中之后，各级各类图书馆采取各种措施进行阅读推广，阅读推广活动开展得如火如荼，有声有色。据不完全统计，目前全国 31 个省市、自治区、直辖市都有了属于本地区的读书活动，有400 多个城市及部分农村开展了"阅读日""读书节""阅读推广工程"等活动。[③] 我国图书馆界对阅读推广最初主要是在流通借阅服务活动当中展开的，最初的推广形式主要是新书推荐。随着互联网 + 的发展，各种新媒体在阅读推广活动中的作用日益凸显，从现有的文献资料来看，我国一些发达地区，比如东南沿海地区的图书馆，他们就在阅读推广活动中更多地利用了新媒体，比如微博、移动图书馆等，希望利用新媒体能够更好地促进图书馆的阅读推广。国内近些年在"世界读书日"都会举办各种各样的读书系列活动，通过与其他行业联合，积极推进阅读推广活动。比如 2013 年甘肃省举办的首届图书馆出版社文

---

① 高灵溪.基于社会化媒体的图书馆阅读推广研究［D］.东北师范大学，2013.

② 赵俊玲，郭腊梅，杨绍志.阅读推广：理念·方法·案例［J］.北京：国家图书馆出版社，2013：186—188.

③ 刘红.国内外青少年阅读推广的现状及思考［J］.开封教育学院学报，2015（3）：249–250.

化论坛及新书现采会，打破了图书馆采购人员"走出去"的传统采购模式，邀请各出版社带样书提供现采服务，为图书馆、出版社、书商之间的沟通和交流提供了便捷的平台。2014 年 11 月在湖南长沙举行了以"全媒体时代下的各界合作共促阅读"为主题的"出版界图书馆界全民阅读年会"，使得图书馆界与出版界之间的联系更紧密，为图书馆的跨界融合奠定了坚实的基础，也为阅读推广活动提供了更广阔的平台。

目前许多沿海大城市，在图书馆事业建设方面一直走在时代的前列，积极推进城市街区自助图书馆建设，方便了沿海对信息的获取；有些图书馆还将阅读推广和志愿者服务结合起来，扩大了阅读推广的范围，取得了良好的效果。值得注意的是，网络阅读和手机阅读在人们的生活中显得越来越重要，但信息技术的使用者却以受过教育的年轻人为主，还有一部分老人对新信息技术比较陌生，一部分少年儿童在阅读过程中存在盲目性，对此，一些图书馆就开展了面向广大中老年用户和不会使用新技术的市民的免费培训讲座，这得到了广大用户的关注与好评，满足了人们的阅读需求。但是，纵观国内图书馆阅读推广活动开展的现状，阅读推广路径仍然有限，而且方式单一，没有形成鲜明的特色。

三、互联网＋对图书馆阅读推广的启示

作为信息能源的互联网＋，一直在潜移默化地影响着我们的世界，从信息闭塞到互通有无，互联网＋将我们的世界变成了真正的"地球村"，在提高社会生产力和综合国力方面发挥着重要作用，对社会的生产方式以及人们的工作、学习、生活方式等方面影响深远。实施互联网＋行动计划，是国家"十三五"规划的重要内容，无论是传统行业还是新兴行业，都将会借助互联网＋这一平台实现各行业的跨界融合，实现自身体系的升级和转型。互联网＋最主要的思维模式是融合、创新、互联，这一全新的思维模式推进了不同行业、不同意识形态之间的跨界融合，使信息技术的应用突破了时空的限制。互联网＋的发展，为人们带来了丰富的信息资源，信息服务内容、手段和方式也不断改进，这对图书馆的管理形式和服务模式都产生了影响，推动着图书馆各个方面的改革和创新，促使图书馆全面提高服务质量和水平，实现图书馆的转型发展。阅读推广活动作为图书馆服务中的重要一环，在引导用户阅读、获取信息方面起了重

要的作用。中国图书馆学会在 2005 年成立了科普与阅读指导委员会，2009 年更名为阅读推广委员会，长期致力于推进全国图书馆阅读活动的开展。[①] 在互联网＋这样一个开放、平等的全新时代，人们的阅读需求日益多元化，阅读习惯发生了深刻的改变。互联网＋时代，阅读推广作为以培养一般阅读习惯或特定阅读兴趣为目标而开展的图书宣传推介或读者活动[②] 有着新的特征，尤其是互联网＋背景下各种媒体的跨界融合，为图书馆阅读推广活动提供了全新的启示。

首先，互联网＋的发展改变了图书馆的外部环境，图书馆文献信息资源中心的主体地位受到了前所未有的冲击，图书馆便不再是一个独立的服务部门，互联网＋将推动图书馆"去中心化"的模式，拓展了图书馆服务的时间和空间，改变了用户对图书馆的依赖程度。[③] 面对互联网＋理念，图书馆要以积极的心态，主动去适应整个社会互联网＋化的大环境，研究互联网＋下图书馆存在的新情况、新问题，加快与互联网＋的对接融合，对图书馆进行革命性的改造，形成新型的管理和服务。[④]

其次，图书馆的工作方式、服务模式也受到了冲击与挑战，图书馆必须创新管理、创新服务、创新理念，才能跟上时代发展的潮流。互联网＋时代，图书馆必须加强馆员对互联网＋知识的学习和相关技术的掌控，从图书馆的实际情况出发，做好图书馆知识服务的转型与突破，不断拓展和创新发展空间，大力发展属于图书馆自己的互联网＋事业。

第三，互联网＋的发展，改变了知识传播的途径，以及知识发布的平台和评价体系。由于各种新媒体的涌现，以及数字资源的飞速发展，人们不再单纯地借助于图书馆来获取知识信息，这促使图书馆要积极转变服务理念，改变服务方式，以更加开放的理念去面对新的变化，通过与不同行业的渗透融合，推

---

① 中国图书馆学会阅读推广委员会成立大会隆重召开［EB/OL］.［2009-12-09］. http://www.lsc.org.cn/CN/News/2009-09/Enable Site ReadNews41253980800.html.

② 于良芝，于斌斌 . 图书馆阅读推广—循证图书馆学的典型领域［J］. 国家图书馆学刊，2014，（6）：9-16.

③ 王东波 . 基于互联网＋的图书馆未来发展新趋势［J］. 国家图书馆学刊，2016（3）：75-81.

④ 王东波 . 基于互联网＋的图书馆未来发展新趋势［J］. 国家图书馆学刊，2016（3）：75-81.

进图书馆各方面的改革与创新，全面提高服务质量和水平，不断开拓新领域进行阅读推广。只有明确了用户的阅读需求，准确把握阅读推广活动的方向，才能将文献资源精准地推送给每一位读者，最大化满足用户的个性化需求。

第四，互联网＋的发展，虽然对图书馆产生了重要的影响，但它不是对传统图书馆的一种简单替换，图书馆的本质职能没有改变，只是从新媒体的角度出发，尤其是以微博、微信，移动图书馆等为代表的社会化媒体，打破了传统阅读推广活动的时空限制，使阅读推广活动走向更广阔的领域，实现图书馆阅读推广活动的跨越式发展。在互联网＋理念的引导下，图书馆不断提高工作效率，优化服务体系，逐渐实现图书馆的转型与发展。

第二节　跨界融合下图书馆阅读推广存在的问题

作为社会教育和文献收藏地的图书馆，在阅读推广活动中具有得天独厚的优势，也具有十分重要的地位。阅读推广给图书馆带来了新的发展机遇，当然在推广过程中还存在着一定的问题，只有不断反思并寻求解决出现的问题，才能使阅读推广活动取得良好的效果，逐渐推进图书馆事业的发展。

一、阅读推广活动中存在的问题

1. 阅读推广重视不够，缺失经典阅读

阿根廷著名诗人、图书馆馆长博尔赫斯曾对"经典"一词做出过这样的解释："经典是一个民族或几个民族长期以来决定阅读的书籍，是世世代代的人们出于不同的理由，以先期的热情和神秘的忠诚阅读的书。"① 对于人类文明的传承，除了持续不断的人文教育，便是对经典的阅读了。但是，现代生活节奏比较快，人们的生活压力大，尤其是互联网＋和数字化时代的到来，对人们的阅读形成了巨大的冲击，阅读显得有些功利化，浅阅读的现象比较多，经典常常

---

① 吴晓东. 从卡夫卡到昆德拉 ［M］. 北京：三联书店，2003.3.

被解构、颠覆，有些甚至被扭曲，被粗俗化对待，损害了经典的意义，这都难以保障阅读的质量。而形成这种现象的主要原因是互联网信息技术的快速发展，为人们带来了庞杂的信息资源，人们一下子难以消化内容繁多的信息，分不清楚那些是对自己有用的信息，那些是垃圾信息，只能走马观花地碎片化阅读，使得阅读逐渐向通俗化、图文化等发展。这种数字化的阅读，使人们缺少了阅读的仪式感，无法体验在安静的阅读环境中读书的乐趣。另外，图书馆为了吸引更多的读者来读书，在阅读推广活动中过分强调了阅读的娱乐性，忽视了对经典的阅读。在如今这样一个快餐文化的时代，物质的丰富与精神的匮乏形成了巨大的反差，社会文明要取得发展，必须重视对经典的阅读。

2. 阅读推广活动缺乏创新，与社会各界联系少

随着"全民阅读"的稳步推进，我国政府和社会各界越来越重视阅读，图书馆也积极推进阅读推广活动，取得了较好的效果。但是，在资金、规模和宣传等方面，阅读推广活动还是受到了一定的限制。在举办阅读推广活动中，大多数图书馆仅仅依靠自身的力量，没有与社会其他行业取得紧密联系，受到了资金等限制，而且举办的规模不大，没有形成长效性，内容老套，不具有新颖性。其实国外的部分公共图书馆，以及欧美一些国家的阅读推广经验可以借鉴。

3. 阅读推广力度不足，缺少与读者互动

阅读推广活动虽然取得了一系列的发展与进步，但纵观其发展历程，仍然缺乏长远的规划，制度保障方面也不完善，个性化的阅读推广活动较少，对用户提出的意见或建议，不能及时回复，甚至是不回复，不能及时全面地了解用户的真正需求，使得与用户之间的互动性明显不足等普遍问题日益突出，已成为制约阅读推广工作持续发展的瓶颈，在很大程度上阻碍了阅读推广服务的持续发展，也影响了阅读推广的实际效果。在信息化时代进行阅读推广活动就必须扩大读者的参与范围，积极运用"互联网+阅读"模式，提升阅读效果，完善阅读推广工作。

二、互联网＋时代图书馆阅读推广新思路

第十四次全国国民阅读调查成果显示，包括综合阅读率、图书阅读率、数字阅读率等在内，我国国民的阅读率整体呈上升态势，特别是手机阅读发展快

速，在人们的生活中占有重要地位。虽然数字化阅读已成为一种趋势，但调查结果显示，纸质图书仍然受到一部分人的青睐，据调查，2016 年我国国民人均图书阅读量为 7.86 本，较 2015 年增加了 0.02 本，这说明纸质图书仍然具有生命力。国民阅读研究与促进中心主任徐升国认为："回归纸质图书是一个世界性的潮流，美国、英国、法国目前都出现了类似的趋势，这些国家电子书的销售放缓，而纸质图书的销售稳步增长，中国也同样如此。数字化阅读虽然具有快捷方便的特点，但只适合快速的碎片化的浅阅读，传统的纸质阅读更适于系统的体系化的深阅读。读者对深阅读的需求不会消失，因此纸质图书就不会消失。在相当长的一段时间里面，传统纸质图书和数字化阅读的方式仍将会并存。"

随着全民阅读的逐步发展，图书馆对阅读推广活动越来越重视。阅读推广服务是图书馆的职责和使命，目的是让所有的用户都能够参与到阅读中来，通过形式多样的活动激发他们阅读的兴趣和激情，最大程度地提高用户的阅读素养和能力。在这样一个日新月异的互联网时代，如何将纸质图书与电子资源相结合，进行精细化阅读，推动用户的阅读需求由碎片化向整体化的深入阅读转变，以此来提高阅读推广的质量和效率，已成为图书馆员迫切需要解决的问题。

互联网＋时代海量信息的涌现，使人们的阅读方式发生了变化，浅层次阅读频频再现，对此，图书馆应积极应对数字阅读给人们带来的冲击，开辟阅读新思路，提高全民阅读的质量。首先要加强对经典阅读的宣传，提高人们的阅读能力以及文化素养。经典是人类文明的缩影，只有通过积极主动的心灵发现和精神解构，才能体会到经典的思想意蕴和艺术魅力，因此，图书馆要提高用户对经典阅读的认识和了解，为用户营造出良好的阅读风气，改善图书馆用户的阅读体验，进而推动全民阅读的顺利展开。同时，要加强对用户经典阅读的引导，指导他们学习经典阅读的方法、途径，提高他们的文化思想。其次，要保证信息资源的质量，不断提升服务能力。馆藏信息资源实际上要比网络信息资源更具有优势，无论是学术价值还是权威性，都是网络信息资源所无法比拟的，建立基于互联网＋的馆藏信息资源保障体系势在必行。在互联网技术的驱动下，图书馆要不断优化升级本馆的馆藏信息资源，同时还要注重挖掘本馆的一些特色资源，强化专业化、特色化服务，将工作的重点转移到特色馆藏资源的建设上来，实现信息资源的优化配置。另外，图书馆在加强自身建设的同时，要积极与其他行业等实现跨界整合，在实现信息资源协同发展的基础上，推进阅读推广的创新发展。

第三节　跨界融合下的图书馆阅读推广路径

阅读推广作为图书馆界促进全民阅读的手段和动力，在新的形势下更具有积极意义。用户的阅读行为和需求，在互联网＋的影响下发生了深刻的变化，作为图书馆诸多服务中的一项基本服务的阅读推广，其推广内容，推广对象，推广手段等，都必须围绕着用户的需求而展开。因此，图书馆都在通过形式多样的方式方法，加大阅读推广的工作力度，制定各种阅读计划，关注不同群体，联合不同平台，纵横结合，发挥主阵地和主力军作用。一方面，通过开展丰富多彩的读书活动，针对性地开展阅读推广，深度介入家庭教育、学校教育和社会教育全过程，分层次开展阅读推广活动。另一方面，以合作机制为纽带，整合公共图书馆、高校图书馆、文化教育机构、媒体平台、大企业等社会力量，组建阅读推广联盟，制定整体规划，以新技术、新创意为手段，拓展阅读推广领域，形成了有力的阅读推广网络。

一、重视阅读推广活动的三要素，明确主旨

阅读推广活动的途径，涉及到推广的主体、客体、对象三个方面。图书馆作为文献资源的集散地，是阅读推广的主要主体，其他各级单位以及相关部门能够参加开展阅读推广的，都可以成为辅助主体，而客体一般指的是图书馆的全部可以阅读的资源，对象主要指的是所有能够参与阅读的广大用户。这三者之间相互关联，相互促进。所以，图书馆（主体）需要根据自身的能力和优势，通过从阅读资源（客体）和读者（对象）角度深入分析来设计阅读推广途径，是理清阅读推广思路的必然选择。[1]阅读推广主体作为阅读推广活动的策划者和组织者，在整个阅读推广活动中具有十分重要的作用，不但能够影响阅读推广对象的阅读态度，而且对整个阅读推广活动的实施都有着重要的影响。除此之外，在阅读推广活动中，必须要有主题明确，定位准确，

---

[1]　王晓霞，丁学淑，张剑．高校图书馆开展阅读推广的途径和保障［J］．辽宁省交通高等专科学校学报，2015（2）：75–78.

还要有既定的目标和鲜明的特色，这样才能激起广大阅读对象的阅读兴趣。比如，英国的"阅读起跑线"计划是世界上第一个专为学龄前儿童提供阅读指导服务的全球性计划，其主旨就非常明确。[①]目前，好多高校举办的读书月系列活动，从多个方面调动读者的阅读兴趣，使他们能够内化所学知识，达到"深阅读"的目的。

二、以用户为中心，转变服务方式

阅读推广作为图书馆的一项基本服务，但仅凭自身的力量难以取得有效的效果，可以与出版社、数字资源厂商、书店以及其他行业等进行联盟，通过跨界整合，实现对资源推荐的一站式服务，最终实现协同效应，以此来推动阅读推广活动的不断创新与发展。在阅读推广活动中，可以利用传统阅读方式与新媒体阅读方式相结合的办法，满足用户的多元化信息需求，尤其要利用"互联网＋阅读"这种模式的优势，为读者提供更加舒适的阅读体验。

三、拓展服务平台，扩大影响力

互联网＋时代的来临，使得数字资源的种类越来越丰富，人们选择阅读方式的权利也越来越多样化，图书馆想要吸引更多的读者来阅读，就需要打造一种包容万象的"全渠道阅读平台"，即需可以包容手机、平板电脑等阅读终端的平台。面对读者的阅读需求，图书馆有必要不断完善数字阅读服务，加大力度投放和推广电子阅读器，并且应该根据时代发展的需要，升级阅读服务平台，将数字化信息平台最优化，向读者传达更丰富的阅读资源，提升读者的阅读体验。同时，图书馆还应与其他新媒体平台进行充分的融合，充分利用互联网技术和各种新媒体平台，通过对线上线下资源的有效整合，开展丰富多彩的阅读推广活动，为读者提供全方位的阅读体验服务。

---

① 张怀涛.阅读推广的概念与实施［J］.河南图书馆学刊，2015（1）：2-5,

四、紧跟互联网＋发展潮流，丰富服务内容

互联网＋时代，社会节奏不断加快，生活压力比较大，而信息的多样化又使人们眼花缭乱，更多地倾向于阅读一些较为流行、时尚、短小的内容。图书馆作为提供信息资源的基本场所，除了根据读者的需要，通过微博、微信、移动图书馆等新媒体平台发布文章外，还应该根据自身的功能定位，针对不同的读者提供不同的资源服务，尤其应该提供具有特殊的阅读资源，这样才能吸引更多的读者参与到阅读当中来。比如高校图书馆，更多的应倾向于为教师和学术提供涵盖专业知识以及科研方面的书刊，而中小学图书馆则应根据小学生的特点，提供一些可以开阔他们眼界的有关自然、科学、历史等方面的书籍，以及他们喜爱的杂志、漫画等。像大型的公共图书馆，则需要包括人文、历史、小说等在内的海量内容，既要满足大部分市民的阅读需求，还要满足不同类型读者的个性化需求。总而言之，图书馆应当充分发挥互联网的优势，通过发掘新媒体并与之整合，为各种读者提供不同的服务，积极推进阅读推广活动的深入发展。

五、建立多元合作，扩大阅读推广途径

互联网＋时代的图书馆比传统图书馆更加开放，对技术的要求也更高，只有通过合作，通过跨界融合，才能更好地促进图书馆的发展。这首先需要政府的大力支持，还需要图书馆主动引导其他行业和机构参与到阅读推广活动中来，把阅读元素与行业发展紧密结合起来，让各个学校、书籍出版商、电信运营商及其他不同的社会力量都参与其中，从而促进全民阅读的和谐发展。[1] 比如在国外一些发达地区，图书馆借助互联网强大的资源聚合能力，利用各种新媒体平台，将阅读资源进行传播和扩散。当下比较流行的如：图书馆与公交公司合作推出的"阅读专车"，与地铁、机场等合作开辟的地铁图书馆、机场图书馆，还有在一些大型商场、办公楼等人流量较大的地方摆放的电子屏，都有效地促

---

① 包艳红. 探析互联网＋时代下的图书馆阅读推广工作［J］. 河南图书馆学刊，2015（10）：31-33.

进了阅读资源的传播。关于地铁图书馆、"阅读专车"等在第九章会专门进行叙述，这里不再一一陈述。

第四节　跨界融合下图书馆阅读推广的保障措施

伴随着互联网＋的快速发展，图书馆举办的阅读推广活动有了翻天覆地的变化，取得了良好的效果。但是由于读者知识水平的高低、不同结构之间的差异，以及活动评价机制的不健全等，阅读推广活动中还存在着一系列的问题。要想阅读推广活动取得更大的成效，必须不断完善交流渠道，阅读推广的范围还需扩大，以及阅读平台的设计推广等，这样才能保证阅读推广服务的效果。

一、加强文献资源建设，扩大服务范围。

文献资源建设是图书馆发展的基础，也是阅读推广的基本保障。互联网＋时代跨界融合的发展，为图书馆阅读推广活动提供了新的机遇。在文献资源建设方面，图书馆必须突破传统业务的束缚，加强文献资源建设，优化环境，通过跨界融合整合网络资源，扩大文献服务范围，引导数字阅读，形成向公众展示阅读信息的新时空。借助丰富多彩的文献资源，激发公众的阅读兴趣，同时吸引更多潜在用户，也能够及时获得用户的反馈信息。[①] 随着社会各界跨界融合的不断深化，图书馆的阅读推广活动必须改变推广方式，在互联网创新阅读推广内容的基础上，为推进全民阅读提供支持。

二、加大政策支持，完善阅读推广的评价机制

政策支持是任何一项活动取得圆满成功的基本保障。国外的立法制度比

---

① 姜进. 互联网＋时代公共图书馆阅读推广跨界融合服务发展范式研究［J］. 图书馆学刊，2016（12）：85-87.

较完善，为有效开展阅读推广活动提供了保障。比如，美国政府 1998 年通过的《卓越阅读法》，以及在 2002 年由小布什总统签署的《不让一个孩子落伍（No Child Left Behind）》的法案，都很好地保护了人最基本的阅读权利。俄罗斯 2006 年设立了"培养读者兴趣、鼓励年轻人读书"的国家项目，定 2007 年为"读书年"；2012 年出台《民族阅读大纲》，为人们的阅读提供保护措施。世界上较早建立较为完善的公共图书馆服务体系的国家则是英国，早在 1964 年，英国政府曾颁布了《公共图书馆方案》，针对不同群体提供特色化的阅读推广服务，明确指出要为社会弱势群体提供专门的阅读服务的政策。一些高校图书馆则从校园文化建设的角度出发，将阅读推广工作纳入到学校党委宣传部，校园文化建设范畴，这有利于具体阅读推广工作的顺利开展，服务制度的创新，以及长效机制的不断进步。目前，大多数图书馆在制度考核方面比较重视，鼓励馆员积极参与各类阅读推广大赛，从各个方面引导馆员不断进步的方向，而有中央图书馆政策和校长支持的韩国江原大学读书认证制度是一个非常成功的案例。与国外相比较，我国在阅读推广的政策支持以及评价机制方面略逊一筹。我国的图书馆大多是以参加人数的多少、举办活动规模的大小、媒体的关注度，以及得到政府和社会团体的支持度等作为评价阅读推广活动效果的依据，目前没有形成系统的评价机制对阅读推广进行科学有效的研究。

三、提供技术保障，扩大宣传渠道

不管是传统阅读方式中的信息推送或目录资源的整合，还是越来越流行的碎片化内容的电子阅读，这些都离不开信息技术的支持。互联网 + 时代，掌握应用信息技术是现代图书馆发展的必然要求，也是图书馆利用社会化媒体，拉近与读者距离的必不可少的手段。

在阅读推广活动中，宣传与策划工作显得十分重要，必须通过形式多样的活动来引起社会的关注并吸引公众的参与。比如图书馆嵌入的微信借阅与查询平台，移动图书馆，微博等，汇聚了大量优质数字阅读资源，可以满足不同层次用户的数字阅读需求，实现图书馆与读者之间的互动交流，形成有效的信息反馈。顺应互联网 + 发展趋势，加强与技术人才、出版界，移动通讯供应商等的跨界合作，设计能够承载与推荐大量优质阅读资源的服务平台，高效整合图书馆领域的资源，才能够保障阅读推广跨界融合的服务质量。在宣传途径上，可以充分利用馆内外渠道，一些高校图书馆还可以利用校内外渠道，除了传统的手段如发放宣传单，陈列展柜展板，拉横幅和发海报等外，还可以利用图书馆的专题网页、电子屏、Email、BBS以及微博、微信等新载体，及时发布阅读信息和阅读内容，有针对性地开展宣传推广，将活动主题和内容直观且立体地展现给读者，以便读者能够及时获得图书馆的阅读服务、阅读资源更新等信息和图书馆资源、阅读指导文章等内容，读者也可以通过各种多媒体将信息发布出去，分享给更多的读者。近些年来，各类型图书馆开展的"你选书，我买单"的读者自选图书活动，鼓励读者根据自身的需求，参与到图书采购活动中来，这一活动得到了广大读者的喜爱与好评。

四、加大馆员培训力度，提升图书馆主动服务水平

《中华人民共和国国民经济和社会发展第十三个五年规划纲要》要求"推动全民阅读"，并把全民阅读工程列为"十三五"时期重大文化工程之一，将全民阅读提升到国家战略高度。为了保质保量推进阅读推广活动的进行，就必须培养一批具有一定资质，能够开展阅读指导、提升用户阅读兴趣和阅读能力的"阅读推广人"，这也是图书馆提高服务水平的主要途径。

阅读推广作为图书馆的一项基本服务，在互联网＋快速发展的时代，图书馆员的服务已不再等同于传统图书馆服务中的外借阅览等服务，传统图书馆员已经不能够适应时代发展的要求。在阅读推广活动中，图书馆员扮演着重要的角色，他们是阅读推广活动的策划者、组织者和实施者，图书馆员能力的大小，与图书馆阅读推广活动的成效有着直接的联系。随着阅读推广活动的开展，对图书馆员的能力要求越来越高，尤其是对从事阅读推广活动的馆员更是要求甚严。为了顺利推进阅读推广活动，图书馆应该从长远发展来考虑，从根本上培养一大批能够促进我国全民阅读事业发展的"阅读推广人"，采取更多长效机制促进人力发展。

阅读推广作为现代图书馆的基本服务，不等同于一般的借阅服务，具有一定的综合性和复杂性，这要求图书馆员具有较高的综合素养，不仅要熟悉图书馆的相关知识，还要熟练地应用互联网，能够具备足够的知识储存来随

时随地解决读者的需要，进而提高文献资源信息的利用效率。目前，好多图书馆都建有学科馆员制度，学科馆员在阅读推广方面具有一定的优势，是图书馆开展阅读推广活动的天然桥梁，有利于推进阅读推广活动的实现。另外，国内外好多图书馆开始谋划阅读推广人才的培训机制，为阅读推广活动的长期进行提供人才保障。比如澳大利亚新南威尔士州，为了提升图书馆员的服务能力，曾专门开展了一项培训员集中受训项目，这给图书馆的发展带来了明显的作用。2014 年底，在江苏常熟举办的全民阅读推广峰会上，中国图书馆学会正式启动了"阅读推广人"培育行动，目的将有更多职业的阅读推广人在图书馆、学校以及更广阔的空间里发挥更大的作用，为推进全民阅读工作和书香社会建设作出更大的贡献。[①]2015 年，辽宁省图书馆邀请超星集团副总经理叶艳鸣所做的题为《互联网＋下的全民阅读服务创新》的报告，使图书馆馆员意识到自身所面临的挑战，必须优化服务方式，开拓阅读渠道，以此促进全民阅读。

五、紧跟时代潮流，设计数字阅读推广平台

互联网＋时代，各种媒体类型庞杂，信息资源迅猛发展，数量不断增多，图书馆为了提高阅读推广效果，更好地服务用户，综合利用各种社会媒体的功能，设计了专门的数字阅读推广平台，比如微博、微信、移动图书馆等。新的阅读推广平台的设计与应用，符合当前互联网＋的网络信息结构，通过数字阅读推广平台所汇聚的大量优质数字阅读资源，可以满足不同层次不同用户的阅读需求，给用户提供了一个分享阅读心得的机会，也使图书馆能够集中在第一时间发布馆内的阅读信息和内容，以便用户及时获取图书馆的阅读资源、阅读服务等，为用户与图书馆员之间的互动交流、信息反馈提供了沟通渠道，促进了阅读信息和内容的传播。图书馆还可以通过该平台对用户的阅读方法进行在线指导，既提高了用户的阅读兴趣，解决了用户的实际需求，又顺应互联网＋的发展趋势，保障了阅读推广活动在跨界融合中的服务质量，推进了图书馆阅读推广活动的顺利

---

① 全国"阅读推广人"培育行动在常熟启动［OL］. http://jsnews2.jschina.com.cn/system/2014/12/12/022918829.shtml.

进行。数字阅读推广平台在实际应用中，除了进一步推进全民阅读活动外，还要通过对用户阅读需求的调查，让图书馆在阅读推广活动中有明确的方向，通过阅读推广方法的改善，实现对用户阅读行为数据的监测和评估。

第五节   图书馆典型阅读推广活动案例

随着互联网＋和新媒体的出现，"全民阅读"得到了政府和国家领导人的高度重视，成为当下社会的热点问题，在提高国家文化软实力方面发挥了重要的作用。各级各类图书馆在互联网＋时代浪潮中也得到了进一步发展，阅读推广活动也不断推向创新和发展，涌现出了许多优秀的典型案例。

镇江市图书馆阅读推广新媒介实例介绍

2015年6月1日，"镇江市智能公交数字阅读推广项目"开始运行，这在全国是首次进行跨行业阅读推广的实例，在江苏省更是首创。当时在镇江市750台智能公交车上的1500多个智能移动平台和150个公交站台电视显示屏上，通过特别定制的二维码，为市民提供"名家系列""少儿系列""畅销系列""历史系列"的电子图书和有声读物，图书二维码显示插入整个移动户外频道的节目内容不间断循环播出，乘车、候车，以及经过公交站台的广大市民，只要用手机扫一扫，就可以将自己喜欢的电子图书或有声读物下载到手机里面，实现随时随地移动阅读。"镇江市智能公交数字阅读推广项目"实际上是把公交车和公交站台，整合成一个覆盖全市的数字阅读延伸平台，创造性的把整个城市打造成一个虚拟的智慧图书馆。

该项目开展以来，每个季度都会投入二十种左右内容丰富、品种多样的电子图书和有声读物，据统计，截至2016年6月，下载量已经达到26000多次，取得了良好的社会效益，各大媒体和新闻网站，以及出版社等都有相关的报道。比如2015年9月，镇江市图书馆与镇江市新华书店联合研发的"你阅读、我买单"基于选书的新媒介正式上线，让读者真正掌握阅读的主导权，读者按照一定的选书规则和标准，在新华书店任意挑选自己所需图书和喜欢的图书，便可直接办理借阅手续。这一项目的启动，为阅读推广活动推波助澜，取得了良好的社会效益。2015 年 7 月，镇江市推出的淘文化网（http：//www. taowh. gov. cn/）即公共文化产品和服务社会化运作平台在镇江市图书馆启动上线，通过送文化进乡镇、社区，图书漂流，在线抢票等活动的成功举办，为人民群众的生活提供了很大的便利，也充分调动了社会各个方面参与到现代化公共文化服务体系建设的当中来，为全民阅读和阅读推广活动起到了一定的促进作用。另外，互联网＋时代所催生的微博，微信，QQ 群等新的媒体发布交互平台，促进了数字阅读活动的展开，促进了阅读推广活动的发展。

通过"镇江市智能公交数据就读推广项目"，我们可以清楚地看到在互联网＋时代，借助于新媒体的阅读推广活动无时不有，无处不在，同时也应该加大与社会其他各方面力量的融合，通过共建共享、阅读联盟等缓解经费不足问题，实现服务的均等化，把图书馆的阅读推广活动深入持久地开展下去，不断提高整个国民的文化素养，进而提升国家的文化软实力。

随着互联网的快速发展和数字化时代的到来，人们的阅读习惯发生了深刻的改变，传统的阅读模式已经不能很好地适应大众快节奏的生活习惯，互联网＋下的阅读推广模式的出现是必然的，因为这种与新媒体融合的阅读模式，不仅弥补了传统阅读方式的不足，而且与时下人们的生活更加契合，也能够更好地满足读者的阅读需求。互联网＋时代，图书馆应注重培养读者互联网＋的阅读思维，利用互联网平台及时推送阅读信息，为读者答疑解惑，这不仅为读者节约了时间，也降低了阅读成本。

信息化时代，互联网更新换代非常快，图书馆要积极面对互联网＋带来的机遇与挑战，不断提高自身的素质，积极与其他行业进行交流与融合。坚持以"用户为中心"的服务理念，注重人性化服务，根据不同读者的不同需求提供个性化服务，加强与读者之间的良好互动，尽可能调动一切力量参与到阅读推广活动中来，充分发挥跨界融合的优势，通过各种新媒体平台进行宣传推广，有效提升阅读推广的效果，推动阅读推广的创新发展。[①]

---

① 阚德涛，钱 军 . 基于互联网思维的图书馆阅读推广思路探讨［J］. 现代情报，2016（12）：78–94.

第七章　互联网+时代图书馆与出版跨界融合

随着互联网和信息技术的发展，技术环境促使媒体之间的边界逐渐模糊，依托互联网技术条件的各种媒体融合，引起了出版的巨大变革。出版内容的组织方式、阅读媒介的呈现方式、资源的传播方式，出版的商业模式都发生了重要的变化。在新旧范式转换期，跨界合作兴起，传统出版与新兴出版融合发展，数字出版日趋成为主流形态。[①] 在出版业发生着变革的同时，图书馆的资源建设也逐渐从单一的纸质资源覆盖到全媒体资源。在传统行业的互联网发展热潮中，图书馆馆藏建设也要相应地做出变革。尤其是学术出版的转型，催生着图书馆这一生长着的有机体各种自助出版、个性化出版、开放获取出版等延伸服务。以读者服务为核心的图书馆和以出版业务为核心的出版社，都必须应对数字化信息化转型升级的趋势，改变传统形式单一的供应链合作方式，开启依托互联网平台的跨界融合，数字时代的跨界融合成为发展的必然趋势。

---

① 孙波，刘万国.基于环境扫描的"十三五"高校图书馆转型探索［J］.图书情报工作，2016（3）：5-11.

第一节 互联网＋时代出版发展趋势及对图书馆的影响

互联网和移动通讯技术创造了多种新兴的媒体形式，^①基于互联网技术的多媒体融合，创造了多种出版形式，出版业也处在一个不断动态变化状态当中。各种全新的出版形态、出版介质不断涌现，从单屏体验到多屏互动，从内容转化到服务创新，技术与文化的互动导致出版业的结构转移和模式变革，引发学术出版的策略调整与范式转换。^②

一、互联网＋时代出版的发展趋势

1. 数字出版多业态趋势使得传统出版出现衰退

出版技术的发展是出版业态发展的重要推动力量，随着数字出版技术的发展和数字出版多业态发展，传统的出版形态不断衰退，一些出版机构为了发展和经营效益考虑，进行出版内容资源的重新定位和分配，进行跨领域的迁移。如学术专著出版不断被剥离，学术出版领域边缘化，学术出版商的压力越来越大，数量锐减，不得不通过增加书目选择和书目多样化的政策进行战略迁移以避免进一步衰落。^③大众化的阅读需求，使得出版商在大众化作品的出版方面投入较多资源，出版书目日益多样化，学术资源出版数量相对减少。在知识供应链中，图书馆是学术出版的重要需求方，学术出版的萎缩对图书馆来讲也造成了资源建设方面的瓶颈。

2. 媒介终端融合渗透，出版用户群体进一步细分

随着互联网技术的发展，尤其是移动互联网渗透到人们生活的各个领域，智能手机、移动电脑以及其他平板电脑终端的普及和操作系统的融合，互联网平台的阅读越来越占据人们阅读形式的较大比重。互联网媒介促使数字出版普

---

① 田海明，卢玲.学术视域中的现代出版［M］.合肥：安徽人民出版社，2014：7.

② 杨林青，王红，雷菊霞.全媒体时代学术出版转型与图书馆的责任［J］.现代情报，2016（12）：160–163.

③ 约翰·汤普森.数字时代的图书［M］.张志强，译.南京：译林出版社，2014：165–167.

及，并进一步改变了出版的时间和空间成本，多种出版媒介开始以用户需求为中心被整合在一个统一的平台。阅读用户在获得新的传播工具的同时，也从传统纸质媒介阅读用户转变为数字阅读用户。文字已经从纸张里转移到电脑、手机、游戏机、电视、电子显示屏和平板电脑的像素中。[①]出版和数字媒介的融合，改变了传统的阅读方式和习惯，信息的传播从单一的文字描述或图片转变为多元可视化传播，一部分大众化的阅读转变为互联网媒介的碎片化阅读，而另一部分精细化的阅读更加专注所感兴趣领域的图书出版，出版的受众用户群体被进一步细分。

3. 出版媒介形态演变，出版产业模式转型

互联网技术的发展和应用促使媒介形态不断被创新，多种媒介形态和信息呈现终端的融合使得媒体产业结构发生转变。万物皆媒，新旧媒介共存共融，纸质学术期刊和网络学术期刊有效衔接，微博、微信、开放获取 APP 应用程序，纸质期刊的数字化形态借助网络介质进行传播和扩展。[②]传统的出版方式在发展中与计算机信息技术和互联网技术相融合，延伸出数字出版，是出版产业发展的必然趋势。数字出版依托数字出版技术，完成编辑出版、复制印刷和内容资源的传播以及用户阅读反馈。手机出版、微信出版、即时通讯工具等新型数字出版形态不断涌现，信息载体不断丰富，内容组织形式变化多样，基于互联网不受时空限制迅速扩展和传播，原有产业链分崩瓦解。学术出版要突破瓶颈，必须首先开放自己的资源，彻底改变传统出版模式的弱点，积极融入互联网和数字化的大潮中去。[③]开放存取改变了知识交流的传统模式，有效促进了学术成果的共享和利用，是学术交流和信息共享的新模式和新理念。[④]

---

①　凯文·凯利. 必然［M］. 周峰，董理，金阳，译. 北京：电子工业出版社，2016：92.

②　杜敏. 不同媒介形态下学术期刊的共生与变革［J］. 澳门理工学报（人文社会科学版），2014（3）：111–120.

③　李忠孝，闫晓宇. 积极参与教育数字化，传统出版社应着力向产业链两端延伸［J］. 科技与出版，2014（8）：7–12.

④　黄肖俊，吕肖庆. 数字出版与数字图书馆［M］. 北京：电子工业出版社，2013：130.

二、互联网时代数字出版对图书馆的影响

1. 数字出版改变图书馆的馆藏结构

互联网时代，信息技术发展使出版的内容和形式都发生了巨大的的变化。传统的阅读方式和阅读媒介逐渐转变为数字化的阅读媒介和方式，而在互联网平台上的阅读不仅仅是用户单个个体的阅读行为，可以通过互联网阅读平台社交群体将阅读心得和相关问题与其他阅读用户进行交流和分享。阅读媒介的多样化，阅读内容的数字化以及不断加快的阅读节奏促使数字化出版产业快速发展。阅读用户阅读习惯的改变，这使图书馆改变了传统纸质媒介的局限，为读者提供信息内容的数字化阅读，使资源结构更加丰富，阅读媒介更加多元。同时在数字出版占据了图书馆馆藏资源主要构成的同时，图书馆也面临着资源的长期保存与快速获取问题。

2. 数字出版改变了图书馆文献建设原则

数字化出版不断的发展创新，新型的出版技术增加了阅读的便利性，还可以终端设备设计信息内容传播方式增强数字阅读的可读性，提高阅读用户的感官体验。图书馆的文献资源建设中，过去单一依靠图书馆进行文献资源采购决策的模式正在改变，读者作为需求群体参与到采购决策的采购方式逐渐盛行。大量的资源文化平台的传播优化了图书馆文献资源的采编流程，图书馆采用用户驱动订购模式（Patron-Driven Acquisition，简称 PDA）方式进行文献资源的采购，通过预设文献资源采购的各种指标体系和自动触发标准，当读者的点阅次数达到一定的数量后，系统便认可这种需求的存在，形成资源的采购订单。这种采购方式能够做到文献资源的采购与读者的文献资源需求能够紧密衔接，它大大的简化了图书馆采编工作的流程，改变了图书馆传统的文献资源采购决策原则。

3. 数字出版给图书馆管理和服务带来更大价值

学术交流环境的改变促使图书馆知识服务方式不断创新。图书馆可以通过提供预出版和编辑出版支持服务来扩大其在学术出版和学术交流价值链中的作用。图书馆利用自身经费支持开放出版，借助出版服务可以提升服务的主动性，有利于开展个性化服务。不仅起到了出版导向的作用，也在更大程度上实现了

图书馆服务的价值。[①] 图书馆原来用于文献采购的费用还可以转换为开放出版服务费，SCOAP3 就创造了将传统订购期刊转变为开放出版期刊，为图书馆介入所在机构的开放出版管理提供了新的途径。[②]

第二节　互联网＋时代图书馆与出版的跨界融合

一、图书馆和出版社的跨界融合需求

在传统模式下，图书馆和出版社对于读者需求的判断仍然以经验主义和感性判断为主，缺乏对读者需求的精准识别，读者的阅读需求和图书馆的文献馆藏以及出版社的图书出版之间不能实现有效的精准匹配，出版、馆藏、需求之间存在着严重的脱节现象。而出版社市场行为中对于图书的发行数量、价格定位等方面的决策中，也往往依托于同类书市场销售量、同一作者历史作品销售数量、编辑人员的经验等作为市场预测的基础信息。出版流程对于用户需求不能做出精准的识别，加剧了出版社的图书出版数量大、出版品种多、库存量大、重印率低等现象的存在。随着互联网技术发展和普及应用，传统定位的图书馆和出版机构，都必须应对数字化、信息化转型升级的趋势，改变传统知识供应链合作方式，依托互联网平台进行跨界融合。

在知识经济时代，发展环境的变化使得图书馆的服务和出版社的经营都处在传统运营模式向精细化管理升级阶段，两者之间的数据开放、信息共享和突破组织边界的合作，有助于各自优化资源配置，提高服务效能，降低运行成本。作为图书馆知识供应链体系的两个主要要素，出版方联系着知识的生产者，是阅读产品的生产组织；图书馆联系着知识的消费者，是为读者服务的公共组织，

---

①　杨林青，王红，雷菊霞 . 全媒体时代学术出版转型与图书馆的责任［J］. 现代情报，2016（12）：160–163.

②　曾燕，郑建程，赵艳，等 . SCOAP3：开放出版新模式及其影响［J］. 图书情报工作，2013（1）：37–42.

让知识为最终用户服务，推进全民阅读是这两种组织共同的愿景。正是这种共同的愿景，成为了图书馆与出版社跨界融合的变革需求驱动因素。对于出版社而言，传统的图书出版业务流程，基本以出版物的最终销售完成而止步；对于图书馆而言，传统图书馆的核心服务集中在读书的外借与归还。在数字化阅读产品的市场需求倒逼机制作用下，出版界提出了数字出版的概念，同时将出版社部分传统的纸质图书内容同步实现了数字格式的转化，已通过数字平台传播来分享利润分成，但在运作平台和机制方面并没有形成成熟的数字化模式。而图书馆以纸质图书为核心的馆藏资源，也不能有效满足读者对阅读移动化、碎片化、信息实时动态化等方面的阅读需求，服务的内容比较简单，服务的方式也相对单一，对阅读群体的渗透能力有限。

二、跨界融合是实现知识服务深度融合的重要途径

知识服务的方式和提供知识服务的机构各异，但开展知识服务或进行知识服务融合的动因都是趋同的。在信息化环境下，图书馆与出版社的知识服务融合是数字时代跨界融合的必然趋势，通过提升图书馆与出版社知识服务水平，驱动知识服务向智慧服务进阶以及实现知识供应链深度融合。

1. 知识服务领域的跨界融合是提升馆社竞争力的有效途径

随着国家产业结构的调整和升级，国家通过制定政策加速文化产业发展的融合趋势。2012 年文化部在关于印发《文化部"十二五"时期文化产业倍增计划》的通知中，明确提出促进文化产业跨界融合的相关政策，计划指出要"建立健全产业融合发展的体制机制，优化产业融合发展的政策环境，促进文化与旅游、体育、信息、物流、工业、建筑、会展、商贸、休闲等行业融合，提高国民经济的文化附加值。支持各类企业加大创意设计投入，提升纺织、轻工、包装等行业的文化内涵，推动创意设计向家具、家电、家纺、家饰生产延伸。打破文化产业门类的边界，促进不同文化行业之间的联姻融合，整合各种资源，延伸文化产业链。"① 在文化产业的发展过程中，图书馆和出版社通过信息技术优势、内容资源和宣传推广平台条件实现跨界融合并在融合实践中取得一定成

---

① http://guoqing.china.com.cn/zwxx/2012−03/02/content_24782595.htm.

效。图书馆与出版社在文献采访、编目业务、开放获取、知识援助、阅读推广等领域的协作也已有所成效。①跨界融合成为文化创新和知识创新以及知识服务的重要路径②，图书馆与出版社都在知识服务领域有所建树或存有抱负，双方达成知识服务融合的共识和意向无疑能够促进数字时代跨界融合大趋势。

信息技术环境下，技术的发展、新技术手段的不断涌现以及融合创新发展趋势，给包括图书馆、出版等行业在内的各个行业领域带来了新的变化、机遇和挑战，图书馆和出版社的组织边界逐渐模糊化，彼此之间的业务活动产生交替和重合，机构之间的融合趋势已经显现。③此外，图书馆和出版社都以知识服务为核心任务，在新技术的推动下，知识服务的方式受到社会经济发展和用户信息需求的变化而面临挑战，迫切需要对知识服务的方式和内容进行变革和创新。知识服务方式的变革要求给图书馆与出版社带来压力和挑战的同时，也给双方知识服务的融合发展带来了机遇，跨界融合顺理成章地成为图书馆与出版社提升知识服务水平和能力的可行路径。图书馆与出版社达成知识服务融合的共识和意向，是双方知识服务水平的共同追求所驱动的，④图书馆与出版社在知识服务领域的跨界融合，是提升图书馆与出版社发展水平和竞争力的有效途径。

2. 通过跨界融合，实现驱动知识服务向智慧服务进阶

图书馆和出版社的跨界融合，也是知识服务向智慧服务升级要求驱动的结果。智慧服务以知识服务为基础，是建立在知识服务基础上更智能化、更高层次的知识服务。知识服务和智慧服务虽然都是为信息用户提供知识服务，但是知识服务阶段倾向于为特定用户提供个性化知识解决方案或产品，以解决用户实际问题；而智慧服务更侧重于满足广大公众用户的普遍需求，并引导用户将

---

① 肖希明，完颜邓邓. 国外图书馆与出版商、书商的多元化合作［J］. 图书馆，2016（4）: 6-12,

② 白玉静. 跨界，融合，创新——第六届全国文献采访工作研讨会提出数字时代文献资源建设新思路［N］. 新华书目报，2016-04-22（3）.

③ 刘锦山. 方卿：双向融合绘新篇［EB/OL］.［2014-11-12］. http://www.chinalibs.net/Zhaiyao.aspx?id=362642.

④ 叶翠，刘灿姣. 数字环境下馆社知识服务融合的动因、问题及对策探究［J］. 图书馆，2016（11）: 62-65.

知识转化为智慧，即"转知成慧"。①

相对于知识服务，智慧服务更加高级，更加智能化，是现阶段知识服务模式发展的必然产物，但是智慧服务建立在知识服务模式的积淀基础上。数字环境下图书馆与出版社达成知识服务融合的共识和意向，是创新知识服务方式、完善知识服务体系的可靠手段，更是实现数字环境下知识服务转型升级的必要前提。②通过跨界融合发展，可以加速图书馆和出版社知识服务向智慧服务的升级转变进程。

3. 通过跨界融合，实现知识供应链深度融合

图书馆和出版社之间在知识服务方面的跨界融合，加速了双方所处的知识供应链体系的深度融合。在信息技术尤其是互联网技术平台的支撑之下，知识服务供应链各个要素之间的融合程度不断加深，而知识供应链深度融合则有利于提升整体运作效率、改善薄弱环节、增强国际竞争力。③知识供应链深度融合也同时促进了图书馆和出版社服务能力与层次的提升和变革，促进图书馆与出版社自身功能和价值的完善。处在知识供应链体系中的图书馆和出版社，不仅仅扮演着原有的角色，在供应链体系中承担着传统的知识生产和知识供需衔接的任务，而且随着知识供应链深度融合而向供应链各节点、各要素渗透，不断延伸其作用和价值。学术出版一定要为学术服务，在深耕内容的基础上提供更多的产品形式，出版与图书馆并非简单的上下游流向关系，而是互动关系，出版的外延与内涵都能在图书馆为读者服务的变化中找到答案。与出版社的跨界融合，是图书馆在知识供应链深度融合中必要的环节。

---

① 黄幼菲. 公共智慧服务——图书馆知识服务的高级阶段 ［J］. 情报资料工作，2012（5）：83–88.

② 叶翠，刘灿姣. 数字环境下馆社知识服务融合的动因、问题及对策探究 ［J］. 图书馆，2016（11）：62–65.

③ 张晋升，杜蕾. 数字出版产业链融合的价值和路径 ［J］. 中国出版，2010（16）：44–46.

第八章　互联网+时代图书馆与博物馆、档案馆的跨界融合

　　图书馆、档案馆和博物馆（library，archive，museum，简称 LAM）是现代社会重要的公共文化服务机构，承载了世界文明发展的记忆，在人类社会发展历史中一直发挥着不可替代的作用。"记忆机构"[①] 和 "知识型组织"[②] 的组织属性定位将原本各自独立运行的三个文化机构紧密联系在一起，作为一个文化共同体一起面对互联网时代的挑战和发展机遇。随着信息技术的发展和互联网技术的进步以及移动互联网的普及，三种文化服务机构面临馆藏资源共享发展以及公众用户群体对信息的一站式检索需求越来越迫切等发展环境的变化。目前国内外在三馆资源的融合理论研究和实践方面取得了一些成果，但是目前大多数研究更多侧重三馆在资源共享方面的融合，而对于服务的融合关注较少。图书馆、博物馆、档案馆资源整合是提供融合服务的基础，但是在资源融合的基础上一定要实现服务模式的创新。尤其是在互联网+时代，用户信息获取行为和

---

　　① DEMPSEY L. Scientific，industrial，and cultural heritage：a sharedapproach：a research framework for digital libraries，museums andarchives ［J／OL］. Ariadne，2000，22（1）. ［2016–02–14］. http://www.ariadne.ac.uk/issue22/dempsey.

　　② GIVEN L M，MCTACISHL. What's old is new again：the reconver–gence of libraries，archives，and museums in the digital age ［J］. Thelibrary quarterly，2010，80（1）：7–23.

信息获取方式的变化，对图书馆、博物馆、档案馆用户服务产生了重要的影响，三馆需要深度融合，在服务方面实现跨界融合创新。

第一节 图书馆与博物馆、档案馆融合的相关研究

一、国外对于 LAM 融合的研究

1962 年，国际档案理事会马德里圆桌会议就曾讨论过档案馆与图书馆的关系问题。[①] 近 20 年来，图书馆、档案馆和博物馆之间的协作与融合发展模式一直是这一领域研究的焦点。世界上多个国家和政府组织都在积极推动 LAM 协同发展，英国西班牙加拿大等国家先后成立的相关的组织领导和协调 LAM 的发展；美国、加拿大等国家也在立法层面重视了 LAM 协作发展的法律问题。2005 年，欧盟宣布实施"欧洲文化和科学内容数字化协作行动计划"；[②] 国际图联 2008 年发布了《公共图书馆、档案馆和博物馆：协作与合作趋势》报告，详细介绍了三个文化组织之间协调合作方式，为图书馆提供了大量跨界协作的实践案例。

2000 年，第 24 届图书馆系统研讨会也将"图书馆、档案馆与博物馆的融合"作为会议研讨的主题。2013 年以后，LAM 融合和协同再次成为学术界研究的重点。其他许多研究表明，在 LAM 协作关系中，图书馆、档案馆和博物馆的核心关系和业务的融合主要集中在"共同制定协作发展规划"，[③④] "整合数字化

① 胡心悦. 图书馆、档案馆和博物馆资源整合的发展趋势——基于 ICA、IFLA 和 ICOM 历届会议主题的研究［J］. 图书情报工作，2014（17）：136-142.

② 罗红. LAM（图书馆、档案馆、博物馆）协作内容与模式研究［J］. 情报理论与实践，2017（6）：33-39.

③ TRANT J. Emerging convergerce?Thoughts on museums, archives, libraries, and professional training［J］. Museum Management and Curatorship. 2009, 24（4）：369-387.

④ BOURDON F. Modeling anthority data fo r Libraries, Archives and Museums: a project in pro gress at AFNOR［J］. Cataloging&ClassificationQuartery, 2004, 39（1-2）：505-516

馆藏资源"①② 和 "基础设施的共享和共用"③ 等领域，这些研究成为国外在该领域研究信息的重要来源，为这一领域的研究提供了有价值的借鉴，但是对于具体案例的研究，相对缺乏。除在共同发展规划、基础设施共享等研究方面之外，许多学者在 LAM 数字资源融合和共享方面进行了深入的研究。除了 2008 年国际图联的报告中提供的七个图书馆、博物馆和档案馆数字资源整合案例以外，国外有很多比较成功的图博档数字资源整合项目，有代表性的项目有：世界数字图书馆、Google 艺术计划（Google Art Project）、CALIMERA、光明项目、聚宝盆项目、A2A 项目、BAMP 等。

　　1998 年，Boyd Rayward 最先探讨了 LAM 馆藏数字资源的整合和共享问题，④ Rayward 认识到通过将三个不同的机构拥有的馆藏资源进行数字化并进行有效的共享，将能够有效缩小 LAM 之间在资源方面的差异化，他认为将数字资源整合在一起能够打破传统的机构和场馆之间的时间与空间限制，能够依托共享的资源优势，提供更加方便快捷的用户信息服务。Francisca Hernández，CarlosWert，Ignacio Recio 等人阐述了 COVAX（Contemporary Cul ture Virtual Archives in XML）项目主要目的和意义，说明该项目旨在解决不同的图书馆、博物馆和档案馆之间馆藏数字资源的存储格式不一致资源存储的标准化问题。⑤ Ingo Fromm holz，H. Brocks，U. Thiel，E. Neuhold 等人进一步研究 LAM 隐藏数

---

　　① MITCHELL E. SRIKANTAH T K. L. A. Meta（data）：exploring vocabulary interoperability in libraries，Archives and Museums［J］. Proc. Am. Soc. Info. Sci. Tech，2013，49（1）：1–4.

　　② MARTY P E. An introduction to digital convergence：libraries，archives，and museums in the information age［J］. Mnsenm Management and Cnratorship. 2009. 24（4）：295–298.

　　③ MNGELA R. The mobile LAM(Library, Archive Museum)：new soace for engagement［J］. Young Adult Library Serviece 2017，12（2）：16–18.

　　④ Boyd Rayward. Electronic Information and the Fun cional Integration of Libraries，Museums and Archives［J］. History and Electronic Artefacts，1998，（8）：207–226.

　　⑤ Francisca Hernández，Carlos Wert，Ignacio Recio，Bego a Aguilera，WalterKoch，Martin Bogensperg er，Peter Linde，Georg Günter，Bob Mulrenin，Xavier Agenjo，Robin Yeats，Luciana Bordoni&Fabrizio Poggi. Xml for libraries，archives，and muse ums：The project covax［J］. Applied Artificial Intelli gence，2003，17（8）：797–816.

字资源整合的模式问题。^①

I Frommholz，H Brocks 等人在《Document-centered Collaborationfor Scholars in the Humanities-The COLLATE System》一文中介绍并改进了 COLLATE 的系统结构，通过 Annotation thread 机制实现基于语境的信息检索，旨在充分挖掘专家头脑中的隐性知识。^② Wyatt M. Tellis 和 Katherine P. Andriole 探讨了如何通过 Java Message Service 框架将不同的医疗信息系统整合在一起的问题，通过将来自不同数据库的信息有机地结合在一起，并分派到不同的信息终端上。如 ED Printers、Mail Server 以及 PDAs 等。^③ Bob Gann 介绍了 NHS 系统，2013 年 NHS 委员会推出了新的整合客户服务平台。新平台通过众多渠道向用户提供访问，比如通过网络、电话及其他应用程度等；^④ NHS 通过互联网向公众提供信息，它允许个别医院及公众提出意见，这些评论是在网络上公开的，还为病人提供了博客空间，使病人可以相互交流分享经验。目前，LAM 数字资源融合服务方面越来越受到重视，比如 Chaudhry 和 Abdus Sattar 等研究了不同文化资源的分类法问题，以帮助用户更好地查找资源。^⑤

---

① Ingo Frommholz, H. Brocks, U. Thiel, E. Neuhold, L. Iannone, G. Semeraro, M. Berardi, and M. eci. Document-Centered Collaboration for Scholars inthe Humanities-the Collate System[J]. Research and Advanced Technology for Digital Libraries, 2003, 2769: 434-445.

② I Frommholz, H Brocks, U Thiel, E Neuhold, L Iannone. Document-Centered Collaboration for Scholarsin the Humanities-The COLLATE System [J]. Research & Advanced Technology for Digital Libraries, European Conference, Ecdl, Trondheim, Norway, August, 2003, 2769: 434-445.

③ Tellis W M, Andriole K P. Integrating multiple clini cal information systems using the Java message ser vice framework to enable the delivery of urgent examresults at the point of care [J]. Journal of Digital Imag ing, 2005, 18（4）: 316-325.

④ Gann B, Grant M J. From NHS Choices to the inte grated customer service platform [J]. Health Informa tion & Libraries Journal, 2013, 30（1）: 1-3.

⑤ Chaudhry, Abdus Sattar, and Tan Pei Jiun. Enhancingaccess to digital information resources on heritage: Acase of development of a taxonomy at the integratedmuseum and archives system in singapore [J]. Journalof documentation, 2005, 61（6）: 751-776.

二、国内对于 LAM 融合的研究

国内最早提出图书馆、档案馆和博物馆"三馆"概念的是目录学家王重民，[①] 王重民先生之后博物馆学家傅振伦对"三馆"学术思想有所发扬，但是傅振伦先生之后的"三馆"学术思想在国内逐渐淡化，但是 LAM 交流合作仍然被国内学术界所关注。刘家真较早的关注了图书馆、博物馆和档案馆之间的资源数字化以及资源整合，她认为我国主要的文化资源收藏馆所还处在各自为政的管理体系，阻碍了信息资源的整合与共享，这是内容基础结构建设的一大障碍。图书馆、博物馆、档案馆三者的资源只有在一个共同的框架内为用户提供服务，才能够求得共同发展。提出数字图书馆工程应该成为整合中华文化资源的平台，并且应该特别注意对 LAM 文化资源的融合。[②]

邓君，贾晓青，马晓君，赵红颖等从战略规划政策导向、技术标准实现支撑、资源集成储备、管理协调激励以及风险安全控制等 5 个方面深入探析当前由文化机构主导的图书档案数字化融合服务构建与发展的保障机制，并以风险安全控制机制为核心，解析组织风险、战略风险、信息安全风险以及资源集成中知识产权风险作为牵引轴制约所引发的五大保障机制互动机理。[③] 王萍，王毅等认为图书档案数字化融合服务是在资源整合和网络技术的基础支撑下，以保障用户的无缝获取和知识参考为目标的新一代网络服务模式。并从用户感知服务质量理论的视角提出了资源获取、资源整合、技术平台和知识参考 4 个维度，并在文献研究与专家咨询的基础上对 4 个维度及包含的 20 个要素进行系统论证。[④] 赵红颖认为图书、档案资源是知识的重要载体，是国家文化财富的重要组成部分，大力推进文化资源的传播与共享是图书馆、档案馆等文化机构的重要使命。并以信

① 罗红 . LAM（图书馆、档案馆、博物馆）协作内容与模式研究 [J]. 情报理论与实践，2017（6）：33–39.

② 刘家真 . 我国图书馆、档案馆与博物馆资源整合初探 [J]. 中国图书馆学报，2003（3）：35–37.

③ 邓君，贾晓青，马晓君，赵红颖 . 图书档案数字化融合服务保障机制研究 [J]. 图书情报工作，2013（12）：28–33.

④ 王萍，王毅，赵红颖 . 图书档案数字化融合服务评价模型研究 [J]. 图书情报工作，2013（12）：34–40.

息集群理论、跨部门管理、信息资源分类与组织为基础，以数字环境下用户对文化资源的需求出发，以用户满意为核心构建了融合服务的影响要素，从机构、技术和服务三个维度提出了图书档案数字化融合服务的实现框架。[①] 赵生辉，朱学芳回顾了国内外图书馆、档案馆和博物馆协作领域研究和实践概况的基础上，分析了我国图书馆、档案馆和博物馆数字化协作目标、原则和利益格局，提出了达到一体化整合目标的同时可以兼顾三方利益的 D-LAM 战略框架，并分析实施该框架的若干策略。[②] 张卫东，贾琼运用案例分析方法和对比分析方法，剖析基于 Tumblr、Flickr 以及 Wikipedia 等第三方平台的 LAM 资源与社交媒体融合运作模式及优势特色；认为 LAM 资源与社交网络的融合能有效提高数字文化资源在网络空间的曝光度、可查找性和可获取性；提出我国 LAM 机构应在意识层面、政策层面、机构层面、媒介选择层面以及内容层面吸取国外案例的先进经验，推动社交媒体更加有效的被应用。[③] 郝世博，朱学芳分析了当前国内外图书馆、档案馆和博物馆（LAM）在数字资源整合、数字化融合服务等方面的研究及实践成果，总结当前 LAM 数字化融合服务中用户与服务 / 资源之间缺乏可信交互监督机制的现状。通过引入动态信任评估机制，结合图书馆、档案馆、博物馆数字化协作的 D-LAM 框架，构建基于模糊专家系统的动态信任评估模型 IAM-DTE。[④] 徐文哲分析了国内外目前图书馆、档案（LAM）馆和博物馆在数字资源整合、数字化服务融合等方面的研究及实践进展，总结当前 LAM 数字化融合服务中用户与服务 / 资源之间缺乏有效可信交互管理机制的现状。引入信任协商与信任管理机制，构建针对 LAM 数字化融合服务的自适应自动信任协商模型。[⑤]

　　LAM 数字资源整合是 LAM 跨界融合服务的前提条件，LAM 跨界融合服务

① 赵红颖．图书档案资源数字化融合服务实现研究［D］.吉林大学，2015：1-2.

② 赵生辉，朱学芳．我国图书馆、档案馆、博物馆数字化协作框架 D-LAM 研究［J］.情报资料工作，2013（04）：57-61.

③ 张卫东，贾琼．LAM 资源与社交媒体的融合：基于国外的案例分析［J］.图书情报工作，2016（12）：38-43.

④ 郝世博，朱学芳．LAM 数字化融合服务中动态信任评估研究［J］.图书情报工作，2014（15）：64-69.

⑤ 徐文哲．LAM 数字化融合服务中自适应自动信任协商模型研究［J］.情报资料工作，2014（5）：44-48.

模式能够使不同的机构馆藏的数字资源发挥作用的重要保证，二者相辅相成，不可分割。关注资源整合模式的同时要关注 LAM 的跨界融合服务模式，以实现资源整合真正的目的和意义。在互联网 + 时代，互联网技术尤其是移动互联网技术的应用，使 LAM 数字资源的整合拥有了更加便捷和多元化的手段。这种便捷和多元化的互联网信息技术手段，又提高了 LAM 数字资源的利用效率，信息用户通过多元化互联网平台可以方便、直观获取信息资源。LAM 数字资源组织理论的进一步发展与完善为资源深度整合奠定了坚实的基础，凭借新的信息技术手段，LAM 数字资源组织的广度以及深度不断加强。从 1998 年 LAM 数字资源整合理论出现到 2013 年，整个研究过程可以划分为三个主要阶段①：第一，LAM 数字资源整合模式雏形产生，实现 LAM 数字资源集中式的共享；第二，主要为了解决不同馆藏数据资源格式、标准不一、分布式数字资源的整合及共享；第三，主要为了实现基于知识的馆藏资源整合与共享。从目前 LAM 数字资源整合理论的发展趋势来看，将用户头脑中的知识显性化、保存，并将其与馆藏数字资源组织在一起，将是 LAM 数字资源整合发展的未来方向。图书馆、档案馆和博物馆的跨界融合服务与三个机构馆藏的资源数字化是分不开的，跨界融合服务的绩效很大程度依赖于资源的融合和利用情况。这种依赖关系产生的原因包括：第一，资源的内在禀赋决定了服务的基本方式。第二，资源整合的深度决定了服务融合的水平。资源的组织层次与服务融合的方式是相对应的，资源的深度整合要求与其相对应的融合服务模式，以保证资源价值的充分发挥。因而，随着 LAM 数字资源整合程度的深化，必须要进行融合服务模式的创新以最大挖掘 LAM 数字资源的内在价值。

第二节 图书馆、博物馆与档案馆的跨界融合的内容

图书馆、博物馆和档案馆跨界融合中，需要共同制定战略性发展规划，在

---

① 穆向阳，朱学芳．图书、博物、档案数字化服务融合模式研究［J］．情报科学，2016（3）：14–19.

不同层面签署联合、合作协议框架，推动不同国家和地区、不同管理归属部门的三种文化机构的跨界融合。融合的主要内容是馆藏资源的数字化和整合共享，以及不同机构服务设施的共享等。

一、战略性发展规划的制定

战略规划是一个为实现目标而实施下述工作的持续过程：系统地进行（带有风险的）决策，并对这些决策的未来性作最充分的认识；系统地把执行决策的力量组织起来，并通过有组织的反馈来测定决策的结果与预测结果之间的差距。[①] 实施战略规划的组织能够实现资源的合理配置与运用，适应组织内外部环境，从而实现组织的可持续发展。[②] 战略型发展规划的制定，需要在对组织进行清晰的定位，对组织内外环境进行充分准确的评估分析基础上进行。因此，制定科学而且符合组织发展定位的战略性发展规划，是 LAM 融合发展中重要的指导思想和内容。

20 世纪 80 年代以来，国内图书馆界、博物馆界和档案界分别制定了不少发展规划，学者对于图书馆、博物馆和档案馆发展规划的研究的一直比较关注。从图书馆界对战略规划的研究来看，理论和实证的研究成果都有，如战略规划相关基本概念及其关系的研究，战略规划的必要性、重要性及意义的研究等。柯平系统阐释了图书馆战略、战略规划与战略管理的概念，并对三者之间的关系进行了深入的剖析，建立了三者间的关系模型。[③] 除此之外，柯平还将公共文化服务体系作为图书馆战略规划的时代背景，研究了其对图书馆战略规划的意义，并提出了图书馆战略规划研究的基本框架和新视角。[④] 于良芝对战略规划及其相关概念也进行了辨析，就战略规划作为公共图书馆管理的工具，对其应用

[①]　彼得·德鲁克.管理：使命、责任、实务（使命篇）［M］.王永贵译.北京：机械工业出版社，2006：125-133.

[②]　高波，邝婉玲.澳大利亚大学图书馆联盟战略规划的内容、特点及启示［J］.大学图书馆学报，2014（6）：10-17.

[③]　柯平，陈昊琳.图书馆战略、战略规划与战略管理研究［J］.图书馆论坛，2010，30（6）：52-57.

[④]　柯平.图书馆战略研究［J］.情报资料工作，2010（3）：5-9.

及价值进行了深入探讨。[①] 危机管理理论[②]、协同理论[③]、新公共服务理论[④] 及战略管理理论[⑤] 等陆续被引入图书馆战略规划研究，丰富了国内图书馆战略规划研究的内容。王秀香和李丹以美国、英国、澳大利亚、加拿大 4 个国家的国家图书馆为例，对其战略规划的历程及正在实施的战略规划文本进行了深入分析[⑥]。潘拥军通过对广州图书馆战略规划编制的实践，与同行分享了规划编制的方式与流程，总结了影响战略规划成功的关键因素，以期能为其他公共图书馆战略规划管理提供借鉴。[⑦] 陈昊琳等运用文本分析法对 20 份美国公共图书馆战略规划进行分析，对战略规划体例、内容、制定主体、保障方式、评估体系等进行了全面分析。[⑧] 从博物馆界对战略规划的研究来看，Sheila Watson 阐述了博物馆与其展示和服务的社区之间有着复杂的关系，使用了各类博物馆的案例对博物馆是如何影响社区进行研究，探讨了博物馆在现代社会中的作用。[⑨]Hugh H. Genoways & Lynne M. Ireland 介绍了博物馆的行政管理，涵盖了博物馆预算、策略规划、人事管理、设施管理、藏品管理和公共服务，以及博物馆在 21 世纪所面临的挑战。[⑩] 杨雁介绍了美国图书馆和博物馆服务协会提出的 2012–2016 年的战略计划，阐述了这份战略计划给我国公共图书馆和博物馆发展带来的启

① 柯平.图书馆战略规划研究的时代背景与理论视角［J］.图书馆工作与研究，2010（2）：4–10.

② 范凤霞.基于危机管理理论的图书馆战略规划［J］.山东图书馆学刊，2010（3）：14–17.

③ 魏艳霞.基于协同理论的图书馆战略规划［J］.山东图书馆学刊，2010（3）：22–25.

④ 李亚琼.基于新公共服务理论的图书馆战略规划［J］.山东图书馆学刊，2010（3）：18–21.

⑤ 柯平.基于战略管理的图书馆战略研究［J］.山东图书馆学刊，2010（3）：6–13.

⑥ 王秀香，李丹.国外国家图书馆战略规划解读［J］.图书馆，2012（5）：84–87.

⑦ 潘拥军.公共图书馆规划管理实践研究［J］.图书馆论坛，2011，31（3）：32–34，21.

⑧ 贾东琴，赵晟，袁彤.关于我国公共图书馆战略目标的思考［J］.图书馆工作与研究，2012（8）：48–53.

⑨ heila Watson，Museums and their Communities，London：Routledge，2007.

⑩ Hugh H. Genoways，Lynne M. Ireland，Museum Administration：an Introduction，CA：Alta Mira Press，2003.

示①。宋文香从《博物馆条例》的颁布对博物馆的影响出发，从布展陈列、社会教育、社会合作、社会动员、社会推广等多个方面对博物馆的发展战略进行了阐述和分析，提出博物馆在快速发展的法治保证下，应积极发展转变工作重心，制定能够充分发挥其社会服务作用的发展战略，为社会和社会的可持续发展服务。②邢致远详细阐述了关于构建"苏南地区博物馆事业发展示范区"在战略规划和评估体系方面的有关设想，为苏南现代化建设示范区背景下推动苏南地区博物馆事业发展提出建设性的新思路。从档案馆界对战略规划的研究来看，主要集中在"档案战略"概念的多义性，以档案事业视角理解居多，具体可指档案事业总体发展战略，或指档案工作某项战略或重要工作。如"档案强国战略""档案文化建设战略"③"档案信息资源共享服务战略"④"档案登记备份安全战略"⑤等。研究中往往将"战略"与"规划"分离，"战略"研究远多于"规划"研究。即对档案发展问题的理论探讨居多，而对战略规划制定这一实际工作的关注很少，后者研究主要集中在对全国和地方档案事业发展五年规划的宣介或实施这一单个议题上。⑥⑦

　　整体来看，国内对于图书馆、博物馆和档案馆的规划发展较为关注，但是对三种机构的融合发展关注较少，而国外在 LAM 协作发展中相对重视战略规划，把战略规划作为协作发展的核心的顶层设计内容。国际化的行业组织和各国政府，都重视对战略规划层面的制定，致力于通过战略规划的制定来指导 LAM 协作发展。

---

① 　杨雁 . 美国博物馆和图书馆服务协会战略计划给我们带来的启示［J］. 公共图书馆，2012（4）：61-65.

② 　宋文香 . 浅议博物馆社会服务发展战略的制定与实施［J］. 教育教学论坛，2015（38）：73-74.

③ 　詹锐 . 如何实施档案文化建设战略［J］. 浙江档案，2011（9）：10-11.

④ 　王良城 . 档案信息资源共享服务机制的战略构建［J］. 中国档案，2013，01：64-65.

⑤ 　实施电子文件和数字档案登记备份战略的实践与探索［J］. 浙江档案，2010（11）：10-11.

⑥ 　浙江省档案局评估调研组 . 以高标准引领规划实施——浙江省档案事业发展"十二五"规划实施情况中期评估分析［J］. 浙江档案，2013（10）：8-10.

⑦ 　陈乐人 .《北京市"十二五"时期档案事业发展规划》解读［J］. 北京档案，2011（9）：10-12.

1. 国际性行业组织层面的战略规划

国际图联（IFLA）和国际档案理事会（ICA）在 1996 年以"两个专业，同一前景—21 世纪图书档案工作者的合作"为主题发布了《北京宣言》，要求双方"在保留原有合作项目的同时，力争开辟新的合作领域"。① 国际图联和国际档案理事会还在《北京宣言》发布之后的几年中还多次重申了战略合作的意愿，IFLA 于 2006 年 12 月发布的《IFLA2006-2009 年战略规划》② 和 ICA 于 2010 年 5 月发布《ICA 业务规划 2008-2010》③ 分别在协作的方向与形态方面提出了具体要求。国际博物馆协会（ICOM）发布的《ICOM2011-2013 年战略规划》则计划"强化 ICOM 在文化遗产保护方面的全球领导地位，并加强与其他国际文化遗产项目或组织的多元化合作关系"。④

2. 国家层面的战略性规划

美国国家档案与文件管理署（NARA）作为联邦政府的组成机构，在 2006 年发布的《以保存过去而保护未来：NARA2006-2016 战略规划》中提出："NARA 致力于创新多种途径，与包括图书馆、大学、研究机构、政府部门等在内的各种社会组织机构进行合作，尤其是与国会图书馆、总统图书馆密切配合，服务公民和政府。"英国博物馆、图书馆及档案馆理事会（TheMuseums,Libraries andArchives Council，MLA）发布了《MLA 2009-2010 年业务规划》，提出 MLA 与英国档案馆联手制订英国公共档案服务的政府政策，致力于环境与形势的分析，提供战略指导，促进博物馆、图书馆和档案馆的最佳实践活动，为公民提供创新、集成并可持续的服务；英国国家保存办公室（National PreservationOffice，NPO）制订了《英国与爱尔兰图书馆与档案馆馆藏国家保存战略：原则及前景》，指出图书馆和档案馆收集了大量记录资料，在新技术广泛应用的当下，有必要保存传统的和电子形式的资料；英国肯特郡议会

①　国际图联和国际档案理事会.北京宣言［J］.王良城，译.中国档案，1997（2）：40.

②　马海群.发达国家图书档案事业结盟与合作战略规划综述［J］.中国图书馆学报，2012（4）：21-28.

③　ICA. ICA Business plan 2009-2010［EB/OL］.［2015-08-10］.www.ica.org/4096/reference-documents/business-plan-20082010.html.

④　肖希明，杨蕾.国外公共数字文化资源整合宏观管理及其启示［J］.图书与情报，2015（1）：2-8.

（KentCounty Council）制订了《2004-2014 图书馆与档案馆战略规划》，将图书馆和档案馆的社会服务整合在一个战略框架之中，以各种现代化手段和途径服务于市民及团体。加拿大国家图书与档案馆（Library and Archives Canada，LAC）制订了《2007-2010 年 LAC 业务规划》和《2008-2011 年 LAC 业务规划》，阐述了本机构的使命、风险识别、主要活动、战略选择及未来展望。澳大利亚国家档案馆（National Archives ofAustralia，NAA）发布了《2009-2012 年整体规划》阐述了 NAA 的主要成就、战略优先领域、价值理念、核心业务、预期目标等，并探索针对数字资料的管理、保存并提供获取服务的方式与途径。①

3. 组织层面的战略性规划

组织层面的 LAM 协作主要表现为具体项目的建设与运作。根据项目涉及的范围与内容差异，其战略规划各具特色，规划目标的可操作性表征比较明显。世界数字图书馆（WDL）在项目启动之初，即成立了一个工作组来制定 LAM 协作的技术标准和内容选择准则。在世界数字图书馆网站建设过程中，国际图联（IF-LA）与美国国会图书馆（LC）共同为网站提供了开发指南。② 加拿大多伦多大学图书馆在制定《2013-2018 优先战略目标》时，确定其发展使命为："在未来五年中，图书馆将对学者不断变化的需求做出反馈，成为创新实验室、合作孵化器，以及通向文化、科学知识和历史档案的门户。"③ 美国加州大学伯克利分校图书馆根据其重新定位的战略任务，与学校数字人文中心合作建立了"自由言论运动数字档案"网站。④

二、馆藏资源的数字化及整合

实现馆藏资源共享的有效途径是将馆藏资源数字化，通过馆藏资源数字化

---

① 张卫东，等. 欧美图书档案数字化融合服务实践及启示［J］. 图书情报工作，2013（12）：23-27.

② 李金芮，肖希明. 国外公共数字文化资源整合管理体制模式及其适用性研究［J］. 图书情报工作，2015（3）：26-34.

③ 步宏婕. 国外一流研究型图书馆战略规划的启示［J］. 情报探索，2015（3）：38-40.

④ 黄琴玲. 美国加州大学伯克利分校图书馆服务转型的新动向与思考［J］. 图书情报工作，2014（20）：61-66.

并整合在一个统一的平台上供用户使用，能够有效解决馆藏资源分布在时间和空间上的差异。在互联网时代之前，馆藏资源的数字化一直是不同地区和不同图书馆、博物馆和档案馆等机构横向协作的重要内容。但是由于受到数字出版技术、互联网信息传播方式等因素的制约，协作内容大多停留在构想和学术探讨阶段，应用到具体机构和组织的实践案例极少。馆藏资源的数字化程度和质量，也成为制约各个国家和地区 LAM 协作的重要瓶颈，使得很多协作仅仅停留在达成协作意愿阶段，无法实现实质上的融合发展。随着数字出版及相关技术的成熟和互联网技术的发展，越来越多的图书馆、档案馆和博物馆认识到馆藏资源数字化和网络化的价值，当馆藏资源数字化成为 LAM 需要共同面对的课题时，就产生了跨越 LAM，实现信息资源共享的问题。[①]

　　由于图书馆、档案馆和博物馆在地域分布和管理归口以及经费来源等方面的差异，不同国家和地区的资源整合方式也存在差异。但主要的方式有三种。一是机构之间合作开展数字资源的保存。美国国会图书馆联合相关组织与机构在 2000 年共同建设了 "国家数字信息基础设施及保存项目"（National Digital Information Infrastructure and Preservation Program，NDIIPP）。该项目主要是为统一管理跨 LAM 系统的信息和数据服务，以实现 LAM 之间的信息资源共享[②]；德国政府资助的德国数字资源长期保存项目（the Network of Expertise in Long-term Storage of Digital Resources，Nestor）、欧盟资助的数字存储基础设施欧盟工程（Digital Repository Infrastructure Vision for European Research，DRIVER）等项目的建设，也为 LAM 共同解决数字资源长期保存问题提供了方案；[③] 中国的大学数字图书馆国际合作计划（China Academic Digital Associative Library，CADAL）已完成超过 250 万件多种类型媒体资源的数字化整合与保存；我国于 2002 年开始实施 "全国文化信息资源共享工程" 项目建设，截至 2014 年底，资源总量达 412.46TB，初步形成内容丰富、规模较大的资源存量，

　　① 肖希明，郑燃 . 国外图书馆、档案馆和博物馆数字资源整合研究进展［J］. 中国图书馆学报，2012（3）：26-39.

　　② NDIIPP［EB/OL］.［2015-10-26］. http://www.vise.nsf.gov/funding/pgm_display.cfm.pub_id=13106.

　　③ 罗红 . LAM（图书馆、档案馆、博物馆）协作内容与模式研究［J］. 情报理论与实践，2017（6）：33-39.

具备了服务基层的资源保障能力。① 二是合作研发数字资源整合技术。为了数字资源的长期保存，世界各国都致力于数字出版技术和数字化信息资源整合技术的开发和实践。数字出版技术和数字资源整合技术的逐渐成熟，为 LAM 的馆藏资源数字化整合提供了稳定性、可靠性较好的技术环境。三是协作建设数字资源共享平台。通过合作，在馆藏资源数字化的基础上，进一步开发资源一站式检索平台，为用户提供便捷的信息资源服务。在互联网技术发展的今天，用户的信息行为也在发生变化。用户更加关注数据对象之间的语义关联关系，对知识有重组和整合以及再创造和挖掘需求。因此在互联网＋时代，依托大数据的信息资源平台和信息资源语义关联数据整合更加体现了 LAM 融合发展的价值所在。

三、作为空间的机构跨界融合

在图书馆、档案馆和博物馆发展过程中，作为物理空间的三种文化机构的融合趋势日趋明显。通过空间的融合，消除三种机构的物理界限，有效促进了三种机构在空间设施和服务的融合共享。在空间的融合中，既有国家行为，如加拿大将国家图书馆与国家档案馆合并成立国家图书档案馆（Library and Archives Canada，LAC），② 2012 年新加坡将国家档案馆并入国家图书馆管理局并实施新加坡国家档案、图书和博物馆馆藏资源整合；③ 也有机构之间的自发合作，如澳大利亚瓦纳罗市（Wanneroo）的图书馆、档案馆和博物馆共用一部分的建筑设施和馆藏资源；④ 中国天津泰达图书馆档案馆成为集图书、档案、情报于一体化管理的区域性文化机构。⑤

---

① 陈胜利.公共数字文化资源建设的宏大实践［J］.图书馆杂志，2015（11）：4-12.

② 郑燃，李晶.我国图书馆、档案馆与博物馆数字资源整合研究进展［J］.情报资料工作，2012（3）：69-71.

③ 毛文婷.档案馆、图书馆和博物馆的馆际合作研究［J］.黑龙江史志，2015（13）：261-264.

④ 肖永英，谢欣.图书馆、档案馆和博物馆合作机制研究进展［J］.图书馆杂志，2015（1）：29-35.

⑤ 韩文靓.图博档数字化服务发展趋势研究［D］.南京：南京大学，2013.

从融合的内容来看，国内外图书馆、博物馆和档案馆的跨界融合主要以共同制定战略性发展规划、馆藏资源的数字化及整合、空间和设施服务的融合等内容为主，通过跨界融合挖掘机构馆藏资源的价值，提升机构的影响力和竞争力。

第三节　图书馆与博物馆、档案馆的跨界融合服务实践

2008 年，国际图联发布《公共图书馆、档案馆和博物馆：协作与合作趋势》（第 108 号专家报告）。该报告对 LAM 之间的协调合作方法进行了详细介绍，并为公共图书馆提供了大量相关的最佳实践案例。除了 2008 年国际图联的报告中提供的七个图书馆、博物馆和档案馆数字资源整合案例以外，国外有很多比较成功的图博档数字资源整合项目，有代表性的项目有：世界数字图书馆、Google 艺术计划（Google Art Project）、欧洲的 CALIMERA、光明项目、聚宝盆项目、丹麦文化搜索（NOKS）、A2A 项目、德国图书馆档案馆和博物馆门户 BAMP、瑞典 ABM 中心、澳大利亚图像数字档案门户网站等。本节选择世界数字图书馆（WDL）和 Google 艺术计划 Google Art Project 作为典型案例进行分析。

一、世界数字图书馆（WDL）

世界数字图书馆是联合国教科文组织（United Nations Educational, Scientific and Cultural Organization，简称 UNESCO）及 32 个合作的公共团体共同成立，而由全球规模最大的图书馆 "美国国会图书馆" 主导开发。[①]参与这项计划的馆藏与技术合作国家，从巴西到英国，中国、埃及、法国、日本、俄罗斯、沙特阿拉伯及美国等国的图书馆及文化机构都有，他们将无价的文化素材数字化，让读者在网络上即可取得。世界数字图书馆构想，最初是由美国国会图书馆长毕灵顿（James Billington）所首创。

---

① 案例来源：http://baike.baidu.com/item/ 世界数字图书馆。

美国国会图书馆馆长詹姆斯·毕灵顿于 2005 年 6 月在一次讲话中向美国教科文组织全国委员会建议设立 WDL。基本思想是建立一个以互联网为基础的，易于访问、收集有世界各国文化财富，讲故事和突出所有国家和文化之成就的数据库，从而促进各文化间的认识和理解。教科文组织将这一想法作为组织战略目标，其中包括促进知识社会，发展中国家的能力建设，以及促进文化多样性的门户网站。教科文组织总干事松浦一郎指定联合国教科文组织负责通信与信息事务的助理总干事阿卜杜·勒瓦希德博士与美国国会图书馆一起负责发展该项目。2006 年 12 月，联合国教科文组织和美国国会图书馆召开了一次专家会议，专门讨论此项目。由来自世界各地的成员组成的专家组确定了一些挑战，该项目需要克服这些挑战才能取得成功。他们指出，在许多国家过去很少文化内容被数字化，特别是发展中国家，更没有能力通过数字化来展示他们的文化宝藏。现有网站的搜索和显示功能往往不够发达。以多语种查阅信息的功能尚未得到很好的开发。许多由文化机构维护的网站很难使用，而且在许多情况下，对用户、特别是年轻用户没有吸引力。专家会议促使建立了制订项目准则的工作小组、并作出决定由美国国会图书馆、联合国教科文组织和五个伙伴机构（即亚历山大图书馆、巴西国家图书馆、埃及国家图书馆和档案馆、俄罗斯国立图书馆和俄罗斯国家图书馆）进行开发并提供将用于 WDL 原型的内容，并计划在 2007 年的联合国教科文组织大会上推出。设计原型所需内容是通过协商进程征求而来，涉及联合国教科文组织，国际图书馆协会联合会和机构联合会（IFLA），以及 40 多个国家的个人和机构。成功推出样板后，决定由几个图书馆建立一个公开，可供自由访问的世界数字图书馆版本。

该项目于 2009 年 4 月 21 日在巴黎正式启用。WDL 面向国际公众推出，内容涵盖联合国教科文组织的每一会员国。公众可以通过浏览以及检索等方式获取相关资源。开通当日，展示了数字化作品及影音文件约 1200 件。WDL 的合作伙伴来自 19 个国家和地区的 32 个图书馆及研究机构，但 WDL 计划引入更多合作伙伴，以不断充实 WDL 的内容。[1] 中国国家图书馆首批精选了 20 种珍贵文献馆藏，包括甲骨文、敦煌文献、手稿、少数民族文字典籍等，通过世界

---

① 王凤珠 . 世界文化的展示与交流——世界数字图书馆（WDL）网站开通及其启示 [J] . 图书馆建设，2009（11）：90-93.

数字图书馆向全球提供服务。^①截止到目前，WDL 的合作伙伴已经达到了 127 个（合作伙伴不仅包括给 WDL 捐赠文化信息资源的图书馆、档案馆及其他机构，还包括通过分享技术、组织各工作组召开或赞助会议或提供财政捐助等方式来参与工程项目的协会、基金会和个体公司），^②其中 51 个机构给 WDL 提供馆藏，提供的数字化作品和影音文件达到了 3524 件，^③约为开通当日的两倍。这表明世界数字图书馆项目受到了全球的欢迎和支持，全球图书、博物、档案信息资源的共建共享是时代发展趋势。

世界数字图书馆整合 LAM 数字资源有着十分重要的现实意义。世界数字图书馆通过互联网信息平台整合了世界各国的 LAM 资源，为全球信息用户提供集成化的信息资源服务。WDL 在互联网平台上不断增加文化资源的数量和种类，为研究学者和普通用户提供资源获取。收录的主要资源有手稿、地图、珍本书籍、乐谱、录音、电影、印刷品、照片和建筑图纸，并对每一种资源进行编目加工，提供资源导航和文字说明，导航和说明文字。WDL 还提供了中文、英文、法文、葡萄牙文、阿拉伯文、俄文和西班牙文等七种文字，满足不同国家和地区的信息用户方便地获取资源。WDL 计划也为不同国家和地区的不同民族提供了文化交流机会，促进了全球文化资源的交互和传递。WDL 共享的资源内容大多是世界各国博物馆、档案馆和图书馆的珍贵馆藏，是重要的世界文化遗产。这些珍贵的文化遗产很大程度反映了不同民族几千年历史中积淀的文化精华，是人类文明发展历史的重要呈现载体。通过互联网平台的国际 LAM 资源融合，一定程度上缩小了不同国家和地区之间，以及国家和地区内部的信息鸿沟，最大程度实现了世界文化资源的汇聚和整合利用。

世界数字图书馆旨在利用互联网扩展多元化文化背景内容，促进跨文化国际交流，满足学者、教育人士及大众的文化需求，以减小国家及地区间的数字鸿沟。世界数字图书馆收录的文化资源主要来自于不同国家地区文化机构的捐赠，对来自不同文化机构的资源进行统一元数据描述，以解决 LAM 资源元数据

---

① 程蕴嘉. 全球数字图书馆计划现况与发展［J］. 图书馆学研究，2009（10）：9–12.

② About the World Digital Library：Partners［EB/OL］.［2011–10–16］. http://www.wdl. org/en/about/partners.html.

③ World Digital Library［EB/OL］.［2011 –10 –16］. http://www.wdl.org/en/.

上的差异，并提供了七种语言的浏览以及检索服务。世界数字图书馆在很大程度上满足了多层次用户的需求，其整合及服务模式并不复杂。世界数字图书馆为全世界用户提供了高品质的文化资源，比如来自捐赠机构的珍贵手稿、珍本、录音、照片等。不过，从其整合及服务模式上来看，大体上符合 Boyd Rayward 的模式，服务上实现的主要功能包括文化资源的统一检索和浏览，这两种功能主要基于文化资源外在特征上的整合，而并没有提供基于资源内容深度整合的服务形式。

二、Google 艺术计划（Google Art Project）

Google 艺术计划是开放内容在博物馆领域应用的一个成功案例，是由 Google 与全世界数百家公共文化艺术机构合作完成的。该计划于 2011 年 2 月上线运行，上线之初共收录了 9 个国家 17 个博物馆 1000 余幅作品。Google 艺术计划是谷歌公司采用全景成像技术拍摄的博物馆内景，同时将博物馆内部的展品通过 10 亿像素的成像技术进行高清拍摄，并将拍摄后的博物馆内部实景和展品高清图像放在网站上供用户免费在线观赏，建立起了一个线上的高清博物馆。用户只需要一台可以联网的计算机、或者移动互联网终端就可以足不出户在线体验博物馆内部实景，观赏博物馆展品。谷歌艺术计划于 2014 年 6 月又加入了街头艺术作品，开始在线展出从世界各地收集而来的街头艺术家作品。截至 2015 年 5 月 14 日，谷歌艺术计划已经收录了 551 家博物馆的 91495 件展品，美国现代艺术博物馆、大都会艺术博物馆、英国国家美术馆、台北故宫博物院、香港艺术馆都被囊括其中。随着 Google 艺术计划不断发展，目前已经收录了全球 44 个国家 240 余家博物馆等公共文化艺术机构的 4 万余件珍贵馆藏展品，供公众浏览和观赏。其中既有来自南非的岩石设计、巴西的街头涂鸦，也有来自中国的文物。

虽然 Google 艺术计划仍的功能还在不断完善中，所收录的内容也在不断积累的扩展，但是对于普通用户来说，这是很难得的获取一些重要文化艺术展品信息的渠道，极大地解决了用户和博物馆展品在时间和空间上的制约矛盾，有效减少了用户的信息获取成本，推动了全球范围内的文化艺术遗产的交流。除此之外，谷歌还为用户提供了社交网站分享功能，甚至为中国用户单独提供了适合的分享渠道；另外还提供了虚拟展览和虚拟浏览功能。

第四节　图书馆与博物馆、档案馆跨界融合模式构建

一、影响 LAM 融合模式构建的因素

1. LAM 传统的服务模式

图书馆、博物馆和档案馆虽然都是公共文化服务机构，但他们拥有不同的馆藏文化资源和服务定位，从而形成了不同的服务模式。从传统的服务内容来看，图书馆主要服务内容包括文献资源的借还流通、信息服务、读者社会教育功能和技术咨询服务。其中文献资源的流通服务是图书馆直接为读者提供馆藏的一次或二次文献，信息技术咨询服务主要是帮助读者进行文献资源的获取和音视频资料的搜集等，而技术服务主要是帮助用户提高用户资料的获取能力。随着数字图书馆的出现，出现了一些新的服务形式，极大地丰富了图书馆传统的服务模式。比如国家数字图书馆开展了掌上国图、盲人数字图书馆服务、虚拟现实以及智能价位服务等特色服务。[①]

图书馆的服务模式与档案馆的服务模式更加接近，两种机构都是为用户提供检索浏览和参考咨询以及培训等服务。但受到我国传统档案馆服务模式和服务思维的影响，我国档案馆的服务相对单一、服务范围很窄，在开放模式上也是强调保密保管，轻视向广大民众的开放服务。在 LAM 的跨界融合发展中，应该重视对档案馆服务思维和服务模式的转变，充分发挥档案资源的价值，扩展档案馆的服务对象范围，为更多的社会民众服务。从馆藏的信息资源角度来看，图书馆档案馆所拥有的馆藏资源主要是纸质媒介载体的文献资源，而博物馆所拥有的馆藏资源主要是实物性资源。馆藏资源的差异也造成了服务方式的差异，图书馆和档案馆为普通用户提供外借服务，博物馆并不提供外借服务，馆藏藏品的流动也局限在博物馆之间的交流馆藏和主题展览活动的举办等。传统的博物馆服务方式，主要包括展览布展、参观游览指导、讲解和教育以及科研服务等。博物馆的数字化服务主要包括信息资源的

---

① 陈魏魏，孟桂平. 浅谈从传统图书馆服务模式到数字图书馆新型服务模式的转变——以国家数字图书馆为例［J］. 情报杂志，2011（30）：216-219.

检索、馆藏藏品的数字化处理和在线浏览、教育培训等功能。

2. LAM 馆藏资源的特征

图书馆、博物馆和档案馆的馆藏资源特征对服务模式有很大影响，尤其是馆藏资源在数字化后表现出的特征决定了跨界融合服务模式的构建。LAM 馆藏的数字化资源的格式、标准以及数字化资源的类别和主题等特征在不同的图书馆、档案馆、博物馆等馆藏机构之间存在着差异，这种差异性造成了资源整合上的壁垒。比如数字化资源的存储格式不同，在融合服务过程中，需要按照不同格式的数字资源特征和技术参数要求，开发一种能够兼容不同馆藏数字资源元数据的解决方案和系统平台。从不同的馆藏资源的内容上来看，不同机构的馆藏资源往往采取了不同类型的分类方法。图书馆一般采用 22 大类学科分类的图书分类法；而博物馆采用的分类法相对更加多元化，主要从馆藏物品的外部特征进行分类；档案馆则根据档案分类法进行分类。对馆藏内容不同的分类方法和标准是 LAM 进行服务融合时必须要考虑的关键问题，也是服务融合过程中的重要技术瓶颈。

3. 馆藏资源的版权保护问题

图书馆、博物馆和档案馆的跨界融合服务，主要建立在馆藏资源共享和整合的基础上，尤其是馆藏资源的数字化建设及网络化共享，馆藏资源的整合过程涉及到不同主体的利益冲突和协调。王建、胡翠红认为知识产权问题涉及包括信息资源采集、数字化、自建数据库等诸多过程[1]，并提出了解决馆藏资源版权冲突问题的途径，如：设立版权代理机构、制定完善相关法律法规，构建信息资源整合的法律保护体系等。从国内的实际情况来看，公共图书馆和博物馆隶属于政府文化管理部门，但是档案馆隶属于档案管理部门，同时高校的图书馆、博物馆和档案馆又归属于高校管理，隶属关系的不同使得 LAM 跨界融合需要进行跨部门的协调管理，制定良好的政策为实现 LAM 融合服务提供制度和政策保障，以保证 LAM 数字资源整合及服务能够顺利开展。

4. LAM 跨界融合服务影响因素的关系

随着互联网＋时代跨界融合趋势的发展，图书馆、博物馆和档案馆之间的

---

① 王建，胡翠红.信息资源整合中的相关知识产权法律问题研究［J］.情报杂志，2013（3）：155-158.

跨界融合服务成为一种历史发展的必然趋势。但这种历史发展必然趋势的跨界融合诸多发展因素的影响。从宏观层面来看，国家和政府制定的图书馆、档案馆和博物馆管理领域的相关政策决定了三馆能否开展资源服务方面的跨界融合，同时还决定了三种公共文化服务机构能否在在传统的资源和信息服务模式上实现突破，应用新技术手段实现资源的整合，扩展新的服务方式和服务领域。这些影响因素相互作用、彼此联系，影响着图书馆博物馆档案馆在资源和服务方面的合作和发展。具体包括如下几点：第一，相关的政策以及法律法规，提供了图博档合作的宏观环境。合理的鼓励性政策将有助于 LAM 三馆打破原有服务模式的限制，从而更为积极与灵活地展开合作。第二，LAM 三馆的服务融合即要遵守相关的法律法规，又要尊重图博档原有的传统，在三馆共有的服务方式上实现融合与创新，而不是将一些不适宜融合的服务方式生硬地拼凑在一起。第三，相关政策与 LAM 原有传统是三馆资源整合及服务的外因，而数字资源的内容特征属于影响资源整合及服务模式的内在因素，三者交织在一起共同影响 LAM 数字资源的整合及三馆服务模式的融合。[①]

二、LAM 融合服务模式的构建

1. LAM 融合服务模式的基本架构

信息技术的发展，对人们的生活产生了深远影响。随着互联网+时代的到来，协同创新成为产业技术创新的新模式。互联网突破了地域、组织、技术的界限，整合了政府、企业、协会、院所等优势资源，形成跨领域、网络化的协同创新平台。互联网+时代促使人们生活模式发生了深刻变革，社会民众对高品质的文化资源的需求也越来越的迫切，互联网时代用户行为的改变也客观要求 LAM 需要打破边界限制，相互融合为用户提供更加优质的信息服务。

LAM 之间的跨界融合服务并不是简单的把三种机构的资源和服务拼凑在一起，而是在相互融合的基础之上形成资源和服务的有机整合，并产生出新的服务内容和方式，这种跨界融合强调的是创新融合。需要重新重新架构自己的顶

---

① 穆向阳，朱学芳. 图书、博物、档案数字化服务融合模式研究［J］. 情报科学，2016（3）：14–19.

层设计，定位自己的服务目标和宗旨，服务内容也不仅仅局限在资源和知识的共享，而应该挖掘资源的深层价值，为提高国民综合素质提供智力服务。资源融合和服务主要分为三个方面，一是实现三种机构资源外部特征的整合，通过资源的数字化提供统一的检索和浏览服务，将不同机构的资源整合在一个数字化服务平台上；二是在馆藏资源的数字化整合基础上实现机构知识服务能力的提升，对不同机构的资源进行挖掘整理，对资源进行二次加工分类，为用户提供便捷而又全面的深层次的知识资源；三是提升馆员服务能力，开发馆员智慧，对整合的资源进行再次的深加工和开发，从而创造出新的文化资源。

在对 LAM 融合服务模式进行分析的基础上，构建出 LAM 融合服务的基本架构，主要包括三个层次。

第一层次是资源服务层，是跨界融合服务的基础层次，该层次主要是馆藏资源的整合和数据层面的服务。其中数据层次资源整合的主要任务是将资源的不同元数据整合到统一的平台上，采用的方法主要包括元数据映射和元数据收割协议等等，也可以开发独立的元数据项目方案。经过资源服务层次对馆藏资源的整合和组织，使用户可以获取基本的信息资源检索服务，用户可以通过一站式平台实现对三种机构馆藏资源的统一检索。这一层次还包括对信息层面的资源整合，主要是基于不同的资源类别，不同资源内容之间建立相互关系。这种整合分类主要包括两种，一种是对资源进行分类，将不同机构的资源类型划归到同一类目下，并以统一的分类标准为用户提供资源的展示和导航。为了提供直观快捷的资源导航，需要相关领域的专家从宏观上把握三种机构资源的特点，并提出相适应的统一分类方法。从 World Digital Library 和 Google Art Project 提供的服务形式上来看，两者的服务形式基本属于第一层次的服务。另一种是建立资源之间明确的点对点对应关系，比如通过元数据中的相关关键字段以及不同的资源之间的引用关系，建立资源之间的明确关系，形成资源的关系网络。基于这样的资源整合为用户提供二次检索服务，进一步提高资源服务的关联性，这一层次的资源融合服务是基础层次的服务。目前，谷歌艺术计划以及世界数字图书馆等项目提供的基本上是这一层的融合服务。基于这一层的资源组织，用户可以检索、浏览整个 LAM 数字资源集。另外，该层可以结合Web2.0 技术提供更加丰富的服务形式，比如搜集、保存、分享自己的收藏。

融合服务的第二个层次是知识服务层，主要为用户提供信息咨询服务。基层指标是对资源的整合，但对不同机构的资源内部的语义关系揭示不足，没有形成有效的关联语义网。图书馆、博物馆、档案馆之间的融合服务，要求服务馆员不仅要熟悉自身领域的资源特点，而且要掌握整个资源整合平台的所有资源，熟悉不同资源内部的深层联系，向用户提供优质的知识服务。这一层次提供的知识服务主要基于对 LAM 资源进行知识层面的整合，通过关联数据将不同机构的资源深度整合在一起，从而形成资源内容与这一层面的互联，构成跨界的知识网络体系。基于知识服务层次的资源整合，能够使 LAM 资源服务平台和体系向用户提供直接的知识存储、信息检索、推送和信息咨询服务。

第三层次是智慧服务层，智慧服务层不仅融合了各个机构的馆藏资源，还包括了不同机构馆员以及相关领域专家学者的智力资源，并在资源整合的基础之上进行知识的再创造和创新，为用户提供智慧化的知识资源服务。LAM 数字资源整合深度与融合服务模式存在密切的关联关系，数字资源整合深度在很大程度上决定了其融合服务的模式。资源服务层的服务主要是对资源保存格式和标准的统一；知识服务层主要是是基于 LAM 数字资源内容之间的语义关联；智慧服务层不仅仅基于 LAM 数字资源实现资源内容之间的数据关联，还要集合不同机构馆员和专家的智力资源，做到显性知识和隐性知识的共享和传递。智慧服务层需要有匹配的服务模式，以实现资源的有效整合绩效，充分发挥资源和服务的效能。

2. 互联网 + 时代 LAM 融合服务模式的创新

互联网 + 时代对公共文化组织的资源服务和融合带来了难得的机遇，但也同时带来了巨大的挑战。图书馆、博物馆、档案馆馆藏资源的深度整合，必须突破传统服务方式的束缚和限制，改变原有服务逻辑和思维，需要进行服务方式的创新。图书馆、博物馆和档案馆馆藏资源的同平台一体化整合，为服务模式的创新奠定了基础，同时也为发挥馆藏资源的内在价值提供了前提条件。同时，服务方式的创新要求服务人员需要提供更多的智力资源的投入，以馆藏资源为纽带和载体，将专业馆员和专家学者所拥有的隐性知识显性化。在智慧服务层，专业的工作人员不仅仅是服务者，承担着知识传递的任务，而且成为知识的制造者，这一层次强调专业馆员和用户融合参与的知识再创造。

创新的服务模式需要充分发挥馆藏资源基于语义网的数据关联，并充分挖掘隐性知识的价值，将隐性知识显性化，并与显性知识相结合，进行知识的再开发和创造。图书馆、博物馆和档案馆的馆藏资源和服务的融合，为进行这样的知识开发和创造提供了极大的便利，相比传统模式下的单一机构主体服务具有显著的优势。比如智慧层的融合服务能够充分利用三种机构的资源优势提供主题学术讲座或者互联网慕课资源，通过聘请专家开展专题讲座，充分利用馆藏资源制作内容丰富、信息量大、生动直观的互联网课程内容，为用户提供在线学习和阅读，扩展用户服务的半径，并提升三种机构在用户中的影响力和竞争力。通过互联网平台和 360 度全景技术为用户提供虚拟展览服务，馆藏资源通过数字化和网络虚拟化后突破空间和时间的制约，将不同国家和地区、不同区域位置和不同馆藏机构的资源聚合在一起，通过虚拟场景的重构提供资源的浏览服务。增强现实（Augmented Reality，简称 AR），是一种实时地计算摄影机影像的位置及角度并加上相应图像的技术，这种技术的目标是在屏幕上把虚拟世界套在现实世界并进行互动。增强现实技术，它是一种将真实世界信息和虚拟世界信息"无缝"集成的新技术，是把原本在现实世界的一定时间空间范围内很难体验到的实体信息（视觉信息，声音，味道，触觉等），通过电脑等科学技术，模拟仿真后再叠加，将虚拟的信息应用到真实世界，被人类感官所感知，从而达到超越现实的感官体验。真实的环境和虚拟的物体实时地叠加到了同一个画面或空间同时存在。通过运用 AR 技术，将图书馆、博物馆和档案馆的馆藏资源立体显示、互动呈现，带给用户全新的文化体验。主要体现在用户参观实体馆时，通过增强现实技术向用户提供更多的资源展示及相关信息等服务。

互联网＋时代，信息网络技术改变了博物馆、档案馆的资源呈现方式和服务方式。图书馆、博物馆和档案馆的依托互联网技术的跨界融合，能够整合三种机构特有的馆藏文化资源，创新资源服务模式，提升三种文化机构的内在价值和外部竞争力。

第九章　互联网＋时代图书馆与商业的跨界融合

　　知识传播是现代图书馆的核心功能。图书馆承担着知识整合、知识发射、知识增值、文化传承、思想陶冶、科学与人文融通、知识社会保障等知识传播的基本功能。公共知识的传播是具有公益性的，随着社会发展，多模式的公共知识传播组织带来了观念上和运行模式上的创新。传统意义上，图书馆是公共知识传播的核心组织，但在互联网＋时代，公共知识传播组织的性质和运作方式上呈现出多元化的趋势。传统公共知识传播的主要承担着图书馆和其他新兴的组织之间加速融合，创新知识传播方式。在互联网＋时代，图书馆与电子商务平台、商业综合体、零售业态以及相关的服务业相互合作、跨界融合，新的融合服务模式不断涌现。

第一节　互联网＋时代图书馆公益与商业的价值平衡

一、公益与商业之间的公共知识传播

　　公共知识是特定范围内的社会成员能够公开获取并在使用过程中限制较少的知识，是社会成员在特定的环境和历史时期对客观世界的共同认识，具有显

著的公开性和共享性。公共知识在社会成员之间传播，能够推进知识学习和共享的范围不断扩大，使更多的社会成员受益，提升社会成员的知识水平，同时保持知识在时间上和空间上的传递和延续。知识的传播需要组织为平台依托，它为公共知识的传播提供了传播技术、传播媒介在传播过程中提供经费、设施、管理和人员等方面的支持。公共知识传播为目的的组织不是营利性的，其行为具有公益性。

"公益"为后起词，五四运动后方才出现，其意是"公共利益"，"公益"是它的缩写。公共利益的英文是"publicinterest"。按照《牛津高阶英汉双解词典》的解释，public 意味着"公众的、与公共有关的"，或者是"为公众的、公用的、公共的"。① 根据《辞海》的解释，"公"的含义是"公共、共同"，与"私"相对。《礼记·礼运》曰："大道之行也，天下为公。"现代汉语词典中"公共"一词的解释是"属于社会的，公有公用的"。具体到广告中，"公共"则是指广大广告受众。而对于"利益"一词，通俗的来说就是"好处"。② 霍尔巴赫认为"利益"是"我们每个人看作对自己的幸福所不可缺少的东西"。美国著名法社会学家庞德则认为利益是指"人类个别地或者在集团社会中谋求得到满足的一种欲望或要求"。③

公益性行为本身具有普遍的利他性，而且不易获取利益回报和盈利为主要目的，而商业性则是以生产产品或提供服务为手段实现营利目的的行为。公益性和商业性由于在目的上的不同，在相当一段时间内被看作是组织性质和运作方式上一对不可调和的对立矛盾。社会要求公益性组织所有的行为都必须贯彻公益性原则，不能参有任何性质的营利行为；而绝大数营利性组织往往以追求利润为主要目标，不可能持续的投入到投资回报率极低，甚至无直接利益回报的公益性领域活动。公益性目标和商业性目的，成为组织之间融合难以逾越的鸿沟。公共知识传播活动在长期的历史发展中，往往以官方或半官方的非营利性公益性机构为主要载体，包括与文化、教育、科技和卫生等社会领域相关的

---

① http://baike.baidu.com/item/ 公益

② 闫志常 . 利益之辨与正确利益观的树立［J］. 理论学习，2014（7）：8-13.

③ 杨骁，李清伟 . 行政法视野中的公共利益探析［J］. 郑州大学学报（哲学社会科学版），2008（3）：62-64.

政府部门和组织，强调组织机构在组织性质和组织运行方式上的公益属性，拒绝经营性或商业化的运作。而绝大多数公益性组织往往依靠政府拨款、募集捐款、被动接受馈赠等依赖性较强的模式进行运作，在运作过程中往往缺乏可持续发展的的最佳方式。

公共图书馆的公共性并不仅仅是指国家公有、面向公众提供平等与开放的服务，如果采取商业手段获取图书馆发展的资源并保证面向公众的公益性，也应该是公共图书馆公共性的应有之义。[①] 作为公共图书馆，公共性是其基本属性，公益性表现在图书馆服务的无障碍特性，这已经成为基本共识。但是据此认为图书馆的公共性仅仅表现在国有化、公有化和公共开放性，经费源于国家和政府财政拨付，则恰恰有可能丧失图书馆的公共性，是对公共图书馆公共性价值的狭隘认识。商业性的行为和渠道能够增加图书馆的经济收入，以便图书馆能够持续地为维持为公众免费服务的局面，这也是国际上通行的做法。公共图书馆财政资金短缺是一个世界性问题，比如英国、美国这样的发达国家，随着政府财政资金的压缩也使其运营出现一些困难，英国甚至要关闭一部分图书馆，引发了民众"保卫图书馆"的运动。2017 年 3 月中旬，特朗普政府发布了 2018 财年的财政预算草案。草案取消了对博物馆与图书馆服务署的全部财政支持。2017 财年，该机构获得的美国中央政府的财政支持总额为 2.3 亿美元，其中大约 1.8 亿美元根据《图书馆服务于技术法案》，按照美国各州人口进行分配，用于支持各地图书馆的创新活动。这笔钱对于美国图书馆事业来说很重要，仅占美国联邦政府财政支出的 0.006%。平摊到所有美国人头上，每年人均不足一美元。根据《图书馆服务于技术法案》的规定，各州在获得联邦财政资金支持之后，还需要配套大约相当于 1/3 联邦资金的经费。因此，如果特朗普政府的草案取消联邦政府对图书馆事业的支持，那么意味着各州的配套资金也会取消。对于一些想持续支持图书馆事业的州而言，也会造成负面影响。针对特朗普的这项新预算计划，许多机构都纷纷提出了抗议。公共广播协会总裁兼 CEOPatriciaHarrison 指出，公共媒体是美国政府最佳的投资对象之一。国家艺术基金会主席 JaneChu 表示，他们对特

---

① 　王丽娜. 公益与商业——青番茄图书馆运营模式对公共图书馆的启示［J］. 前沿，2013（12）：127-129.

朗普的这一举措感到失望，因为他们已经看到先前投入的资金为来自上千个不同社区、大型或小型城市和乡村以及每个地区的各年龄层的人带来了变化。国家人文基金会主席 WilliamD. Adams 也提出了相类似的担忧。博物馆与图书馆服务协会负责人 KathrynK. Matthew 博士指出，他们为这个国家各个博物馆和图书馆都提供的支持能成为美国经济发展、教育、健康以及福利事业的重要资源。

如何打破商业和公益组织传统的运行模式，在以营利为目的的商业组织和以公共公益性组织之间找到一种可持续解决问题的机制，实现商业组织和公益性组织的有机融合，是一个重要的问题。2006 年，孟加拉经济学家穆罕曼德·尤努斯（Mu-hammadYunus）因为创办乡村银行而获得诺贝尔和平奖。尤努斯从 1976 年开始，以吉大港大学附近的村庄为试点，倡导实施"吉大港大学乡村开发计划"，主要面向无力提供贷款抵押的贫民。贷款者利用尤纳斯提供的贷款购买工具、设备开办自己的实业，不仅可以避免中间商的盘剥，而且可以通过自我创业的方式改变生活状况。到目前为止，孟加拉乡村银行已经拥有650 万客户，他们中的 96% 是妇女。按照乡村银行网站提供的数据，他们向 71万余个村庄派驻了 2226 个分支机构。① 尤努斯的这种做法是一种把商业和公益有效结合起来的组织运作模式——社会企业，正吸引全球公益领域的广泛关注。在此之前，以英国和美国为代表的西方国家从 20 世纪 90 年代就已经旗帜鲜明地将社会企业模式引入诸多社会领域，解决特定的社会问题，成效显著。社会企业既不是纯粹意义上的企业，也不是一般意义上的公益组织，它是一种融合了市场竞争和社会目标的混合型企业，是社会部门和经济部门间跨界融合的产物。② 英国工贸部对社会企业的官方定义是"社会企业是具有某些社会目标的企业，按照组织的社会目标，盈利再投放到业务本身或所在社区，而不是为了股东和所有者赚取最大利润"。③ 从组织的商业特性看，社会企业是追求盈利的，

① 穆罕默德·尤努斯. 百度文库. 2012-10-17.

② 王世强. 社会企业在全球兴起的理论解释及比较分析［J］. 南京航空航天大学学报（社会科学版），2012（3）：66-71.

③ DTI. Socialenterprise：astrategyforsuccess［R］. London：Department of Tradeand Industry，2002：13.

它需要透过商业化运作赚取利润，用以贡献社会；①社会企业的经营活动以单纯以营利为目的的企业不同，它并非以追求利润最大化为目的，所得盈余用于收回企业的投入成本，维持组织的公益活动。社会企业是社会发展的一种新尝试，它游走于社会公益和商业盈利之间，既完成了组织的公益使命，也解决了一般公益组织生存与发展的难题：变被动地接受捐助为主动地创造收入。社会企业运作模式的成功为从事公共知识传播活动的组织带来了观念上的革新，越来越多的人意识到公益和商业之间的这条鸿沟是可以弥合的。不仅如此，组织如果能够在运作模式上实现创新，则无论对于私人企业还是公益组织都可以达成经济效益与社会效益的双赢局面。②

在社会企业理念普及的同时，信息化和互联网技术也蓬勃发展，在互联网＋和社会企业理念的驱动之下，公共知识传播活动突破单纯依赖图书馆等公共性组织的局限，开始实现了图书馆等公共性文化机构与零售业、休闲服务、电子商务企业等多种业态的跨界融合，新兴的公共知识传播组织和运行模式开始出现。

二、互联网＋时代公共知识传播跨界融合新模式

互联网＋时代公共知识传播组织的运行与传统的公共知识传播不同。互联网＋时代从事公共知识传播的组织依托信息技术条件和互联网平台，对社会成员之间的知识资源进行合理调配，实现公共知识传播的目的，共同组成以围绕社会知识传播为核心的一系列社会组织。传统的知识传播组织一般是直接从事知识传播或者与知识传播相关联的政府和公益性信息服务机构，以组织机构为中心，形成知识传播和服务联盟，借助组织资源或大众传播媒介服务全部或部分社会成员的传播模式；在这种以机构为中心的知识传播中，知识传播机构控制着重播内容和传播过程，知识传播主体和客体之间是单向的传播与接受的关系。在互联网逐渐普及的情况下，传统型的知识传播机构依托互联网技术平台

---

① 汤蕴懿.在营利和公益之间的社会企业［J］.上海经济，2010（9）：30-32.

② 陈则谦.公共知识传播的新型组织运作模式：在公益与商业之间［J］.图书馆杂志，2013（6）：11-16.

拓展其知识传播的方式相对单一，主要利用互联网技术建立相应的门户网站，作为其知识传播新的平台，但是这种方式并没有改变以往单向的传播和接受关系模式。随着移动互联网的发展和网络传播交互方式的兴起，网络社交平台成为人们信息化生活的重要组成部分，以往知识传播中机构的核心位置正在逐渐变化。自媒体时代的到来使得用户个体成为知识传播者，在知识传播过程中发挥着日益显著的作用，也逐渐出现了微博、微信、维基百科、网络知识社群、网络公开课程平台等一系列开放性的知识传播平台。

用户个体既可以在知识传播平台作为接收者获取和使用相关的知识资源，又可以在知识传播平台作为知识资源的传播者提出相关的内容并对内容进行发布与他人共享。在这种传播模式中，知识组织不再是知识传播活动的直接参与者，而成为知识传播活动的支撑平台为公共知识的传播活动提供必要的技术支持和物质保障，以保证公共知识传播活动能够有效开展。而知识传播机构已经摆脱了传统意义上从事公共知识传播的功能定位和组织性质范畴，在组织性质和组织运作方式上呈现出多元化趋势。

从现阶段的发展情况来看，从事公共知识传播的活动的组织主要涉及到政府与事业单位、企业和非营利性组织三大类。政府及事业单位是传统环境下从事公共知识传播活动的主要力量，它们基于长期且固定的公共财政预算，以纯公益模式向全社会提供基础的公共知识产品与服务，从传统环境下的图书馆、博物馆和科技馆等文化事业单位，到电台和电视台等新闻媒体机构，再到借助互联网搭建的文化信息资源共建共享工程等知识传播平台都是这种运行模式的产物。[①] 在互联网＋时代，这些传统的知识服务和传播机构也正在悄然变革，努力依托互联网平台尝试与其他组织的跨界融合，不断扩展其服务范围和内容，提升知识传播组织自身的价值。

在传统条件下，由于公共知识传播本身具有明显的公益性，无法直接为组织带来经济收益，以营利性为目的的私人组织和企业很少涉足这一领域。但在互联网＋时代，这种状况发生了明显的变化。作为公益性的知识传播机构和商业机构之间的跨界融合不断加深，公益性知识传播组织为商业提供支持的情况

---

① 陈则谦.公共知识传播的新型组织运作模式：在公益与商业之间［J］.图书馆杂志，2013（6）：11-16.

越来越多，一部分商业组织把知识传播活动的公益性作为企业特色化、差异化经营的辅助手段，通过借助公益活动较高的社会关注程度，提升企业的形象和社会影响力。如网易和新浪等商业门户网站推出网络公开课以及号称全球最大的中文百科全书的百度百科和互动百科，都是借助于公益的力量来提升企业形象和经营影响力的典型案例。在公益性活动服务于商业活动的同时，商业模式也逐渐开始为公益活动服务，通过采用商业模式达成公益性知识传播的目的，借助商业活动独特的营销效果来推动公益活动的开展。如致力于推广全民阅读的青番茄文化传播有限公司等。公益性和商业性组织之间的鸿沟逐渐消除，两者形成某种共生关系，实现商业与公益的互补。

第二节　互联网＋下图书馆与商业跨界融合的典型案例

一、青番茄——跨界创新的互联网实体书图书馆

近年来，虚拟化的电子图书阅读平台和终端盛行，伴随智能手机用户和移动互联网网民数量的剧增，许多人认为碎片化的网络阅读和电子书阅读对纸质图书阅读产生了极大的冲击。但是在全国 17—68 岁之间 60% 的读书人心目中，还是难以割舍那种可以用手指摩挲白纸黑字的真实感和闻着纸香墨香的亲切感。[①] 在基于互联网平台的图书电子商务发展威胁实体书店的经营的同时，发端于深圳的全球最大网上免费借阅实体图书馆——"青番茄"于 2010 年 8 月正式成立了，以互联网为平台，为用户提供免费借阅服务，互联网与实体图书馆无缝链接成为一种现实。

1. 免费借阅服务的发展和困境

"青番茄"图书馆以互联网为平台，开创创意阅读方式，为读者提供终生免费借、阅、送、还上门服务，为爱书人提供优质的阅读以及人文关怀。采用"实体图书＋网络借还＋免费物流"的模式，自 2010 年 8 月正式上线至 2012

---

① 卢羽华.上海市民阅读调查半数首选纸质阅读［N］.深圳商报，2012-8-14.

年 6 月，在没有进行广告宣传和市场推广的情形下，已经吸引了 300 多家付费企业用户①、100 万免费借阅个人用户，已经拥有藏书 40 万种，在全国 27 个城市开通服务，全国员工已达 400 余人。②当业务范围大幅拓展，随着时间的积累，单个会员的押金不足以抵消其自身重复多次借阅而累计产生的成本，随着时间的积累和会员数量的剧增，书籍周转效率较低再加上高额的物流费用让青番茄遭遇了非常大的发展瓶颈。物流费用账单像雪球一般越滚越大，最终变成"青番茄"难以承受的负担。青番茄自认是一项公益事业。它提供免费图书借阅服务，始终不向读者索取分文，甚至曾用快递送书上门，并在借阅期满后上门收书，替读者支付物流账单，当然也为此付出巨大的成本。危险就在于源源不断的需求与有限增速的供血量之间的失衡。随着青番茄的业务在全国扩张和渗透，物流、图书采购成本也水涨船高。只要阅读的需求存在，账单就无止境地产生，服务开通的城市越多、注册会员越多，物流成本就越大，当时在所有运营成本中，物流支出占据整体支出的 80% 以上。③2014 年 7 月，青番茄取消网上借阅模式，宣布个人网络借阅快递送书的服务停止。

2. 青番茄经营模式的转型和进化

2013 年起，"青番茄"开始探索与咖啡馆等线下空间合作的新方式——咖啡馆缴纳押金，"青番茄"为其配置符合其风格定位的图书，将咖啡馆变为一间间人们触手可及的小型图书馆，而读者可以在不同的"小图书馆"之间通借通还，并创意性地提出了"INLIBRARY"阅读空间符号——该符号出现的地方也就意味"内有图书馆"，通过跨界合作，将身边零散的公共空间变身为一个个小型图书馆。在这个计划里，青番茄为咖啡馆免费提供数百册图书，并定期更换书籍，咖啡馆则统一"INLIBRARY"视觉标识外，在青番茄官网上建立咖啡馆门店的独立页面，展示咖啡馆及馆内藏书，读者还可以在网上搜索自己最近的咖啡馆和馆藏书，还可以完成所借图书在所有咖啡馆的通借通还。

2014 年 10 月，青番茄的首款免费借阅 APP 正式上线，通过"INLIBRARY" APP 凭借移动互联网将全国近 1300 家"INLIBRARY"图书馆空间和读者进行

---

① 青番茄副总裁：网上图书馆免费模式仍能盈利［N］.北京商报，2012-5-9.

② 朱卫卫.青番茄：免费网上图书馆的长征路［N］.赢周刊，2012-6-7.

③ 曾惠怡.青番茄告别乌托邦［N］.深圳晚报，2015-9-10.

了联结，读者通过 APP 不仅可使用地理位置服务，快速查询身边的图书馆，并在馆内使用手机扫描图书条码进行免费借阅，也可通过 APP 浏览最新上架的图书及图书馆的文化创意活动。青番茄这次转型，开创了移动互联网时代下的纸质书借阅新方式，打通了线上和线下端渠道，用户因书、阅读兴趣而形成的社交平台构建初见雏形。如今，"INLIBRARY"阅读空间符号开始从北上广到全国咖啡馆蔓延开来。截至 2015 年，全国 60 余个城市已经有接近 1300 家咖啡馆变身为"青番茄""小图书馆"，而"青番茄"也在积极争取与一些门店更多、分布更广的线下空间合作，包括银行、高铁站、酒店等，最新加入的合作方还包括肯德基这样的巨型连锁快餐店。[①]

根据企业经营链条特点，青番茄在网络端收集了会员基本资料，形成读者群的大数据库，并按照其阅读偏好划分群体，再给商家做高级定制广告，针对特定群体直邮投放，注册会员信息成为青番茄部分广告收益的来源。青番茄最主要的收入来源来自于为企业提供图书采购整理、为企业定制建设企业图书馆，并共享青番茄图书数据库等服务，根据项目的不同收取不同额度的费用。这一收入来源占到青番茄全部收益的 60% 至 70%。[②] 青番茄官方网站显示已达成合作的企业包括搜狐、平安银行、博林地产、天涯社区等，此外青番茄还与汽车销售 4S 店合作推广汽车图书馆。为企业提供品牌形象策划等增值服务，也成为青番茄的收入来源。青番茄与宜家家居合作，前者在商场摆放家具的展示平台上进行空间重新设计，将书籍融入到展览区中；青番茄与星巴克咖啡厅合作，将书籍元素融入到咖啡厅的设计中。依靠多样化的收入来源以维持社会企业公益性项目的运行，将公益行为和商业行为清晰定位，明确划分，商业成为公益性项目持续开展的力量来源，公益性项目虽不具有自动造血能力，但是商业性项目可以为公益性项目提供持续不断的供血功能。

二、MALL 图书馆——图书馆与商业综合体的跨界融合

MALL（摩尔）全称为 ShoppingMall，意为大型购物中心、商品步行街，有

---

①　越读越酷：民间阅读推广的创意基因［N/OL］. 新华网，2015-04-23.

②　惠怡. 青番茄告别乌托邦［N］. 深圳晚报，2015-9-10.

人将其音译为"销品茂"。摩尔起源于欧美国家，它伴随着家庭汽车化和住宅郊区化而诞生，是现代工业文明和商业文明的产物，属于一种新型的复合型商业业态。[①]1956 年，美国明尼苏达州埃迪纳的 Southdale 购物中心开业，这是美国第一个现代的 MALL。Southdale 不仅成为城市郊区居民的商业和社会生活中心，而且促进了郊区的发展，后来该购物中心的模式被更多的 MALL 模仿。[②]美国、英国等国家率先在 MALL 中设立了图书馆或者在 MALL 的建筑群里建造了图书馆。图书馆既为 MALL 吸引了更多的人群，也借助 MALL 的各种公用设施，如停车场、餐饮等，为不同群体的读者提供文化服务。

1. 国外图书馆与商业综合体融合案例

1965 年，华盛顿州 King County 图书馆在购物中心就有了第三家分馆——the Lake Forest Park Library，这是个传统型的、提供多项服务的图书馆[③]。该州的 Westfield 购物中心于 1983 年建立图书馆，馆舍面积为 7215 平方英尺，1997 年改为"温哥华购物中心社区图书馆"，提供全方位的服务。[④]20 世纪 70 年代以来，许多国家尝试将图书馆嵌入在购物中心之内，与普通的社区图书馆相比，购物中心由于人流量较大，购物中心的图书分馆业务也相对繁忙。不同的国家根据 MALL 地理空间的分布不同而设立了图书馆，并形成了不同的发展模式。在美国，除了分布在市中心的综合商超以外，在距离市中心相对较远的郊区率先发展起了仓储式会员店，所以美国的 MALL 图书馆建在市中心，有分布在仓储式会员店云集的郊区。英国式的 MALL 图书馆主要集中在市中心。英国的 MALL 多散布在城市的各个社区，因而更便于建立社区 MALL 图书馆，如英国伦敦有数以百计的街区免费公共图书馆。有资料显示，英格兰 Dorset 郡图书馆嵌入当地的购物中心后，对商业发展产生了积极影响，该购物中心的年营业

---

① 汪旭晖 . 现代摩尔——国际发展态势及在中国发展空间分析［J］. 商业文化，2003（1）：25-29.

② SouthdaleMall［OL］.［2012-05-12］. http：//www. mnhs. org/library/tips/history_topics/72southdale. html.

③ Donna Gordon Blankinship. Let's go to the mall［J］. LibraryJournal，2005，130（2）：44-465.

④ Vancouver Mall Community Library［OL］.［2012-05-15］. ht-tp：// www.fvrl.org/aboutus/vancouvermall_main.htm.

额增加 10%。^①

　　澳大利亚的 MALL 图书馆发展格局和美国比较相似，许多州市都在商业广场设立了分馆，让图书馆与商业中心融合在一起，彼此产生积极的促进作用。如新南威尔士州就有 21 个 MALL 图书馆，位于 Brookvale 的 Warringah 图书馆在当地设立四个分馆，其中一个就设在 WarringahMall 的二楼，进入图书馆的用户可以通过无线网络访问，只要是 Warrin-gah 图书馆的读者，所借图书可以归还到任一家分馆，也可以网上续借。读者能够利用该商场图书馆的电脑上网、处理文字、获取在线信息资源，了解图书馆的各项服务，参与图书馆的各种有趣活动，光顾儿童乐园或青年休息室；^②昆士兰市的昆士兰广场购物中心图书馆占地面积很大，包括作为阅览区域的地上三层，以及作为图书馆专业工作区域的地下二层，费用由当地政府出资。图书馆不仅有阅览区，还有休闲区、饮食区、儿童游戏区、小型会议区等，成为当地人们购物后休闲的好去处，人气一直很旺。^③

　　新加坡公共图书馆分布在全国各地，一些公共图书馆甚至设立在商场内，读者可以方便地就近借阅。新加坡国立图书馆通过将图书馆和购物中心的跨界融合，把文献服务推送到购物中心或社区中心，用户可以在这些场所检索图书馆文献资源或直接办理图书外借业务。尤其是建设在紧靠地铁车站购物中心内的小型图书馆，麻雀虽小，五脏俱全，图书内容以生活实用类为主，提供图书阅览与外借。新加坡在商场和购物中心建设有 11 家图书馆，分布在全国各地，为民众服务。消费者到了购物广场除了可以购物，也可以利用片刻时间到图书馆看看书，享受喧闹中的宁静。周围的居民更可以方便地利用这种身边的图书馆，如乌节路图书馆是新加坡一间购物中心图书馆，位于繁华的购物休闲一条街——乌节路 OrchardGateway 购物中心的三楼和四楼，以设计与应用艺术类文献为主要馆藏，定位为社区的设计时尚生活枢纽。它的建设采用了时下流行的

---

　　① 熊太纯. 国外 MALL 图书馆建设对我国图书馆的启示［J］. 图书馆杂志，2012（11）：69–72.

　　② Welcome to WLS［OL］.［2012–05–20］. http://www.Wls.Nsw.Gov.au/

　　③ 海外公共图书馆常栖身购物中心.［2012–05–20］. http://gzdaily.dayoo.com/html/2012–05/11/con-tent_1698048.htm.

"设计思维"（Design thinking）模式，集思广益，从图书馆的设计、建设到使用都融入了用户需求。武吉班让公共图书馆（Bukit Panjang Public Library）开业于 1998 年 4 月 4 日，位于武吉班让商场。面积 1246 平方米，收藏量 160204件，座位数 130 个。馆藏量最大的是儿童英文收藏，成人馆藏部分有陈列当地艺术家的画。2008 年新加坡蔡厝港公共图书馆新馆正式向公众重新开放。该馆总建筑面积 2394 平方米，是目前新加坡最大的设在购物中心的公共图书馆。蔡厝港公共图书馆于 1997 年面向公众开放，此次搬迁更进一步促进了它的发展。该馆的座位由原来的 93 个增加到 233 个，还包括一个容量达 19 万册图书的图书馆资料库，以满足用户终身学习的需求。①

泰国曼谷的趣味阅读公园 Thailand Knowledge Park（TKPark），是泰国首相办公室推广阅读的一个项目，取名为公园，就是要跟我们平时接触的正襟危坐图书馆有所不同。首先选址在曼谷有名的 Central World 商场内，面积达 1，500平方米，按功能划分了不同区域，内里有超过 30000 册书、200 种杂志，除了指定的宁静阅读区外，其它地方都可以随意交谈，分享阅读心得，打破了图书馆一贯严肃气氛。馆方意识到互联网发展对读者阅读的影响，所以专门设置了上网专区，做到了阅读获取渠道的"纸电同步"，另还有音乐区及迷你剧场等，可说是推动文化的重要基地。②

2. 国内图书馆与商业综合体融合案例

2014 年 9 月，山东首家以阅读为主题的购物中心美莲广场开业。在商场已经趋于饱和的大局势下，差异化的竞争和独特的存在是主题式新型购物中心的重要尝试手段。而定位于阅读主题的美莲广场，为真正将"阅读改变你"落到实处，不仅在一至五层都开辟免费的公共阅读空间，藏书种类繁多，满足了不同读者的阅读需求，还积极筹办"新青年作家协会"，以期打造利于本土青年作家快速成长的文化平台。经营者希望能够突破传统框架，把全开放公共阅读空间引入商场内，让人们逛商城如同身处图书馆。同时美莲广场还与青年艺术家长期合作，以精彩纷呈的艺术生活展览、讲座、小型论坛等形式，力求打造不一样的人文艺术生活态度，将文化艺术元素注入创新的购物体验。美莲广场所

---

① 新加坡最大的购物中心图书馆开放［N］. 中国文化报，2008-12-28.

② http://blog.sina.com.cn/s/blog_58d5480e0101f9vu.html.

构建的书香氛围，为消费者带来了全新的购物体验，其所呈现的不仅仅是一座购物中心，更是城市社区图书馆和亲子乐园的时尚创艺新地标。

2017 年 4 月，合肥市图书馆华邦伊赛特分馆（童悦习文馆）正式对外开放。市民只需凭借合肥公共图书馆联盟卡即可在该馆免费享受图书借阅服务。该分馆位于合肥市望江西路与潜山路交口南 100 米华邦伊赛特广场 C 馆一、二楼，开放时间为 9 时 30 分至 21 时 30 分。合肥市图书馆为童悦习文馆首次配选图书 10000 册，并根据实际需求定期更换调整图书。市民可以在"童悦习文馆"门店办理读者证，持读者证免费借阅图书并参与各项读者活动，享受免费的无差别的公共文化服务。除了作为市图书馆的分馆，童悦习文馆还是一个集儿童阅读体验、教育培训、活动互动、文化创意为一体的 O2O 城市文化生活休闲空间，是国内典型的公共图书馆走进商业综合体的创新模式。馆内不仅向读者提供畅销读本、文学名著、创意生活、儿童绘本读物等品类的书籍。为传统阅读赋予了新体验、新价值、新活力。全民阅读关键在于培育民众对阅读的兴趣，传统阅读的回归，就在于图书馆这样的公共文化服务机构不断创新，满足现代人体验式阅读的需求，通过知识加空间的服务，促进图书馆的转型，使图书馆成为全民的第三空间，让走进图书馆成为一种生活方式。这一分馆的成立也是合肥围绕为市民提供优质的公共文化服务，进一步探索公共文化服务供给侧改革的又一次尝试与创新。为了给读者增加更丰富的文化体验，该分馆还将推出"周周有活动，月月有主题"百场公益活动，活动类型涵盖培训、讲座、沙龙、创客、亲子、竞赛、展览等，为广大合肥市民的阅读生活增添不同的色彩。

三、"超商借书"——图书馆与零售便利店的跨界融合

随着中国零售业的蓬勃发展，便利店这种用以满足顾客应急性、便利性需求的零售业态也逐渐出现繁荣之景。便利店，通常位于居民区附近，是以经营即时性商品为主，以满足便利性需求为第一宗旨，采取自选式购物方式的小型零售店。英文简称 CVS（Convenience Store），最初起源于美国，后在日本发扬光大，时至今日已成为日本零售业中具有日本本土特色的典型代表。而对于中国，便利店业态最初于 1990 年代才引入国内市场。尽管起步较

晚，但是伴随着经济的持续增长，便利店业态在我国取得了较快发展，拥有十分广阔的成长空间。[①]图书馆是社会普及阅读的重要场所，如果将图书馆建成便利店一样，遍及人们生活的各个角落，把书籍送到每个有阅读需求的地方，方便市民借阅图书，打造立体的、覆盖面广的阅读服务网络，必将为促进社会阅读提供积极作用。加速便利店和图书馆的跨界融合，可以作为现代图书馆的一种补充，以普及阅读为主要目的，为市民一般性的阅读创造便利条件；把"用阅读填补空闲"作为便利图书馆的理念，让市民在任一空闲时间都可以利用图书馆阅读。通过对便利性的强调和发挥，便利图书馆可以把市民闲散零碎的时间集中起来，用在阅读上，以此促进全民阅读的进一步开展。

台湾便利店又称为超商，发展相对成熟，对顾客提供了多元化的服务，顾客不仅在此能得到吃喝和日用品，买火车票和戏票、传真、复印、取钱、收快递都可在此操作完成，便利名副其实。FamilyMart 品牌原自于日本，自 1972 年成立 32 年以来，已成为亚洲最大国际连锁便利店之一，其服务网点遍及日本、韩国、台湾省、泰国、美国洛杉矶等地，店数超过 12,000 店。中国大陆地区则于 2002 年成立上海 FamilyMart 筹备处，2004 年上海福满家便利有限公司获商务部批准成立。全家 FamilyMart 品牌正式进入中国上海市场，开始中国大陆地区的便利店经营事业。预计五年内上海开出 400 店、2010 年开设 1000 家店铺，以成为中国最大连锁便利店品牌为目标。不单如此，FamilyMart 品牌已于 2005 年进入美国市场，形成［泛太平洋］之国际品牌，成为第一家由亚洲发起进入美国市场的便利店企业。便利店主要经营商 FamilyMart（全家）、统一、莱尔富等在台湾地区店铺分布数量庞大，仅仅在台北市三大商家就超过 1300 个门店数量。

2016 年 10 月 17 日，台北市立图书馆宣布与全家、统一、莱尔富等三大便利店连锁品牌合作，读者可在便利店中网上预约借用图书馆的 718 万册藏书。读者凭借书证上网登记成为"超商借书"服务会员，缴纳保证金 200 元（新台币），即可在 3 个品牌的便利商店借书，每次最多 5 本，付 50 元快递费。通过这三家连锁超市在台北的 1300 多家便利店，台北市民不出自家街巷就能借书。

---

① 叶梦洁 . 转型期中国便利店的发展方向［J］. 经营管理者，2014（18）：184.

为了推广这项业务，全家、莱尔富等便利店已推出各种优惠方案，吸引读者到便利店借书。台北市立图书馆在此之前先推出了"超商还书"服务。一年多来共有 6000 多册图书通过便利店归还。此次再推出"超商借书"服务，合作的便利店数量增加，服务范围也扩大至全台湾的读者，读者可就近借书还书，有"你的隔壁就是图书馆"的便利。台北市立图书馆是目前台湾藏书数量最多的图书馆。除了热门馆藏、视听资料因借阅期短不开放外，该馆所有图书都将纳入"超商借书"范围。去年图书馆共借出 1300 多万本书，借阅者以 31 至 50 岁民众居多，超过一半读者为上班族。

第三节　互联网＋下图书馆与商业跨界融合案例的研究价值

一、跨界融合拓宽了商业智慧融入图书馆的新思路

随着社会的发展，图书馆服务存在着两大发展瓶颈，迫切需要创新突破：一是服务内容的创新，二是管理体制的创新。在图书馆事业的发展过程中，图书馆人不断适应发展环境变化，积极探索拓宽发展的新思路。如果作为公益性组织公共服务机构以外，一些社会企业纷纷加入到公益事业的领域，通过商业模式开拓公共文化服务发展的新思路。正如青番茄这样的企业的发展模式，对图书馆事业产生的积极影响。虽然在现阶段青番茄的发展规模和社会影响力无法与图书馆服务网络相提并论，但来自于公共服务体制之外的社会企业的运作方式，无疑对图书馆服务创新产生了极大的影响。

青番茄的独特之处在于，它将商业智慧融入图书馆服务之中。青番茄图书馆以"尽享书式生活"为理念，做了大量推广全民阅读的活动，通过商业智慧担当了一定的社会责任，搭建起了图书公共服务的新平台，为推动全民阅读，营造书香社会做出了很多的有益的探索和努力。青番茄还曾经获得深圳读书月"全民阅读示范项目""洞察用户奖""年度最佳创意奖"等称号。青番茄图书馆在创立之初的两年多时间内，为全国约 90 万人次送书上门约 450 万册，推荐图书 3500 册次，举办各种读书活动 1040 多次，接受漂流图书 6.

3万本。①青番茄图书馆依托互联网平台，充分发挥互联网加商业智慧，在扩展企业社会影响力的同时也组织了一些丰富而卓有成效的全民阅读推广活动。在全民阅读活动的推广中，今突破了传统的活动组织形式和理念，用创意营销的推广方式取代了传统的推广宣传方式，不断开发出多样化个性化的图书项目，增强读者的体验价值，让更多的人爱上阅读，享受书式生活。丰富的创意营销策划方案极大地丰富了阅读推广的组织形式。比如建立"每校一馆"，针对大学生推出阅读履历卡，记录大学生在校期间的阅读积累情况，既为各高校免费增加一座网上图书馆，也为大学生就业助力，为用人单位和大学生之间建立一座可沟通的桥梁。建立"每园一馆""绘本美术馆""亲子图书馆"，集"幼儿园图书馆、优质童书分享、专家指导亲子阅读、绘本阅读推荐、特色亲子阅读活动"等多功能于一体的网络服务平台，为幼儿园、儿童教育机构提供最完备的优质绘本童书借阅、家长交流、幼教机构品牌文化塑造、幼教机构资讯共享、信息交流等服务，促使世界上更多的孩子、家长、老师、儿童阅读专家、作家、共享阅读，健康成长；为中小学生量身定做的"科学与人文图书馆"，是"一座网上图书馆＋一座实体阅览室"，通过优质的图书、全面的阅读指导、趣味的创意阅读活动，为孩子们带去源源不断的新鲜阅读能量。②

青番茄在营销策划体系中，还注意到了公务员群体、企业用户等阅读需求的存在，发挥互联网＋优势，首创了集"图书馆＋培训学院＋知识共享系统"等多种功能于一体的公务员图书馆，公务员群体凭借便利的移动互联网平台可以便捷地检索和阅读青番茄图书馆网站上与工作生活相关联的图书和杂志。公务员足不出户就可以在查询借阅与工作和生活息息相关的实体图书和杂志；首创了"社会企业图书馆"，为社会企业创业者和社会创新、公益事业从业者，提供社会企业方面的书籍、案例等，让正走在路上的创业者们获取知识，找到伙伴，从而鼓励更多的社会公益创新；青番茄还推出了"书托

---

① 深圳市全民阅读示范单位、示范项目、优秀阅读推广人评选结果公示［EB/OL］. http://www.szwtl.gov.cn/engine/get-template.jsp?temp_Id=47，2012-06-15.

② 车凯龙. 论青番茄网上实体书图书馆的研究价值［J］. 新世纪图书馆，2012（11）: 60-62.

邦"产品，在青番茄的网站中，"书托邦"文艺味十足的定位描述，迎合了当代知识阶层的审美喜好。网站描述："书托邦，是书店的集聚地，是文化的市集、书的理想国，到处弥漫着书卷的气息。书托邦，是使得乌托邦，自由是书托邦的灵魂，书店是书托邦的肉身，书托邦，是形而上的城，有书，有书店；有风，有风景。"① "书托邦"专门对独立书店、出版社、作者、译者和杂志社等开放，可以发布企业形象、经营定位、文化理念和经营特色活动等进行品牌推广与宣传，为整个图书经营业态的创新和发展提供了平台。书托邦对读者群体的吸引并激发了文案创新，新名词和特色板块不断出现，"布克族""精神粮食袋""阅读尺码"等新名词逐渐融入人们的阅读生活。"亲子阅读""漂书码头""一块就好""星巴克·杯装心事""不如用书邂逅书"等等彰显青番茄图书馆特有文化气质和独特魅力的栏目，给读者带来了极大的精神享受。这些创意栏目和活动也为读者与读者之间的交流、读者与书的交流搭建了很好的跨界合作平台。这些都是传统的阅读推广所不能达到的效果，商业智慧分介入，拓展了公共文化发展的思路，这也是商业与图书馆跨界融合带来的积极效应。

二、O2O 模式和 NFC 技术加速商业与图书馆的跨界融合

在商业智慧融入公共文化事业发展的同时，商业本身也正在经历着一场技术变革和升级，随着互联网技术的发展并与商业的融合，"智慧商业"这一理念开始出现。智慧商业这个概念，1951 年便在美国出现。② 后来经济学家把智慧商业概括为利用现代资讯技术收集、管理和分析结构化和非结构化的商务资料和资讯，创造、积累商务知识和见解，发送商务决策品质，采取有效的商务行动，完善各种商务流程，提升商务业绩，增强综合竞争力的智慧和能力。新型的智慧商业模式，不断推动着电子商务基础设施和支撑服务环境改善，对整合社会成本，集约生产规模起到了重要的作用。未来的商业一定是智慧商业，未来的商业的发展离不开科技。类似电商、二维码、智慧商圈、智慧支付、末端

---

① 书托邦［OL］. http://www.qingfanqie.com/shutuobang/home.aspx
② 苟振英. 未来商业一定是智慧商业［J］. 中国商界，2014（11）：102.

商业网点和城市共同配送平台信息链、线下体验和线上下单等技术手段日新月异，线上线下的边界在逐渐消失，实体店场内场外的消费者活动正在融为一体。大数据成为智慧商业的"神经"，麦肯锡机构认为数据已经渗透到当今每一个行业和业务职能领域，成为重要的生产要素，大数据是下一轮创新、竞争和生产力的前沿，海量电子数据的挖掘与运用将成为未来竞争和增长的基础；目前，大数据帮助美国零售业净利润增长 60%。①移动互联时代，大数据与移动终端、云计算的结合，商家可以随时随地了解消费需求与习惯，孕育更多的商机和事业。

在智慧商业发展过程中，O2O 将成为智慧商业的主要形态，成为信息化条件下商业发展繁荣的新模式和大趋势。O2O 即"Online To Offline"，"从线上到线下"的新型消费模式，O2O 就是消费者通过在线支付的方式，支付线下商品或服务，再到现实中去完成消费或享受服务。O2O 诞生之初即成为各行业关注的焦点，具体包括零售百货 O2O、家电经营 O2O、汽车消费 O2O、食品 O2O、房地产 O2O、社区商业 O2O、家庭装修 O2O、餐饮 O2O、家政服务 O2O等。定制化商业模式（C2B），也是 O2O 的一种形式。美国梅西百货、英国电商企业 Argos 及连锁超市 TESCO、海尔集团等是线上线下渠道融合发展的典范。O2O 的业务主体主要依托于本地区的商业实体，O2O 在运行过程中，消费者只需凭借在互联网平台的在线支付电子凭证到店内提取商品或享受服务，运行过程中并无规模化的物流活动，具有明显的本地区域化消费的优势。O2O 消费模式的这些特点，为分布在城市各个区域的零售便利店与图书馆的融合提供了契机。通过打造网上服务平台，读者在互联网平台能够线上使用图书馆图书信息检索与查询、图书预约、在线证件的办理、预期费用的缴纳、需求及运送时间和地点的输入等业务，而在线下业务办理是可以突破图书馆实体的限制，依托便利店实现图书借阅和归还的线下服务。随着互联网，尤其是移动互联网的发展，O2O 发展的已经成为必然趋势，同时，随着移动应用的多元化和网络支付平台的多元化，O2O 模式还可以将图书管理过程中依托无线射频技术实现的图书实时查询和动态定位对接起来。读者可以通过这种平台掌握图书流动的实时情况，与已经借阅的读者实现互动和交流，甚至可以实现，图书在读者之间跨

---

① 刘德成. 发展智慧商业的思考与建议［J］. 国际商务财会，2014（6）：8-9.

图书馆实现阅读权限的转移，最大化地满足读者的阅读便利需求。

O2O 商业模式与图书馆的有效融合离不开 NFC 技术的有力支持。NFC(Near Field Communication) 即近场通信技术，是一种近距离非接触式的高频无线通信技术。简单来说，NFC 技术与蓝牙、RFID 技术相似，但是 NFC 的反应时间更短、更稳定、更安全，而且成本相对更低。NFC 技术目前与大多数图书馆智能化管理采用的 RFID 标签技术是兼容的，图书馆在与零售便利店融合中，不需要专门转换高频 RFID 标签，只需要配置一台 NFC 掌上借还读取智能终端，不需要在零售便利店配备大型的自助借还终端，将 NFC 与图书馆智能化管理系统以及 RFID 开发接口程序。这样就能实现借阅和归还手续的门店办理，还可利用 NFC 技术支持的小额支付功能受理读者借阅的逾期费用，实现了信息流、图书流转和相关资金流的畅通。

三、互联网＋下的跨界融合实现了图书馆的服务创新

商业实体与图书馆的跨界融合，能够创新图书馆服务方式、能进一步扩展图书馆文化服务的范围。而互联网＋时代为这种融合提供了技术环境支持。依托互联网技术的商业和图书馆的融合，创新快乐图书馆的服务模式，为图书馆的运行和业务延伸提供了很好的平台，能够极大地提高读者对图书馆服务的满意度和认可度，提高了图书馆的社会影响力，为提升图书馆存在价值提供了动力来源。

与商业的跨界融合，是图书馆服务体系的大胆创新，为读者提供了新的阅读服务体验和阅读文化传播，激活了图书馆服务的思路、有效整合了图书馆资源，为文化消费提供了便捷渠道，有利于提高全民文化和信息素养。与商业的跨界融合，还扩大了图书馆服务的范围，尤其是城市公共图书馆通过和商业的融合，突破了传统图书馆物理空间的制约，将城市中的商业场所充分利用，成为延伸的图书馆空间，为读者提供随时泛在的图书馆服务。图书馆与商业的融合，可以实现双方的共赢局面，图书馆依托商业建筑和场所实现了空间的延伸，商业消费者群体也成为了图书馆读者群体重要的组成部分；商业实体通过与图书馆的融合，提升自身的文化品味，提升商业品牌的文化价值，提高对消费者的吸引力。

　　图书馆与商业的融合，建立依托于商业的图书馆服务体系，将图书馆服务的场所深入到人们生活的各个角落，实现阅读体系的城市社区全覆盖，成为图书馆和商业机构联合促进全民阅读的有效手段。

第十章　互联网+背景下图书馆与
互联网教育的跨界融合

　　教育一直是五千多人类文明历史长河中永恒且重要的话题，教育培养了一代又一代的人才推动着社会文明的进步和社会的变革。近半个世纪以来，计算机和互联网技术发展改变了人类生活的一切。随着社会经济发展和教育信息化的推进，教育信息化基础设施、教师信息化素养和数字化教育资源都得到了长足发展。尤其是2015年初，国家提出了互联网+的产业融合理念，使得全社会更加关注互联网对于整个社会经济的提升带动作用。与其说互联网+是一场产业革命，不如说它是一场社会革命更加确切。互联网已经从产业拓展到了整个社会，融入几乎每个人的生活乃至生命中。互联网教育的发展是国家战略互联网+的重要组成部分，是教育改革发展的先锋和新锐，是加快教育现代化进程的有力引擎。互联网教育已成为教育现代化实现和提升的重要指标。互联网+表达的是一种跨界融合思维，互联网教育扩大开放的思维使教育走出了学校，跨越地区、国家，全球连成一片，实现了真正的开放。同时在互联网+思维下，图书馆在跨界融合中也与互联网教育逐渐实现了无边界融合，对图书馆的发展和互联网教育的发展都产生了深远的影响。

第一节 互联网教育的发展现状

一、互联网教育发展的背景

对于互联网教育的研究，国外比国内要早很多，尤其是互联网发源地的美国。20 世纪 90 年代，美国人就已经开始尝试互联网技术在教育领域的应用。同时，美国的互联网教育领域一直都领先于世界各国，很早就大规模地采用了各种现代化的互联网教育手段，20 世纪末美国的很多学校已经配备了许多的信息化的教育设备。美国政府也在互联网教育的普及和发展中投入了大量资金来推动这项工作。20 世纪 90 年代克林顿担任美国总统时，就向国会提出过"美国教育行动"计划，政府计划投入 510 亿美元资金来发展网络教育，从而实现每个 12 岁的儿童都可以上网，每位 18 岁的青年都可接受高等教育，每位成年人都有机会进行终身学习的目标。①美国政府当年做出决定，在 1998 至 2002 年期间将陆续拨款 20 亿美元，主要用于公立学校建设互联网教育系统的资金支持，而这些学校所需的硬件设施则由美国政府全部承包；1998 年底，美国联邦通信委员会又做出了每年用拨款来帮助最贫困的学校逐步实现互联网教育的一项重大的决定。②20 世纪 90 年代末，美国已经有 400 余所大学建立了互联网虚拟化学习平台，为在校学生提供超过两百多个专业课程学习内容，而互联网平台的学习用户数量每年也以 300% 的速度在增加。20 世纪末，美国已经有 95% 的中小学实现了通过互联网进行学习活动，美国的个人电脑的普及量也已经相对较高，平均每 9 名中小学生就拥有 1 台个人电脑可以进行互联网在线学习。

最初的互联网教育的应用范围，仍然是以传统的学校教育为主，像美国这样的发达国家也是如此。政府或者官方的教育部门是互联网教育的主导者，社会力量的教育机构数量极少。在国外的互联网教育发展过程中，很少有能

---

① 秦海军 . 浅析信息化时代我国网络教育现状、遇到的难题及对策［J］. 东方企业文化，2012（8）：224.

② 许正豪 . HW 公司互联网教育商业模式研究［D］. 浙江工业大学，2015.

够持续经营超过十年的互联网教育企业，互联网教育企业的生命周期相对较短，在社会发展变革当中容易受到社会发展的影响而造成互联网教育企业的倒闭。

从互联网教育的发展来看，国内的运作资本相对关注较多的互联网教育有以下主要特点：

1. 高等教育领域的互联网创投

高等教育的互联网创设和投资领域主要集中在学历教育、出国留学培训、职业生涯规划教育等几方面，主要的互联网教育内容包括网上培训学校、网上课程辅导、在线学习社区以及专门从事职业技能教育的外语培训和计算机能力培训等，主要的形式有线上视频课堂、一对一在线辅导等形式组织教学。

2. 传统教育借助互联网平台运行

互联网技术的发展，对传统教育产业产生了极大的影响。不论是学前启蒙教育还是义务教育为核心内容的K12①都受到了互联网技术发展的重要影响。各种样式的启蒙教育和K12教育网络平台不断涌现，传统学校的教育逐渐互联网化。传统教育的互联网化也渗透到了高等教育领域，高等教育开始与互联网紧密结合，从最初的远程学历教育，发展到大规模在线课程，网络教育的普及，促使高等教育也逐步联网化。由于传统教育的方式和内容相对固化，形式组织形式相对单一，互联网化后的传统教育，因为没有教学组织的监督和引导，完全自发的学习自主可控性较差，实现了互联网化后，学生的学习兴趣和学习积极性，仍然不高。所以，传统互联网教育平台往往成为扩展其影响力的免费运作模式，收费模式的传统教育互联网平台运行成功，案例相对较少。

3. 互联网化传统教育的演进

我国现阶段的教育以传统学校教育为主，互联网化的进程相对滞后，互联网教育的产业规模也相对较小。但国内传统的线下2C模式相对比较成熟，无

---

① K12 或 K-12，是 kindergarten through twelfth grade 的简写，是指从幼儿园（Kindergarten，通常5-6岁）到十二年级（grade 12，通常17-18岁），这两个年纪是美国、澳大利亚及 English Canada 的免费教育头尾两个年纪，此外也可用作对基础教育阶段的通称。欧美国家 K12 指从幼儿园到 12 年级的基础教育 中国 K12 指从 1 年级到 12 年级的基础教育。

论是 K12 教育机构还是从事专门职业教育的企业都已经发展到 IPO① 阶段；而线上运行的 2C 互联网教育目前大部分还处在天使创投阶段。

高等教育的一个重要特点是学生的学习自主意识较强，主动性较高，但高等教育存在问题是不同学校之间的教育资源的差异化和不公平，所以 MOOC（Massive Open Online Courses）② 在互联网高等教育领域优势明显。MOOC 模式是线上的 2C 模式，主要是一些知名高等院校，将其专业课程通过这一平台公开化，通过在线开放课程的学习达到某些条件后，能够申请在线学飞。出国留学考试的短期强化一度成为国内互联网教育最火热的形式。国内比较典型的新东方出国留学在线教育，主要提供新东方教育科技集团，的雅思托福的考试培训课程的网络直播以及课程视频资源的回溯学习。除了通过 MOOC 实现的高等教育公平性诉求以外，外语资格类考试的名师辅导成为互联网在线教育的重要需求。

职业教育的学生学习主动性、自主性最强，相对而言，线上线下模式都各

---

① IPO（Initial Public Offerings 的简称）又叫做首次公开募股，是指一家企业或公司（股份有限公司）第一次将它的股份向公众出售（首次公开发行，指股份公司首次向社会公众公开招股的发行方式）；通常，上市公司的股份是根据相应证券会出具的招股书或登记声明中约定的条款通过经纪商或做市商进行销售。一般来说，一旦首次公开上市完成后，这家公司就可以申请到证券交易所或报价系统挂牌交易。有限责任公司在申请 IPO 之前，应先变更为股份有限公司。另外一种获得在证券交易所或报价系统挂牌交易的可行方法是在招股书或登记声明中约定允许私人公司将它们的股份向公众销售。这些股份被认为是"自由交易"的，从而使得这家企业达到在证券交易所或报价系统挂牌交易的要求条件。大多数证券交易所或报价系统对上市公司在拥有最少自由交易股票数量的股东人数方面有着硬性规定。

② MOOC（massive open online courses），即大型开放式网络课程。2012 年，美国的顶尖大学陆续设立网络学习平台，在网上提供免费课程，Coursera、Udacity、edX 三大课程提供商的兴起，给更多学生提供了系统学习的可能。2013 年 2 月，新加坡国立大学与美国公司 Coursera 合作，加入大型开放式网络课程平台。新加坡国立大学是第一所与 Coursera 达成合作协议的新加坡大学，它 2014 年率先通过该公司平台推出量子物理学和古典音乐创作的课程。这三个大平台的课程全部针对高等教育，并且像真正的大学一样，有一套自己的学习和管理系统。再者，它们的课程都是免费的。大型开放式网络课程成功实现了一种高端的知识交换。它可适用于专家培训，各学科间的交流学习以及特别教育的学习模式－任何学习类型的信息都可以通过网络传播。而网络课堂可以给你带来很多益处。让每个人都能免费获取来自名牌大学的资源，可以在任何地方、用任何设备进行学习，这便是 MOOC 的价值所在。

有优势。职业教育的重点是关注，也有利于提高学生就业能力为导向的职业类考试课程的资源，各类能够直接帮助学生获取职业资格证书的培训课程，成为学生学习的主要选择内容，这一点是 K12 教育和普通高等教育都不具备的特殊性质，能够有利于提高学生就业能力的优质线上学习资源，容易受到学习用户的欢迎。

除此之外，互联网教育模式，还有一种线上 B2B2C 模式①，最具代表性的有综合性在线教育平台"能力天空"、腾讯课堂、淘宝同学等。创建于 2006 年的能力天空属于学习工具型平台，通过提供整体的网校，将线下机构的培训体系与互联网有机结合，从而实现推动传统教育的革新。创建于 2013 年的淘宝同学，将线下教育机构或者个人网络化课程进行在线销售，从而体现大流量价值。腾讯公司创建于 2014 年的腾讯课堂其课程一样是走流量变现的运营路线，其他一些互联网企业也已经在布局互联网教育。

4. 互联网教育用户存在代际差异

国内目前的互联网教育相对成熟的运作内容，主要集中以提高学生就业能力和职业需求，外语培训和职业培训方面，80 后的用户是目前这一类互联网教育的主要用户。80 后 90 后用户，由于在成长过程中，对于互联网技术的掌握程度较高，工作学习生活内容的互联网化程度较高，对互联网教育的发展产生了积极影响。尤其是国内的 90 后用户，在互联网＋思维和理念正受到重视的阶段，正在接受着高等教育或步入工作岗位，这个群体正逐步拉动高等教育和职业教育的互联网化。95 后和 00 后的互联网用户将成为 K12 教育的主要需求群体。近年来，互联网用户数量不断增长，相应的潜在互联网教育的学习用户数量也不断增加，中国的互联网教育将会拥有更广阔的发展空间。

二、我国互联网教育的发展历程

随着我国互联网技术的发展，传统的行业都在潜移默化地发生着改变，电子商务平台的发展使得传统的商品交易市场转移到了互联网平台上，融入人们的日常生活，颠覆了人们的消费方式，也造就了阿里巴巴等一大批电子商务企

---

① b2b2c 商业模式［OL］. https://wenku.baidu.com/view/010f7e07dd88d0d232d46a72.html.

业。互联网与教育的融合发展中，也逐渐改变了教育的发展历程。从发展的时间顺序来看，我国的互联网教育经历了远程教育平台、社会力量培训机构的线上运行再到互联网企业涉足在线教育等三个阶段。

1. 远程教育平台的出现

随着互联网技术的发展，一些教育机构尝试以互联网为介质进行远程教育。但这种远程教育在技术上超越了传统依靠广播电视等媒介的广播电视远程教育方式，"远程教育"的概念也逐渐走进人们的学习生活之中。从国内的发展历程来看，1996 年，作为国内首家中小学远程教育网站 101 网校成立，标志着先进的网络教育模式在国内正式形成。① 同年，清华大学校长王大中提出发展现代远程学历教育；1997 年湖南大学首先与中国电信达成合作，创建网上大学，主要用于大学通讯专业相关的课程教学，还可以帮助大学生接触电信公司实际工作所需的专业知识和技能。1998 年，国家教育部正式批准清华大学、北京邮电大学、浙江大学和湖南大学四所高校为现代远程教育第一批的试点院校。② 1999 年，教育部专门制订了《关于发展现代远程教育的意见》；同年 9 月 CERNET 高速主干网建设项目立项，目标是在 2000 年 12 月前完成 CERNET 高速主干网建设，从而满足中国现代远程教育的需求。③ 但是网络教育学院在试点高校内部的影响力甚微，并没有形成对高等教育发展有影响力的理论和网络教学模式；而这段期间，并没有向社会输出足够的关于网络教育的真知灼见，没有在"知识竞争市场"中取得优势和信誉。

2. 社会力量培训机构的线上运行

在国内高等学校试点远程网络教育的同时，国内的社会力量培训机构也尝试在线上运行，如 2000 年在全国英语培训市场影响较大的新东方学校开始在线上推广新东方网校。2010 年起，在线教育正式进入互联网教育实质性在线教育阶段，伴随着教育类投资的热潮和创新创业趋势，教育模式发生了创新性的颠覆。2010 年，由孟加拉裔美国人萨尔曼·可汗创办的可汗学院（Khan

----

① 腾讯教育.专注网络教育 15 年 101 网校引领互动学习趋势［OL］. http://edu.qq.com/a/20110329/000307.htm.

② 吴建.新时期我国电大开放远程教育质量问题研究［D］.西南大学，2009.

③ 范胜英.中美教育信息技术应用的比较研究［D］.河北大学，2004.

Academy）正式上线。Khan Academy 是一个非营利的教育机构，网站提供超过
6500 个视频。这些教学视频上载于 YouTube 上，领域涵盖数学、历史、金融、
物理、化学、生物学、天文学、经济学和计算机科学等。2004 年，萨尔曼·可
汗用雅虎电子画画笔记本远程辅导他在新奥尔良市的表妹数学。当其他的朋友
也需要他的帮助时，他就开始把他的教授视频放在 Youtube 上面，浏览量增大。
在 2009 年，因为很多学生开始用他的教授视频学习，可汗就决定辞掉他的工作
把制作教育视频变成他新的工作。每一个教育视频平均被点击超过两万次。可
汗学院得到了越来越多的社会认可，其规模也越来越大。截至 2012 年 7 月，视
频教程被点击数已超过 1.6 亿次，全球特定用户超过 500 万人。

　　在可汗学院受到全世界关注的同时，美国的 MOOC 平台吸引了大量的全球
用户，国内也开始关注 MOOC。MOOC 平台有着独特的优势和吸引力，免费和
开放策略使得一门课程的关注和使用学习用户高达百万人；MOOC 平台以哈佛、
斯坦福等世界知名高校课程资源为名校效应，吸引程度极高；MOOC 在线学习
的用户除了学习到自己需要的知识以外，还可以申请到在线课程学习证明。这
种模式使得学生在就业的时候，更有利于拿到 Offer。①

　　3. 互联网企业涉足在线教育

　　随着互联网教育的发展环境和空间越来越有利，在线教育收到资本市场的
关注和热捧，大量的投资流入互联网教育市场。2013 年 11 月 18 日，由中国经
济网主办的"2013 首届国际在线教育峰会"在北京举行。峰会上举行了"国际
在线教育观察团"成立暨"国际在线教育百人访"大型深度视频访谈栏目启动
仪式。惠普中国惠普大学网络教育学院执行院长薛永伟宣读了成立"国际在线
教育观察团"的联合倡议书。2013 年 12 月 18 日至 19 日，由上海张江集团与
沪江网联合主办的首届"互联网教育创业者大会"在上海浦软大厦隆重举行。
BAT 巨头们进入在线教育市场了。百度提出来"打造生态教育平台，助力在线
教育"的新定位，以提供在线教学工具和流量分发，帮助培训机构试水在线教
育为目标，并投资了传课网，开始了百度在教育培训领域的新一轮探索。2015
年我国互联网企业巨头腾讯、阿里巴巴和网易也介入互联网教育市场，腾讯的

　　① 郭文革，陈丽，陈庚. 互联网基因与新、旧网络教育—从 MOOC 谈起［J］. 北京大
学教育评论，2013（4）：173–184.

QQ 增加教育模式、淘宝同学新推在线课堂模式、网易公开课引 MOOC 进驻，无一不是剑指在线教育。

三、我国互联网教育兴起的原因

2015 年以来，我国互联网教育发展迅猛，成为互联网时代教育发展的重要趋势。这种发展趋势的产生主要有以下几方面的因素：

1. 互联网 + 战略的提出

2014 年 11 月，李克强出席首届世界互联网大会时指出，互联网是大众创业、万众创新的新工具。其中"大众创业、万众创新"正是此次政府工作报告中的重要主题，被称作中国经济提质增效升级的"新引擎"，可见其重要作用。2015 年 3 月 5 日上午十二届全国人大三次会议上，李克强总理在政府工作报告中首次提出互联网 + 行动计划。李克强在政府工作报告中提出，制定互联网 + 行动计划，推动移动互联网、云计算、大数据、物联网等与现代制造业结合，促进电子商务、工业互联网和互联网金融（ITFIN）健康发展，引导互联网企业拓展国际市场，互联网 + 成为国家战略。2015 年 7 月 4 日，国务院印发了《关于积极推进互联网 + 行动的指导意见》，这是推动互联网由消费领域向生产领域拓展，加速提升产业发展水平，增强各行业创新能力，构筑经济社会发展新优势和新动能的重要举措。互联网 + 成为国家战略，传统的教育行业也迎来了新的发展机遇。

2. 教育行业的快速发展和教育资源不均衡的压力

随着我国社会经济的快速发展，教育行业吸引众多社会资源的关注，政府和企业对互联网教育更加青睐。在线教育随着互联网普及率越来越高、跨时间地域的核心优势、节省成本、多种在线教育形式的兴起等几方面的影响，市场规模不断扩大，2017 年全球在线教育市场规模将达到 2555 亿美元。据中国行业研究报告网报告显示，在线教育行业规模保持 23% 的年复合增长率，并且随着世界各国对在线教育的认识逐渐提升，以及互联网技术的发展，全球各国在线教育市场规模将快速增长。国内外还有很多机构对在线教育行业的未来提出了不同的预测，虽然预测的数据各有不同，但是在线教育行业将在未来几年继续发展壮大，在几方面发布的报告当中观点都是一致的。百度发布的《中国互联网教育行业趋势报告》预测提出互联网市场增长率位居全行业第三，预计到2017年，互联网教育市场规模将突破2800亿元。

教育资源的不均衡在我国现阶段较为普遍，全社会对于解决教育资源不均衡的呼声也越来越高。在教育资源不均衡现象的解决方法中，互联网渗透到教育领域，发展互联网教育，将成为实现优质教育资源共享和分配的有效方法。人们通过互联网教育平台，获得再分配的优质教育资源的使用机会，接受再教育，从而使互联网教育拥有了广泛地社会用户需求。

3. 大数据、云计算等技术的应用

互联网教育不是互联网与教育的简单叠加，互联网给教育提供的是条件和手段，即信息社会中的大规模数字教育，主要是指存在于电脑网络或电子通信以及在线者的知觉和思维之中的，通过光盘、软件、画面、模型以及一系列的数据、解释和说明等来完成教学活动的当代教育形态。它没有固定的物理空间，可以同时创造更多新的教育空间。以大数据、云计算和移动互联网等为特征的现代科技手段，正在引发新的产业变革，也在催生各种新的交往模式和教育形态，跨域交往和多维信息整合下的教育越来越成为一个突出的现象。如百度针对考生需求，利用自身的互联网技术优势，推出百度高考APP。作为国内首个专门针对高考生的备考型APP，基于百度云计算、搜索引擎、图像识别、大数据等技术支撑，激活了全新的学习需求及场景。APP凭借卓越的大数据技术，可以分析出试题的难易程度和出题频率。考生们通过百度高考APP解题复习，可以更加有的放矢地查漏补缺，梳理知识点，提高学习效率。

第二节　互联网教育的发展趋势和未来

一、互联网教育的特质

教育互联网和互联网教育其内涵有所不同，"教育互联网"主要强调将现有的教育模式、教育内容、教育工具、教育方法、教育体系衔接在互联网平台上，简单地"把线下搬到线上"；而"互联网教育"主要强调在认识教育的本质的基础上依托互联网平台的优势，用互联网的思维重塑教育模式、教育内容、教育工具、教育方法、教育体系。互联网教育有着其独特的要素和特点。

1. 通过身份认证，实现终身追踪学习

互联网教育的最终目的是取代传统教育，随着互联网教育的发展和规模的扩张，越来越多的互联网教育用户迫切需要对其在互联网平台上的学习进行学历的认证。互联网平台的教育要进行学历的认证，就必须有一个唯一的身份认证账号，成为网教育平台学习用户的唯一通行证，伴随其个人学习终身。同时一些互联网教育组织还应介入互联网教育学历认证，制定通行的互联网学历教育认证标准体系，并制定基础性的教学大纲。个人学习用户在家中可以通过个人账号导出自己的学习记录，评价自己的学习水平，让个人学习用户在互联网教育平台上感受体系完整的的互联网教育。

2. 实时学习反馈和个性化推荐

互联网教育的优势是可以进行实时的学习反馈和学习效果的评价，每一个互联网教育平台都应该具备对用户学习水平评价的功能，以有利于学习用户对自身学习效果的绩效评估。因材施教是教育的内涵和规律，也是教育教学组织的要求，互联网教育平台凭借智能化的互联网技术能够支持个性化学习服务。通过用户建模，一方面做好初始化的用户数据比，年龄、性别、生理、家庭背景、兴趣爱好；另一方面是过程学习动态建模，根据用户主动学习的内容，判断用户学习行为，对用户的学习过程进行跟踪，对其专长的学习方面进行反馈，甚至提出个性化的学习方向的推荐。在大数据的辅助下实现人尽其才，在保证基础教育的条件下充分挖掘个人专业潜力。

3. 基础知识免费，增值服务收费

互联网教育的重要使命，就是弥补传统教育资源的不均衡状态，实现教育资源的合理分配，体现教育的公平性。互联网教育需要支持基础知识免费，语文、数学、外语、物理、化学、生物、历史、政治、地理、音乐、绘画、经济、机械等所有知识领域的内容免费服务，要学习用户免费获得相应的学习内容，而且是无差别的获得，增值服务不应该在这块领域产生。增值服务应该体现在：个性化辅导、定制测试、第三方专业机构制作的内容等环节。甚至于专业技能学习的收费。

4.扁平化学习

互联网教育突破了传统的年级概念的限制，学习用户可以随时切入学习或跳出学习，实现按需学习。互联网教育平台提供完整的知识模块，根据教学大纲提供标准的编辑模板，结构化的将知识呈现在用户面前。在具备知识的完整性的同时，又将知识碎片化，将知识的学习定位到最小知识单元，让用户直观快捷地完成知识的学习。

5.实现学习用户群体之间的信息共享和互动

互联网教育能够通过各种终端和智能化设备随时随地的学习，并延续学习进度。通过互联网平台学习，用户可以分享自己的学习心得，就学习知识和内容进行交流切磋，可以组织专题知识学习圈，对专业知识进行交流讨论，实现团队化学习。

二、互联网教育的发展趋势

1.互联网教育将有效促进社会公平

未来的教育发展中，学校仍然是教育发展的核心，但社会化的教育资源越来越受到重视。通过互联网平台，让更多的教育资源组织起来，让更多过去在时间和空间受到限制的人们能够通过互联网平台，享受到优质的教育资源，将能够有效促进社会公平。

2.科学技术将引领教育的新时代

在教育发展的历史中，传统的教育经历了口口相传的方式传递信息和知识内容、文字发明后通过文字对知识的记载与传承，随后经历了造纸术的发明、广播电视电脑等多种知识显示形式的发明后，已经进入了新的时代。这个时代，互联网、移动互联网将促使教育领域发现一场革命。这个时代的教育媒介，可以通过传记文字，可以传递视频与音频信息，还能够实现学习与用户之间的互动，学习资源的分享。

3.互联网加快优质教育资源的传播

优质教育资源的稀缺必须通过互联网科技让它传播得更加广泛，让优质的内容到达山区和需要的人跟前。不同地区社会经济的发展差异，造成了教育发展水平的差异性。在传统的知识传播媒介下，由于受到空间分布差异的限制、交通物流条件的制约无法实现及时有效的传播，存在大量的知识传播盲区，造成了教育的不公平。互联网教育对知识的传播更加的高效，能够打破空间的限制。同时差异化个性化的学习内容，能够打破学习用户在时间方面的困境，利用闲暇时间随时随地重温知识。一切互联网和科技带来的优势最终都是效率优势。对于大型机构来说，企业运营效率尤其重要；对于学生和家长来说，学生的学习效率很重要，互联网教育时代效率优势将被凸显。

4.移动互联网下的教育持续创新将会迎新机遇

技术创新是在线教育的基础，以有道为例，对于有道来说，工具类产品积累的庞大用户量为有道在线教育的发展奠定了良好的基础。以技术创新为驱动力，坚持深度垂直发展方向，打造精品课程和产品，种种举措让我们看到了有道在线教育发展的潜力。对于同业来说，有道模式或许可以成为行业实现创新与变现双重目标的生动范本。未来的在线教育场景，除了传统的 PC、手机、平板电脑以外，随着智能电视的发展，还会加入家庭客厅的场景，这给婴童和老年教育提供了很好的平台，也是切入家庭在线教育的可能。

三、互联网教育和图书馆之间的融合趋势

互联网具有强大的颠覆能力，是社会发展变革的重要驱动力。互联网＋的出路在于互联网和传统行业的跨界融合，通过深度的融合提升传统行业的创新能力，从而实现经济社会的思维、技术和格局的转变。作为依托于互联网平台的互联网教育有着天然的和传统产业之间的融合优势。

从农业社会同一位老师教授所有知识内容的私塾教育，到工业社会创建的现代大学制度和管理体系中学生知识学习来自于同一所学校的模式，再到信息社会，学生可以选择不同国家和地区、不同学校、不同专业的课程学习，受教育的过程和要素呈现多元化、跨区域，跨国界。互联网教育改变了几千年来以教师为核心的教学模式，是对传统教学过程的重构。

正是基于名校合作、开放共享、全新设计、过程跟踪、专业服务教育模式，互联网教育的发展规模迅速扩张，美国的三大 MOOC 公司用短短的三年时间就在全球发展了上千万用户。互联网教育机构与作为公共服务体系组成要素的图书馆有很多相似的地方，比如，都是属于第三方社会化服务机构，其功能和职

责等都是通过第三方服务平台，都具有社会教育功能。同时，互联网技术的发展对图书馆也产生了深远影响。就学习的本质而言，图书馆所有的读者都是学习用户，图书馆本身就是一个学习的场所和机构，当起源于西方发达国家的互联网教育模式兴起的同时，图书馆界也对此十分关注，并在学术界有互联网教育和图书馆的发展关系展开了热烈的讨论。①②③④ 学者们普遍认为互联网教育尤其是 MOOC 所建立的全球学生用户和高等学校之间的学习关系给图书馆带来了挑战和机遇，也介绍了图书馆员直接为所在学校教师的 MOOC 课程建设提供材料支撑服务的尝试。⑤ 实际上在互联网教育迅速发展的阶段，图书馆不仅要考虑互联网教育带给图书馆的机遇和挑战，更要考虑的是，图书馆是否要参与到这场互联网教育变革之中，以及如何参与到这场变革之中。由于互联网教育突破了传统的学校教学范畴，对于图书馆，尤其是高校图书馆不可避免地受到了这场变革带来的冲击。在大规模的开放环境下，图书馆能否永远发挥高等学校教育中独特的作用，自身的价值和地位是否会发生变化，变革过程中的风险障碍等等，都成为图书馆人需要考虑的问题。但不论怎样，在互联网教育蓬勃发展的今天，作为读者学习场所的图书馆，必然和互联网教育，进行融合发展，才能在变革中保持自己的存在价值。在互联网 + 时代，随着互联网教育天然的依托互联网平台的优势和图书馆不断提高信息化程度，依托互联网开展各项图书馆服务的共同作用下，互联网教育和图书馆的跨界融合趋势越来越明显，跨界融合将成为未来这两个产业发展过程中的必然趋势。

①　Kerry Wu. Academic libraries in the age of MOOC［J］. Reference Services Review，2013（3）：576-587.

②　Bruce E. Massis，MOOCs and the library［J］. New Library World，2013，114（5/6）：267-270.

③　Shannon Bohle. Librarians and the Era of the MOOC［OL］.［2013-12-20］. http://www. scilogs.com/scientific_and_medical_libraries/librarians-and-the-era-of-the-mooc/.

④　Gloria Creed-Dikeogu，Caroly Clark. Are You MOOC-ing Yet A Review for Academic Libraries［J］. Kansas Library Association College and University Libraries Ssction Proceedings，2013（3）：12-13.

⑤　徐晨琛. MOOC 环境下我国高校图书馆的发展对策研究［J］. 内蒙古科技与经济，2016（2）：124-126.

第三节　互联网＋时代图书馆与互联网教育的融合
——以 MOOC 为例

一、MOOC 在国内外的发展

MOOC 作为随着互联网技术发展而产生的一种新式网络教学方式和教育技术，它对教育本身产生了广泛而又深远的影响的同时，也挑战了图书馆传统的信息服务模式。MOOC 全新的教学理念不仅加速了图书馆尤其是高等学校图书馆从辅助式被动服务向嵌入式主动服务方向发展。图书馆的服务群体也不断延伸和扩展，从单纯的为特定群体服务向组织以外扩展，图书馆的资源利用也从有限的为本区域的读者服务转向依托互联网平台为更多的社会读者开放获取。MOOC 还将高校图书馆和公共图书馆有机衔接在一起，打破传统的课程学习方式仅仅局限于高校图书馆服务的范畴，向包括公共图书馆在内的各类型图书馆和文化组织扩展，使这些组织都融入了全民学习的洪流当中。进一步加速了图书馆在观念、政策、资源、信息服务、技术等方面的重大转变，加速图书馆的创新，促使图书馆开始探索和建立与大规模开放学习相适应的新型图书馆服务体系。

MOOC 既是互联网教育的形态，同时也是一种互联网教育的资源，它的兴起体现了当前互联网社交化、开放获取、协同生产的信息行为发展趋势。MOOC 最早可以追溯到 2008 年加拿大曼尼托巴大学（University of Manitoba）的教育家 George Siemens 运用其创立的"连接主义理论"（Connectivism Theory），伙同 Stephen Downes 开设了新式在线课程——"连接主义与连接性学习"（Connectivism and Connective Learning/2008，CCK/08）。[1]MOOC 这一词汇的使用则源自于加拿大教育家 Dave Cormier，[2] 他在与 George Siemens 通过 Skype

---

① Stephen Downes. Places to Go: Connectivism & Connective Knowledge [J/OL]. Innovate: Journal of Online Education，2008，5（1）：Article 6［2016–04–28］. http://nsuworks.nova.edu/innov ate/vol5/iss1/6/

② Alexander Mc Auley，Bonnie Stewart，George Siemens，et al. The MOOC Modelfor Digital Practice［EB/OL］.［2016–04–28］. http://www.elearnspace.org/Articles/MOOC_Final. pdf.

聊天时，使用"MOOC"来形容 CCK08 这一"教育事件"，并将其编入连接主义维基（Connectivism Wiki）之中，这些均记录在其 2008 年撰写的博文之中。[①]但是，MOOC 作为一种新型的互联网教育普遍兴起，开始于斯坦福大学《人工智能导论》MOOC，《人工智能导论》MOOC 通过互联网平台推广后在全世界吸引了 16 万注册用户。2012 年，Udacity、Couresa 以及 Edx 相继成立，并发展成为美国三大 MOOC 平台。这三大 MOOC 平台通过与世界著名高等院校建立合作关系，获取了大量的高等院校优质课程资源，以 MOOC 形式向社会开放。世界各国也纷纷与著名的高等院校建立合作关系，推出了自己的 MOOC 平台，如英国的 Future Learn、澳大利亚的 Open2 Study、德国的 Iversity、日本的 Schoo、巴西的 Veduca 等。[②]

在国内，MOOC 的建设主体以互联网教育公司和高等学校为主，此外，还有一些政府部门和社会团体、数字出版企业也逐渐参与到 MOOC 平台的建设之中，如国家图书馆、教育部、财政部、高等教育出版社等。国内的 MOOC 平台用户定位以成年人为主，高等学校的 MOOC 资源更偏向于学术性和知识性，商业平台的 MOOC 资源更贴近生活和职业技能。高等学校推出的 MOOC 平台，主要展示本校教师开设的专业课程，MOOC 资源内容的分类基本按学科划分，一般为免费获取，并可为学习用户提供相应的学分认可。如北京大学的 MOOC 平台既为教师组织建设 MOOC 资源提供模版范本，也为其他组织提供其 MOOC 平台集中展示；清华大学的"学堂在线"除了汇集了本校的优质的 MOOC 资源外，还汇集了部分国内或境外的高等学校的优质 MOOC 资源并引荐了 Edx 合作院校中多所世界名校的 MOOC 资源，为其提供中文课程简介及资源入口。[③]上海交通大学的"好大学在线"平台，也是高校 MOOC 联盟的官方网站，加盟高校除华东、华南、东北地区主要高校外，还包括台湾地区一些高校。

与高等学校创立的 MOOC 平台不同的是，商业的 MOOC 平台主要面向社

---

① Dave's Education Blog. The CCK08 MOOC-Connectivism Course，1/4way［EB/OL］.［2016-04-28］. http://davecormier.com/edblog/2008/10/02/the-cck08-mooc-connectivism-course-14-way/

② 刘菡.图书馆参与慕课活动实践及启示［J］.图书馆，2016（11）：97-102.

③ 刘菡.图书馆参与慕课活动实践及启示［J］.图书馆，2016（11）：97-102.

会职场，为社会职业群体提供职业能力提升类的课程为主，相当一部分核心课程资源需要用户付费才能使用，如顶你学堂的"奢侈品行业解读""职场沟通力""面试赢家攻略"等课程；网易云课堂的课程中，除了计算机互联网等专业课程外，还有乐器演奏技能、摄影舞蹈等实操性的课程，满足社会职业群体兴趣爱好学习需求。在国内还有一批 MOOC 服务集成互联网平台，这种互联网MOOC 平台本身并不提供 MOOC 资源，但它集成了类别丰富、数量较多的国内各种 MOOC 资源，形成了 MOOC 资源的分类门户，成为用户学习和获取 MOOC资源的重要平台。如果壳网旗下的中文互联网 MOOC 学习社区"MOOC 学院"则是以用户自主创建内容为主的 MOOC 社区，该平台通过与国内外 MOOC 平台建立合作关系，提供学术 MOOC 教育资源和职业性 MOOC 教育资源的评价、推荐和入口链接。它是 Coursera 的全球翻译合作伙伴，用户自发组成的"教育无边界字幕组"为 40 多门课程制作了中文字幕。此外，edX、Udacity、FutureLearn、iversity、清华大学"学堂在线"、台湾大学 MOOC 项目组、复旦大学等教育组织都和 MOOC 学院建立了长期合作。爱课程网携手网易云课堂打造的在线学习平台"中国大学 MOOC"目前集成了 76 所高校开设的 944 门MOOC，全部课程按学科分为"文学艺术""历史哲学"等 6 类，每门课程都有详细的课程描述。

二、图书馆在 MOOC 发展中的机遇和挑战

MOOC 的全新教育理念在带给课程教学变革、教育资源共享等方面重大变化的同时，也给图书馆发展带来了思想理念的巨大冲击。MOOC 教育将图书馆为特定用户群体服务推向了为社会服务，将图书馆被动式的服务方式转化成了主动服务方式，使高校图书馆、公共图书馆等各种类型的图书馆都参与到了全民学习当中，促使了图书馆在社会发展分工中的重新定位。

1. MOOC 发展促使图书馆服务方式发生转变

MOOC 平台在建设课程资源时强调选择优质课程资源，故而 MOOC 平台是一个优质课程资源的集合，优质的课程资源具有较强的辐射能力。传统的教学模式下，高校图书馆的数字化平台往往根据教学的组织要求推荐书目，通过为专业学习者提供图书文献资料的借阅、数字化文献资料的检索与下载以及信

息素养培训等的适合方式，开展读者服务，完成教学辅助支撑工作。这种传统的服务方式虽然为读者提供了较强的文献资源保障，但客观来讲，服务的精细化、及时性和实用性相对较低。对读者需求不能作出准确而又全面的判断，资源的推荐和学科资料的提供具有一定的主观性，资源的利用并不十分充分。但要达到最佳的学习效果，需要对学习者的学习需求和行为进行深入的分析，这是一个相对复杂的过程。MOOC 教学中无论是教师还是学习者，对知识内容的把握比传统模式下要更加丰富、更加深入。每一个知识单元不但提供了基础知识，还往往构建了一种情景，帮助学习者扩展知识内容，加深对难点知识的理解和整体知识体系的把握。MOOC 是一个优质资源的集成平台，优质的课程资源，利用现代化的技术手段实现了对知识的集成和重构，加速了知识的再利用。"MOOC 首先是一组可扩充的、形式多种多样的内容集合，这些内容由特定领域相关专家、教育家、学科教师提供汇集成一个中央知识库"。[①]这对学习者和图书馆都产生了重要的影响，彻底改变了以往课内与课外衔接不畅的问题，实现了课程的连贯性学习。每一个知识点形成碎片化，但同时又高度集成化的统一在一起，学习的过程不再被时空限制而中断，学习就可以随时随地的延续之前的学习内容，更加适合人们的学习思维方式，保证了学习效果。传统的学生利用课外时间去图书馆查找阅读资料的过程，被潜移默化的融合到了在线的课堂中，图书馆的角色发生了变化。

图书馆需要改变原有被动的服务模式，利用图书馆最新的信息资源和学科知识，嵌入到教学活动过程中，全程为课程教学提供，学科知识的检索、筛选等获取服务。帮助教师为学生提供精准、完整、丰富的课程学习资源，图书馆还可以加入教学团队，一起为学习用户提供在线参考咨询服务。慕课课程的授课教师，在做慕课的课件时就像一个导演指导拍摄电影一般。他需要事先在自己的规划中做好相关的计划，课程的哪一部分内容通过讲课视频来传授，哪一部分内容要线下学员通过对阅读相关的材料来掌握、理解，而哪一部分内容要通过练习、考试等方式来强化学员的记忆。慕课课程还可以根据目前网络学习

---

① ［美］NMC 地平线项目，龚志武，吴迪，陈阳键，苏宏,，王寒冰，Johnson, L., Adams Becker, S., Cummins, M., Estrada, V., Freeman, A., Ludgate, H.．2013 地平线报告高等教育版（上）［J］.广州广播电视大学学报，2013（2）：1–6+106.

行为的普遍特点——短小、碎片化记忆，将相应的知识点的教学视频与参考资料及阅读材料等组合成为一个富媒体①学习素材，依据课程知识体系的内在逻辑关系，融入教学管理的过程，从而构建起起一种全新的教学模式，在这个模式中任何一个线下的学员既可按照自己的情况来自由的安排学习时间，同时也保证了学习过程中的系统性、有效性与严肃性。

　　从这个层面上来讲，慕课平台其实就是一个优质的教学资源库，优质的慕课课程就是利用了现代信息技术手段对海量的知识进行重组的一种全新的知识体系的构建方式。在《2013 地平线报告》一文中强调："慕课首先是一组可扩充的、形式多种多样的内容集合，这些内容由特定领域相关专家、教育家、学科教师提供，汇集成一个中央知识库。"②而这一点不论对图书馆还是线下学员来说，都是十分重大的变化。慕课课程从本质上来说颠覆了传统的学习方式——课内与课外，课前、课中和课后的不连贯，将线下学员的学习过程中的不同环节紧密的结合在一起，学习过程中的不同环节也不会因为时间与空间的限制而被迫中断。从这点来看，慕课课程的学习过程更适应普通人的学习习惯，可以较好地维持学习效果。与此同时，图书馆的定位也出现了颠覆性的变革，从过去的那种被动的给学生提供资料转变为主动嵌入在线课堂中，主动提供资料。对于慕课课程的讲述教师来说，他们则需要在准备相关的课程资料之前，必须要充分利用图书馆馆藏资源的信息，较好的把握学界的最新研究动态，并将这些信息充分的体现在课程中。而图书馆所提供的服务则可以借助"教学馆员"③的渠道，从而参与到慕课课程的制作团队中来，提供阅读材料的检索、筛

---

　　① 富媒体是一种不需要受众安装任何插件就可以播放的整合视频、音频、动画图像、双向信息通信和用户交互功能的新一代网络广告解决方案，它的魅力在于提供更丰富和多感官的接触机会以及精美细腻的创意展现，过去当窄带广告由于文件 K 数限制使广告创意大师们因巧妇难为无米之炊而烦恼时，富媒体技术的注入无疑是一剂强心剂，突破带宽限制，实现更大的创意空间，广告信息得到更精准的描述，产生更精彩的体验，用户与广告之间强烈的交互性以及对视觉强烈的震撼及感染力，针对目标受众达到一矢中的的效果。

　　② （美）NMC 地平线项目，龚志武，吴迪，陈阳键，苏宏，王寒冰，Johnson, L., Adams Becker, S., Cummins, M., Estrada, V., Freeman, A., Ludgate, H.. 2013 地平线报告高等教育版（上）[J]. 广州广播电视大学学报，2013（2）：1-6.

　　③ 朱思渝，孙晓. 在线学习浪潮下的嵌入式馆员服务 [J]. 高校图书馆工作，2015（6）：67-70.

选、推荐、萃取、链接和相应版权顾问服务；也可以借助"助教馆员"①这一渠道，为线下学员提供精准、完整、无缝、高效、丰富的课程学习资源；同时可以进一步的参加各门课程的学习社区，与课程团队一起提供在线的信息参考咨询服务。与此同时，慕课课程所提供的阅读材料都和学习任务的完成与否紧密相连，线下的学员如果忽略了材料就无法保质保量的完成课程的随堂作业，以及顺利的通过课程的期末考核，这就无形中推动学生去阅读材料。课程所要求的阅读量则会传向图书馆，而这则会对图书馆馆藏资源的利用率的提高有不可估量的作用。因此叶艳鸣提出："图书馆为服务慕课课程学习，所建立的一套行之有效的管理和服务理念以及工作方法，势必会对图书馆的传统服务方式产生巨大的反作用，为图书馆实现从以课外服务为主的传统图书馆被动服务模式向前置化、嵌人式的主动服务模式转变闯出一条新路。"② 所有嵌入式的课程资料都与学习任务的完成密切相关，有效促进了学习者需要认真广泛地阅读大量的文献资料，这种大量的阅读需求通过这种方式传递给图书馆，促进了图书馆对资源的有效整合。图书馆在为 MOOC 的学习服务过程中，人的管理和服务理念，将促进图书馆对传统服务方式的变革，由传统的课外阅读被动式服务模式，向全过程学习嵌入式主动服务模式转变。

2. MOOC 发展促使图书馆服务范围不断延伸

传统的图书馆服务，往往局限于特定的用户群体或特定区域的用户。而 MOOC 强调的开放与共享，突破了传统教学模式的限制，这种大规模的开放式教学活动必然带来图书馆服务范围的大幅延伸。高校图书馆的服务范围，不再拘泥于特定的本校学生群体，而是向外校开放，甚至是向社会公众开放。它也突破了图书馆原有资源使用权仅限于本校读者的范围。使读者用户群体突破了校园围墙的限制。传统的资源采购模式和资源服务与配置模式将面临困境，这对图书馆来说是一种变革，也是一种极大的挑战。

随着 MOOC 的发展，图书馆的资源内容也不再局限于对本校课程的支持服务。大规模开放的 MOOC 课程将成为学校课程体系中重要的组成部分，这就意味着学校图书馆需要提供本校学生学习的外校课程资源的相关配套服务。

①　叶艳鸣. 慕课，撬动图书馆新变革的支点［J］. 国家图书馆学刊，2014（2）：3-9.
②　叶艳鸣. 慕课，撬动图书馆新变革的支点［J］. 国家图书馆学刊，2014（2）：3-9.

要做到这一点，图书馆要解决自身服务能力的问题。由于学生通过第三方平台选择课程学习，图书馆需要确认他们作为学习者的身份，分析他们的学习行为和需求信息，从而针对性的开展服务。这就需要图书馆与 MOOC 互联网平台之间要有密切的合作机制，实现学习者行为和需求信息的共享，并能做到及时的信息传递。由于大规模的开放课程中相当一部分与本校图书馆资源之间关联度较小，为了保证学习者学习的流畅性和资料获取的便利性，图书馆需要解决这些学习者对于这些资料的使用权限问题。同时图书馆需要在多种资源的稀缺与重复矛盾之间，为这种混合性学习提供统一的服务，对现有的管理和服务体制进行变革，通过互联网技术平台解决自身资源和服务方面的瓶颈。

3. MOOC 发展促使图书馆权衡资源利用共享性和封闭性

在现阶段版权使用的许可约束下，找到图书馆资源有限开放与 MOOC 大规模在线课程开放之间的平衡，是图书馆为 MOOC 提供资源服务需要解决的重要问题。免费模式在 MOOC 的兴起中发挥了重要作用，学习者没有注册门槛的限制，也无需缴纳任何的费用，即可通过在线方式获得大量优质的课程资源，甚至获得学分的认证。除了教师拥有自主知识产权的课程资源，能够有效地实现免费外，其他相关配套学习资源的免费受到的限制较多。大规模开放的基础是资源利用的开放获取，但由于受到知识产权保护政策的限制，图书馆拥有的资源无法向全社会充分开放。图书馆需要从顶层设计层面解决资源大规模共享的使用许可和法律保障问题。图书馆是公益性信息服务组织，在知识产权限制框架下，图书馆拥有合理使用资源为自己读者服务的权利。如果 MOOC 注册的学生能够合法地成为图书馆的读者，他们将能够进一步获取合理合法使用图书馆资源的权利。

三、图书馆与 MOOC 融合发展的实践

MOOC 表象之下其实是对网络环境下知识生产、信息利用的重新认识和适应。Siemens 对关联主义教育思想的诠释时提出在知识信息不断变化的网络环境中，学习的过程不再完全受个人掌控；知识可以存储在人脑之外（如组织机构或数据库）；学习将关注于建立知识间的网络联系，促进知识积累、使用、增长

比知晓知识本身更重要；通过社交媒体密切联系的小群体能增进和保持知识的流动等。①

1. 成为公众利用高等教育的桥梁

高校图书馆为社会公众利用高等教育资源提供了桥梁，公共图书馆也在为教育资源的合理配置中发挥的作用。纽约公共图书馆利用其"学习中心"的场地及设备供用户学习 Coursera 平台上的课程，注册参与为期六周的镜头不会说谎（The Camera Never Lies）MOOC 的用户，每周相约在图书馆分馆进行约 90 分钟的线下讨论，并指定一名馆员为学习敦促者，记录每周出席人数、参与程度、参与者创建内容资源及其能力范围等。②威斯康星州内公共图书馆以及非营利组织"威斯康辛图书馆服务"（Wisconsin Library Service，Wi LS）、"威斯康星州自行车美联储"（Wisconsin Bike Fed）联合推动威斯康星大学麦迪森分校开设的为期四周的"气候变化政策与公共健康"MOOC 的开展③，图书馆主要负责课后讨论及课外活动，13 个公共图书馆组织参与课后讨论，并制定日程表；26 个公共图书馆参与了名为"骑行去图书馆"的活动，增进社区成员对气候、环境、交通、健康等社会问题的关注。④里奇菲尔图书馆将 Coursera 的虚拟关系（The Fiction of Relationship）课程作为"成人暑期阅读项目"的核心内容，注册用户每周一次相约到图书馆观看课程视频、结合视频及阅读内容进行课后讨论，图书馆通过馆际互借、提供免费电子书等方式，为该课所涵盖的各种课程资料提供借阅服务，在辅助和引导 MOOC 学习的同时，促进社会阅读及馆藏资源利用。⑤

① George Siemens. Connectivism：A Learning Theory for the Digital Age［EB/OL］.［2016-04-28］. http://www.elearnspace.org/Articles/connectivism.htm

② Irene Gashurov，Curtis Kendrick. Can Libraries Save the MOOC?［EB/OL］.［2016-04-28］. https://campustechnology.com/articles/2014/11/06/can-libraries-save-the-mooc.aspx

③ Massive Open Online Course：Climate Change Policy and Public Health［EB/OL］.［2016-04-28］. http://www.wils.org/news-events/wilsevents/massive-open-online-course-climate-change-policy-and-public-health/

④ Bike to the Library Saturday 2015［EB/OL］.［2016-04-28］. http://www.biketothelibrary.org/libraries/?p=127

⑤ Dorothy Pawlowski. MOOCing at the Public Library［EB/OL］.［2016-04-28］. http://lj.libraryjournal.com/2013/12/public-services/moocing-at-the-public-library

2. 为 MOOC 的开设寻求资源的合作

图书馆长期稳定的社会公共文化服务为图书馆积累了较好的社会公信力，通过图书馆能有效将高校、政府、各类文化事业单位、社会非营利性组织以及商业互联网教育平台等联系起来，发挥自身的优势，促进 MOOC 教学的开展，为社会提供多样化的互联网教育产品。如英国诺丁汉大学与大英图书馆合作开设网络课程"日常生活中的宣传与意识形态"，邀请诺丁汉大学的专家们讲授最新的学术观点，利用图书馆馆藏政治资料尤其是在 2013 年 "Propaganda：Power and Persuasion" 主题展览中展出的如地图、小册子、海报、卡通以及其他特色馆藏等，为所有对政治、历史和宣传感兴趣者提供一个全球化的分享各自政治观点的平台。[1]

3. 图书馆作为主体开设 MOOC

EdX Libraries Collaboration 通过调查发现目前图书馆以及图书馆组织参与开发了 MOOC 产品主要模式包括外部资源导航、教学支持、产品支持以及一般性支持四类。[2] 如宾夕法尼亚大学图书馆网站提供了 MOOC 资源导航，专门制定了馆员负责 MOOC 工作，为教师提供 MOOC 资源建设的指导，解决包括如何获取资源、解决版权纠纷、资源型的公平性的问题；对于学习者提供 MOOC 资源的简介、鼓励开放获取的 MOOC 资源的地址链接等；对于 MOOC 开发者提供，MOOC 开发过程中的版权问题指导，并罗列出 MOOC 电视中可以为开发者提供的免费获取的图片与影像、电影与视频、音乐与声频、图书与文本、开放获取内容等资源目录。[3]

国内的电子科技大学图书馆还曾开展 "MOOC 文化主题月" 活动。[4] 自主开

---

① Future Learn. Propaganda and Ideology in Everyday Life［EB/OL］.［2016-04-28］. https：//www.futurelearn.com/courses/propaganda

② Laura O'Brien, Jennifer Dorner, Jaron Porciello, et al. Working Group on Models for Course Support and Library Engagement Report［EB/OL］.［2016-04-28］. https://docs.google.com/file/d/0B4Dgt Xah7Quy QW5p Qml3S0Roej Bs OHp QWHps Wkx GU3JKSEFz/edit?pli=1

③ Pennstate University Libraries. Research Guides［EB/OL］.［2016-04-28］. http://www.libraries.psu.edu/psul/researchguides.html.

④ 许茂林. 电子科技大学图书馆举办 "慕课" 文化主题月活动［EB/OL］.［2016-04-28］. http://special.univs.cn/service/uestc/ues tczxxy/2014/1115/1068529.shtml.

设 MOOC 的如维克森林大学（Wake Forest Univer-sity）MOOC 团队还将大学校友以及图书馆馆员联系起来，帮助用户获得更多网络相关的知识，这也是图书馆推进社区成员共同学习的一次探索。① 纽约公共图书馆馆员 Raymond Pun 利用丰富的汉学馆藏资源创立"汉学 101"MOOC。② 武汉大学图书馆开设了名为"研究生学术道德与学术规范"的 MOOC，中山大学图书馆开设了"信息资源共享"和"信息素养与信息检索通用教程"的 MOOC 资源等。

四、推动图书馆与 MOOC 融合进程的措施

1. 推动图书馆资源为 MOOC 提供全面的支持

图书馆需要对 MOOC 用户进行深入的调查和了解，分析用户的信息资源需求。通过用户信息行为的分析，帮助用户进行专业兴趣学习的定位，并主动结合用户的信息需求，提供针对性的资源服务，帮助用户顺利完成 MOOC 的学习任务。通过主动嵌入 MOOC 学习过程，让 MOOC 学习用户能够在学习过程中认识到图书馆资源和服务的重要性。通过发挥其社会公共影响力将高校、政府、社会团体以及互联网教育平台和其他组织联系起来，发挥优势促进 MOOC 教育的开展。同时，图书馆利用其资源优势主动嵌入原有服务范围内的 MOOC 教学，对服务范围内的 MOOC 资源的开发动态及时掌握，根据需要整理和收集慕课开发中需要的资源和工具，提供知识产权等相关的咨询服务，为 MOOC 开发者提供有益的资源指引。同时图书馆也可以发挥其空间优势和信息化技术条件，为用户进行 MOOC 开发提供空间支持，为 MOOC 的教学组织提供线下活动的配套服务。

2. 培养 MOOC 用户的信息素养

MOOC 的建设和使用都需要具有一定的信息素养，图书馆可开展相关的信息素养培训课程，为学习者提供本馆 MOOC 资源的介绍和使用方法的培训，结

---

① Scardilli, B. A single library tackles a MOOC［J/OL］. Information Today, 2013, 30（8）: 34［2016-04-28］. http://search. proquest.com/docview/1504414888?accountid=13151

② Ian Chant. Opening Up：Next Steps for MOOC and Libraries［EB/OL］.［2016-04-28］. http://lj.libraryjournal.com/2013/12/digital-content/opening-up

合用户的需求针对一门或几门 MOOC 的学习，提供资源查找内容呈现等方面的专题辅导。通过提升用户的 MOOC 信息素养，推动 MOOC 和图书馆的融合发展。同时图书馆还可以通过培训 MOOC 服务，提升馆员服务能力，做到根据用户的学习意愿和学习专长与兴趣，帮助学习者制定学习计划，跟踪学习进度，建立学习社交群组。同时利用图书馆的优势，为 MOOC 学习者提供丰富的线下活动，如课程答疑、小组讨论、阅读分享等活动，激发学习者的学习兴趣，增强学习者的参与程度。通过 MOOC 学习中不同阶段的学习参与指导，培养图书馆为 MOOC 学习服务的能力，促进知识的传播。

3. 做好 MOOC 相关资源的建设

资源优势是图书馆在与 MOOC 融合发展中的重要优势，图书馆通过整理图书馆与 MOOC 相关的资源，实现资源与学习内容的匹配，为用户提供馆藏指引、数字资源文献的浏览与下载等服务，促进馆藏资源建设的合理化和有效利用，辅助用户的 MOOC 学习。在互联网＋环境下，MOOC 资源和 MOOC 的学习平台呈现多元化趋势，图书馆发挥资源整合的优势，可以建设 MOOC 统一集成服务平台，制定统一的分类和描述规则。按照不同 MOOC 资源的状况，提供专业化的指导和服务，借助互联网技术实现跨平台的 MOOC 资源的检索与获取。同时图书馆发挥存储优势，对 MOOC 资源进行二次筛选与整理，以数据库的形式进行保存和二次分类，将 MOOC 资源纳入馆藏资源体系，方便资源的再次获取和利用。

MOOC 教学模式是典型的互联网教育模式，互联网教育是互联网技术发展到一定程度的产物，随着移动互联网的发展，以 MOOC 为代表的互联网教育将更加深入和普遍的融入到人们的学习生活中。在互联网技术的影响和作用下，传统的图书馆也逐渐实现了变革和创新，逐渐向智慧图书馆过渡。智慧图书馆具有强大的信息资源整合能力，并能通过智能化的手段实现资源的有效整合和更好的读者服务。未来，在互联网＋环境下，图书馆和互联网教育的融合将不断深入，融合的形式将不断多元化，融合的内容也将不断的延伸。

第十一章　互联网+时代图书馆的跨界融合营销

　　作为一种全新的营销思维和模式，跨界营销正是在激烈的市场竞争中组织寻求产品和服务的差异化营销策略中形成的。在激烈的市场竞争中，企业为了寻求出路努力打破行业之间的界限，尝试进行跨领域的产品或服务的营销。互联网时代共享、自由、开放的属性使得图书馆信息服务营销表现出形式的多样性和延展性。图书馆跨界营销强调用户群体体验和感知的共赢，不是简单产品和服务资源的共享，而是通过品牌印象、渠道和产品等方面的共享，创造出新的用户体验和品牌价值。

　　跨界营销是图书馆对消费者感知模式认知的转变，也是互联网+时代图书馆发展的必然趋势。图书馆通过跨界营销，为用户提供更加优质的服务，不仅要做好阅读推广活动的开展，更重要的是对图书馆品牌印象、传播渠道和服务等方面的共享，创造出新的用户体验和图书馆品牌价值。

第一节　互联网+时代跨界营销的兴起

一、跨界营销的兴起

1999 年，彪马（Puma）CEO Jochen Zeitz 首先提出了"跨界合作"的概念。

跨界（Crossover）一词最先来自篮球领域，本意指"胯下交叉运球"。在营销领域可以看做是两个不同领域的企业或品牌通过相互借鉴、相互融合进行的一种联合共生的新型营销方式。Alder 从资源共享的角度指出两个或两个以上独立组织之间可以建立诸如渠道、销售、研发、生产、财务等方面的资源或行动联盟，以实现优势互补，增加市场竞争力，实现和谐共生。[①]

随着 Crossover 这一概念与营销的结合，Crossover 的交叉性更进一步完善并得到体现，随后逐渐发展出 Crossover Marketing、Cross-border、Co-marketing 等明显带有不同产品、不同品牌、不同款式之间的交叉合作的特点，同时也体现出整合营销的思维。在营销过程中强调以消费者的需求为核心，将不同产品、不同品牌形成有效的关联，整合不同营销界限内的资源，以提升经济效益为目标，拓展市场的系统性营销合作。现代企业的竞争已经完全突破了单纯的行业或地区，企业竞争中网络化、全球化、多元化的特征逐渐明显，企业的经营业务和产品或服务范围不断扩展延伸，行业之间的边界逐渐模糊。在全球化和网络化的市场环境下，任何一家企业都需要在多种组织构成中的有机系统中，通过相互合作，相互协同，相互依赖才能获得持续的增长空间。跨界的"界"指的是企业自身产品的原受众。跨界营销就是根据不同的行业，不同产品，不同偏好的消费者之间所拥有的共性和联系，利用各自品牌的特点和优势，将核心元素提炼出来，针对潜在客户的多个内心需求进行合作营销，赢得目标消费者的好感，从而使跨界合作双方的品牌价值最大化。

跨界营销中对"界"的定义更为广泛，不仅仅是产品领域的简单交叉，而且突破了行业界别之间的边界，甚至在跨越了类别和行业之后系统性地将渠道、产品、促销、人员推广等营销活动高效地运做起来，形成了一个高效率的运转系统。跨界营销，突破了传统的营销界限。跨界营销的理论是对传统营销理论和模式的再次升级，通过跨界融合，共享边界之外的资源，可以突破组织内部资源的约束瓶颈，解决长期以来组织内部资源短板对营销绩效的束缚和影响。跨界营销通过开发和利用组织边界之外的市场资源，在顺应互联网时代环境中，摆脱了组织内部的渠道局限，实现了产品有界、市场无界。通过跨界营销创新，组织在跨界合作中逐渐形成应对多元化市场的能力。

---

① Alder L. Symbiotic marketing [J]. Harvard Business R eview, 1966, 44 (6): 59-71.

跨界营销的内涵包括两个层面，一是跨界，二是融合。跨界强调要跨出传统的行业界限；融合强调与其他行业其他品牌合作产生新的价值，或者通过融合新的元素，不断丰富自身的品牌内涵和推出新的用户体验。跨界营销通过跨行业间的有机融合，实现品牌从平面到立体，从表层向纵深的延伸，实现品牌之间的相互映衬互补和诠释，使用户对产品或服务的被动接受转变为主动认可。资源的匹配性是跨界营销的基础，跨界营销融合双方的资源需要有互补性和价值方面的关联性。资源的互补除了产品功能的户外，跨界融合的双方需要在销售渠道、用户体验、产品市场口碑等方面要互补；价值的关联性使跨界融合的双方在企业的经营实力、目标客户群体、细分市场及市场定位、产品或服务的品牌等方面具有高度的相关性和对等性。只有具备高度的关联性，双方才能建立良好的跨界合作基础，发挥协同作用，最终实现共赢局面。

组织所面对的市场潜力是实现跨界营销的客观条件，组织之间通过跨界营销能否实现预期的经济效益，获得更高的市场份额，扩大产品或服务的品牌影响力，取决于市场潜力的大小。由于培养消费者或用户群体接受新的消费观念和消费习惯需要一定的时间，组织之间的跨界融合需要有一定的前期投入来开发市场潜力，既有挖掘现有的市场潜力，同时还要一起挖掘未来的市场潜力。

1969 年，菲利普·科特勒（Philip Kotler）在《营销杂志》上发表了一篇经典文章扩展营销概念《Broadening the Concept of Marketing》，扩宽了营销的概念，由此营销理念向许多非传统领域延伸。[①]菲利普·科特勒营销有两种可感觉到的含意：（1）营销就是推荐、影响和说服人们去买他们不一定需要的东西；（2）营销在公众头脑里还有一种比较薄弱的含意，即机敏地为人服务且满足其需求。第二种定义培养了消费者的忠诚，并且关注消费者的需要和要求。正如菲利普·科特勒所指出的，有效的营销要以消费者为取向而不是以产品为取向。这种认识让营销"延年益寿"，并且使这种经济活动依赖于更高的社会目标。正是营销的第二种含意吸引了一些非营利机构（如大学、医院、博

---

① Kotler P, Levy S. Broadening the Concept of Marketing [J]. Journal ofMarketing, 1969 (1): 15, 33.

物馆和图书馆等）的参与。^①20世纪70年代，一些图书馆积极将营销理论引入图书馆管理服务领域。虽然早期的图书馆营销方面具体的指导理论和研究文章较少，但是布里斯科（Bricoe W A）题名为《引人入胜的图书馆宣传——公共图书馆的"推广"方法》的文章就预示了一些直至今天还在倡导的营销策略，比如说，编辑以不同团体为目标的图书馆通讯，提供与公司、企业相适配的资料等。^②20世纪80-90年代，图书馆营销研究逐渐受到学者的关注。1981年，艾斯纳（Eisner J）在美国《图书馆杂志》上发表了第一篇有关营销的专题报道《超越公共关系：图书馆的营销》。^③1960年利威特（Lewitt T）发表的《缺乏远见的营销》、^④1969年菲利普·科特勒的《Broadening the Concept of Marketing》^⑤和1979年菲利普·科特勒的《营销导入非营利组织的策略》^⑥等。1981年，尤谢里伍德（Usherwood B）发表了《显露式的图书馆》，^⑦论述了公共图书馆在公共关系方面的重要性，强调公共图书馆需要通过公共关系活动改善公共形象，保持较好的社会地位。1982年，诺曼（Norman O G）发表了一篇关于图书馆营销文献概要的文章《Marketing Libra-ries and Information Services：An Annotated Guide to theLiterature》，文中列出了当时仅有的94篇关于公共关系和图书馆营销的文章，提升了图书馆营销研究在有关图书馆研究的文献中的位置。^⑧1989年，诺曼还提供了一部进行了二次文献注释的指南《Marketing Libraries and In-formation Services：An Annotated Guide to Recent

① 丁璐. 国外图书馆营销理论研究［J］. 图书馆建设，2009（11）：15-19.

② Briscoe W A. Library Advertising［M］. New York：H. H. Wilson，1921.

③ Eisner J. Beyond PR：Marketing for Libraries［J］. Library JournalSpecial Report，1981（18）.

④ Lewitt T. Marketing Myopia［J］. Harvard Business Review，1960（7）.

⑤ Kotler P，Levy S. Broadening the Concept of Marketing［J］. Journal ofMarketing，1969（1）：15，33.

⑥ Kotler P. Strategies for Introducing Marketing into Non-ProfitOrganizations［J］. Journal of Marketing，1979（1）：37-44.

⑦ Usherwood B. The Visible Library：Practical Public Relations forPublic Libraries［M］. London：Library Association，1981.

⑧ Norman O G. Marketing Libraries and Information Services：AnAnnotated Guide to the Literature［J］. Reference Services Review，1982（1）：69-80.

Trends andDevelopments》。[①]1999 年，威伯（Webber S）发表于《世界图书馆与情报工作》杂志的一篇文章《Marketing of Library and Infor-mation Services》，[②]对图书馆研究人员有关图书馆营销的著作和看法作出了全面的评论。进入 21 世纪以来，图书馆信息服务营销文献中开始出现许多新的营销术语，如内部营销、关系营销、互联网营销、综合营销、聚焦消费者的营销等。2003 年，由葛普塔（GuptaD K）在《营销服务综合法：图书馆和信息服务营销读本》[③]一书中阐述了许多新出现的图书馆营销概念。随着跨界营销理念的兴起，这一营销理念必然和图书馆相融合，跨界营销的理念也将成为图书馆营销的新思维。目前探索跨界营销的理论中存在的如服务销售方式、媒介推广的信任等问题，也将是图书馆营销无法回避的问题。

二、互联网＋时代跨界营销的特点

互联网时代共享、自由、开放的属性使得图书馆信息服务营销表现出形式的多样性和延展性。互联网时代信息的碎片化成为这一时代跨界营销的鲜明特征。

1. 多元传播媒介促使时空碎片化，加速信息传播效率

随着移动互联网的应用和普及，智能手机、平板电脑等移动网络终端成为人们生活的重要配置。通过这些智能化的终端和移动互联网技术平台，人们可以不受时间和空间的限制，随时随地的进行信息创造、信息分享和信息交流。自媒体时代的信息传播方式，既满足了信息制造者和传播者表达信息的强烈欲望，也让信息的接收和分享变得便捷和迅速。在互联网的世界里，不同国家和地区，不同种族和语言，甚至处在不同的年龄和行业的信息用户，不再受到这

---

①　Norman O G. Marketing Libraries and Information Services: AnAnnotated Guide to Recent Trends and Developments [J]. ReferenceServices Review, 1989（1）: 43-64.

②　Webber S. Marketing of Library and Information Services [G] //LineM. Library and Information Work Worldwide. London: Bowker Saur, 1999: 291-317.

③　Gupta D K, Jambhekar A. An Integrated Approach to ServicesMarketing: A Book of Reading on Marketing of Library andInformation Services [M]. Mumbai: Allied Publishers PrivateUnlimited, 2003.

些因素的影响和制约，在互联网平台上平等自由的交流信息，每个人都公平地拥有发言的机会。当用户群体与互联网的信息产生共鸣，认可互联网信息所表达的内容和价值观时，用户往往有强烈的愿望将信息进行二次交流与分享，并加上自己的评论和观点，进行信息的二次再传播。互联网平台上的信息通过自媒体时代的用户碎片化的分享、转发，并在全世界范围内互联网用户群体中，以几何倍数的速度迅速扩散，产生强大的信息传播效应。

2. 细分用户市场与社交网络的蓬勃发展

在互联网发展的早期，由于互联网的应用产生了信息的"爆炸"，海量的信息出现使用户面对庞大的信息甄别和拣选压力，人们需要通过反复的搜索、数据的筛选、信息的过滤才能找到自己想要的信息。信息的一站式检索成为互联网用户的强大需求，也因此促使一些信息门户网站增速。而随着 web2.0 时代的到来，以微博、微信为代表的关注、转发和分享为主要特征的"信息定制服务"的出现，满足用户以自我为中心，获取具有明显个人喜好色彩的"倾向性"信息的需求。在这里，个人特性被无限彰显，任何信息都以是否满足了受众个体的需要及喜好为唯一衡量标准。① 个体提醒用户在互联网平台上的信息关注、信息转发和分享等信息传播方式凸现了互联网信息传播用户个体的主体性，互联网在满足个体信息需求的同时又产生了另一种效应，即借助互联网平台用户信息筛选过程中，通过对用户信息行为的归纳和整理，对信息用户行为倾向的分类，互联网在信息用户对信息筛选的过程中，对信息用户群体进行了识别。爱好兴趣相近的群体或者有点相似或相近信息需求的群体，以及在信息户个体特征方面存在交叉的用户群体被积聚在一起，形成了个体规模较小但总体规模庞大的群体，这些分散于各地，风俗习惯、宗教信仰不一，但却在某些方面有着共同需求的人群，因网络而组成了一个个的"网络社群"。这种网络社群的出现，使得庞大的互联网用户群体不断的被细分为若干个具体的用户类别群。互联网跨界营销也因此能够对用户需求群体做出清晰的识别，对互联网营销的策略做出准确的定位，从而达到较好的营销效果。

3. 信息衍生与交叉让领域边界逐渐模糊，相互融合程度加深

在互联网时代，信息用户群体获取信息和传播信息更加快捷迅速，同时也

---

① 刘剑敏，李润权. 论网络的碎片化特征［J］. 新闻爱好者，2011（18）：42-43.

被庞大的信息所淹没，在信息用户和互联网信息传播彼此交互和作用之下，信息的碎片化逐渐成为一种趋势。信息时代人们开始传播碎片化信息、进行碎片化学习和碎片化阅读，但这些碎片化的信息往往是快餐式的。条目化的信息碎片对于某个知识体系来讲只是其冰山一角，不同的信息碎片化知识往往有着错综复杂的信息关联性。信息用户在接受到某一单一的碎片化信息后，往往抱着好奇或者是解惑的心态，对信息进行进一步的搜索，获得对该信息进一步了解。在互联网＋时代，信息的碎片化传播以其独特的效率和便捷性，使信息能够传播到任何一个领域。不同的互联网细分社交群体使得每一个信息用户个体在网络中往往扮演着多重身份和角色，在不同的领域当中存在着交叉和重合的信息用户群体。这种信息用户群体角色身份的交叉恰恰是互联网＋时代跨界营销实现预期目标的重要有利因素。

第二节　跨界营销的成功案例

一、不同领域的跨界营销

作为一种全新的营销思维和模式，跨界营销正是在激烈的市场竞争中组织寻求产品和服务的差异化营销策略中形成的。在激烈的市场竞争中，企业为了寻求出路努力打破行业之间的界限，尝试进行跨领域的产品或服务的营销。跨界营销的原理实际并不复杂，每一种产品、服务或者品牌都能在特定的目标市场体现出目标消费者的某种特征，但针对于某一特定目标市场的单一产品往往表现出属性的单一化，品牌的对外传播受到外界因素制约相对较多。同时在市场上出现同质化的产品或服务时，营销传播的干扰更为明显。但是通过找到一个较强互动性的品牌，通过互动性传播，从多个层面和角度对目标群体特征进行诠释，就可以使目标用户群体对品牌形成整体的认知，从而产生更具品牌张力的品牌联想。跨界融合的营销策略的核心要素是将不同的产品或服务通过相互渗透、相互融合，提高品牌的立体感和纵深度，产生品牌新的亮点，从而对用户产生较强的吸引力。同时跨界融合还能让双方实现信息共享和较高忠诚度用户群体资源的共享以及品牌优势的互补，从而获得更大的经济利益，拥有更多的目标客户、辐射更大的目标市场，并有可能因此而挖掘新的市场机会。跨界营销已经被很多组织所采用，如可口可乐与网络游戏《魔兽世界》的跨界融合，与服装品牌班尼路的跨界融合，都为可口可乐获得了较好的利益回报。

产品领域的跨界营销是不同产品的品牌商根据自身品牌的特点和目标市场的群体特性，寻找可以交叉的区域形成营销共同目标。而不同领域的产品、不同领域的品牌文化进行相互的渗透和组合，推出新品牌、新产品或新服务。产品领域的跨界是不同行业品牌在有着相似目标客户群的基础上实施的跨界营销策略。上海通用汽车品牌雪佛兰的子汽车品牌系列"乐风"与牛仔裤品牌"Levis"之间的合作，就是典型的产品领域跨界营销案例。它们来自不同的行业领域，一个是汽车产品，一个却是服装产品，两个产品的品牌在各自的行业都拥有较高的品牌知名度。但同时这两个产品和品牌之间有着相互交叉和渗透的区域，那就是他们有着相类似的目标顾客群体——年轻时尚的消费者群体。雪佛兰在"乐风""乐骋"特别版两款车型的车身涂装、内饰设计风格上，大量采用了"Levis"的一些经典元素，包括红旗标、双马图章、铜质纽扣等，然后配合精心打造的电视广告片及一些软宣传。年轻、风格化、时尚化的特点被逐渐刻画出来，尽管在终端销售层面，特别版就像主流销售产品款式那样能够取得较大的市场销售业绩，同时"Levis"也不可能专门为"乐风"去画一条专门的牛仔裤，但是二者的相互融合，显然突出了新乐风与其同类竞争对手不同的一面，产品具有明显的特色。相互融合的市场推广也使得"Levis"在不增加推广成本的基础上利用雪佛兰的平台尽可能为自己造势，这也就实现了"跨界营销"中双赢局面。两者在品牌形象上也得到不同程度的提升，"Levis"可以让乐风增加一份年轻和时尚，乐风则可以让"Levis"多一点动感和激情。[①]

此外，产品领域跨界营销还有东风雪铁龙与"ShineMe"的大型路演活动，"ShineMe"路演活动由著名汽车品牌东风雪铁龙和意大利知名时尚运动品牌"Kappa"联合举办，活动历时一个月，贯穿我国 10 大核心城市。尽管花费不菲，但现场吸引了很多 C2 的目标消费群。毫无疑问这种跨界营销对东风雪铁龙的品牌传播产生了积极作用。

---

① 苏华.跨界营销致胜［J］.市场营销案例，2010（7）：44-45.

除了产品领域以外，市场营销可以在不同的营销渠道间进行跨界，实现渠道领域的跨界营销。不同领域的产品或品牌在经营中形成了自己独有的营销渠道，我们的营销渠道表现出各自的优势和不足。不同领域品牌的营销渠道之间的合作，可以发挥出各自渠道的优势，扬长避短，实现渠道优势互补。如厨卫品牌、家电品牌联合销售，甚至一同打造样板间，与装修类品牌组团共同参与家装博览会等，借助对方的资源，在三四级市场进行的营销渠道的创新，试行渠道共用。① 如家电巨头创维和厨卫巨头华帝之间的渠道跨界融合。一个彩电品牌和一个厨卫品牌联手，共同投入巨资启动了"新农村影院工程"，双方的合作成功实现了品牌和渠道的跨界融合。"新农村影院工程"分赴全国 600 个县4000 个乡，为 8000 多万到 1 亿农村居民放映电影，为创维和华帝在三四级市场奠定了品牌基础。此外，借两大品牌合作的机会，创维和华帝还进行了营销渠道的创新，开始试行渠道共用。在山西、广西等地的华帝专营店，已经开始有创维彩电的展示和销售，创维的渠道也开始销售华帝的产品，双方还联手在这些城市展开团购等活动。

文化领域的跨界营销是互联网＋时代跨界融合中对文化元素作用认可的一种现象，文化元素的重视在跨界融合中表现出"文化＋"的产业和品牌跨界融合模式。通过借助产生了品牌传播力、强制的产品或服务，借势激活文化的关联性进行跨界营销。如《蒂凡尼的早餐》、《穿 Prada 的女魔头》为代表的影视作品让奢侈品品牌的文化内涵有了更深厚的展现。《蒂凡尼的早餐》中设计师休伯特·德·纪梵希为奥黛丽·赫本在《蒂梵尼的早餐》中所设计的"小黑裙"，几乎创造了属于时尚界中最永恒经典的的形象。赫本在电影《蒂凡尼的早餐》中所穿的那条纪梵希黑色长裙拍出了 80.7 万美元的天价。基于文化元素的跨界融合营销，使得品牌对目标消费群体产生深刻的影响。跨界营销双方主体，对于同一消费层次的目标消费者群体产生对应文化感知，是跨界营销能够使消费者认知的碎片化信息进行重组，而不是额外给消费者群体产生新的认知压力。多要素的交叉跨界是多种跨界融合方式的综合，是实现了产品、营销渠道和文化要素等多要素的融合。电影的营销多采用这种跨界融合模式，影片发行公司营销推广中与饮

---

① 邹金汇，柯平. 跨界创新 不忘初心—公共图书馆营销的未来［J］. 图书与情报，2016（5）：56-61.

料销售、快餐业、电子产品、儿童玩具等产品生产和营销企业，推广电影营销的同时推出电影衍生品，如麦当劳推出热门的电影玩具，配套儿童套餐进行销售，实现了儿童套餐销售额的大幅度提高；可口可乐在《阿凡达》电影要推广时推出的含有"阿凡达"素材的包装盒配套礼品受到消费者的欢迎。

二、跨界营销的企业能力与品牌的深度融合

　　跨界营销的重点在于不同品牌、不同产品，在消费者行为等方面可以相互渗透，单纯的表面融合没有实质性的作用和意义。作为房地产行业代表的恒大集团体育产业日益得到关注的同时涉足体育界，与阿里巴巴集团共同投资恒大淘宝足球队，受到了社会的高度关注。足球队良好的比赛成绩提高了恒大地产的品牌形象，对恒大集团的房地产业及相关产业产生了积极的影响。《速度与激情》是汽车制造业跨入影视界的成功营销，雪佛兰、悍马、阿斯顿马丁展现了各自品牌的理念风采，深入而恰当的彰显其品牌背后的精神号召力。当然，同样跨界到其他领域，不成功的运作案例也有很多。恒大冰泉经过不到两年的运营，媒体报道恒大冰泉截止 2015 年亏损 23.7 亿。恒大冰泉的暂时失败带来的影响远远超出了饮料行业，在整个营销界引发热烈讨论，最有代表性的意见就是恒大违背了定位理论，不专注不聚焦，所以失败是必然的，而恒大内部也传出对多元化提出反思。企业和人一样，都具备各自的核心资源与核心能力，也就是你有啥，能干啥。如苹果公司的创新能力与行业整合能力，可口可乐的传播营销能力，富士康的生产管理能力等，企业的核心能力取决于组织系统、人才结构、外部资源等关键因素。而行业本质，是这个行业的其他要素围绕着哪个要素为中心来运转。行业本质取决于行业基本属性，以及行业阶段、社会环境、政策法规等。恒大集团核心产业是房地产业，当前中国的地产行业特点决定了恒大的核心能力与核心资源是强大的资本运作能力，这一点与足球行业资本密集型行业特点一致。恒大足球的成功有许多因素，但最根本的一点就是地产和足球的行业本质高度一致。① 饮用水不是资本密集行业，作为消费品，饮用水需要靠企业高超的情感沟通技巧和长时间的积累来完成。品牌忠诚度的积累

① http://bbs.tianya.cn/post-152-740724-1.shtml

不能通过简单的广告轰炸来达成，这一点是饮用水和地产行业的本质区别。跨界营销的关键在于"深度互动"，从本质上来说，跨界营销是一个挖掘资源、嫁接资源、整合资源并利用资源的过程。①

第三节　互联网＋时代图书馆的跨界营销

一、互联网＋时代图书馆跨界营销的契机

开放合作和跨界融合是互联网＋思维的重要特征，随着互联网＋时代的到来，跨界融合成为传统行业转型升级的重要渠道。在不同产业之间的跨界融合趋势作用下，跨界营销成为营销的新思维。营销传播的过程对产品或服务背后的整体品牌价值和形象的传播，跨界营销带给了消费者不同的品牌印象，将不同领域不同视野的消费者目光集中到了共同的领域，实现了品牌的关联营销。随着社会公共文化服务的社会化，作为公共文化服务组织的图书馆与其他产业之间的相互融合趋势日趋明显，图书馆的跨界营销成为一种可能，带给图书馆跨界营销的契机。

图书馆进行跨界营销的前提，是要承认图书馆用户是图书馆公共文化服务产品消费者群体，承认消费者群体的存在可以有力推动图书馆营销的深度发展。长期以来，图书馆的营销主要集中在以面向读者进行的读书活动和书目的推荐等阅读推广活动，缺乏对图书馆品牌价值、图书馆服务形象、图书馆特有资源等营销的深度内容的思考。作为社会公共文化服务供应商的图书馆，在面对社会公共文化不同产品之间的竞争中，必须清晰地认识自己的品牌价值和资源优势，研究消费者群体心理和行为特征，思考自身的发展和服务定位，思考图书馆公共文化服务产品和消费者群体的匹配兼容程度。跨界营销不是单纯的联合促销，而是结合图书馆本身的优势，结合图书馆自身的核心运作能力，寻找恰当的跨界领域。

---

① 贾昌荣.工业品营销赢在价值链［M］.中国电力出版社，2014：214.

二、互联网 + 时代图书馆的跨界营销

图书馆跨界营销的核心，需要寻找与图书馆核心能力相匹配的合作领域和合作伙伴，从不同的领域和角度，诠释品牌和服务对同一目标群体的吸引力。跨界营销是体验经济和互联网产业发展的产物，图书馆跨界营销强调用户群体体验和感知的共赢，而不是简单产品和服务资源的共享，而是通过品牌印象、渠道和产品等方面的共享，创造出新的用户体验和品牌价值。图书馆跨界营销的前提，需要找到与跨界融合伙伴之间在品牌理念和营销思路上的契合之处。对于图书馆而言，图书馆独特的建筑风格、馆员群体、图书馆的各项服务等仅仅构成的是图书馆的整体外在形象，而图书馆的印象，这是图书馆与用户群体之间的紧密联系，以及用户群体对图书馆服务的依赖和对图书馆品牌与服务形象的认可。

跨界融合营销中，要选择与图书馆相适应的品牌和目标消费群体，并与合作伙伴在实力和理念上相匹配相兼容，合作伙伴，有能力与图书馆进行融合。正如雪佛兰选择了"Levis"，东风雪铁龙和意大利知名时尚运动品牌"Kappa"一样，实力与理念相统一的品牌和产品，对消费者的感知、记忆建立都有较好的效果。Doss 和 Carstens[①] 研究认为，品牌推崇消费者会针对特定品牌传达出积极信息、想法和感觉，并频繁地表现出影响他人消费行为的强烈愿望。 即忠诚度极高的品牌偏好者可以通过非正式传播不遗余力宣传品牌，最终影响他人的购买态度或行为，因此与拥有品牌推崇消费者的品牌跨界合作无疑是有效的营销手段。如韩寒的 App《ONE·一个》上线不到 24 小时就超过 N 多热门游戏与应用，冲到了 App Store 中国区免费总榜第一名，安卓版也将在应用汇市场发布上线。这款 App 其实是一个每日更新的文艺作品平台，内容和设计都相当精简。诚品书店的发展策略打破了传统书店的经营模式，先由品牌奠定成功基础，再带动商场、书店与零售的"复合式经营"，使书店不只卖书，而是包罗书店、画廊、花店、商场、餐饮的复合组织。因为双方有着自己独特的定位和经营理念，诚品书店与"ONE·一个"APP 都有一定数量的品牌推崇者，实现

---

① Doss S K, Carstens DS. Big five personality traits and brand evangelism〔J〕. International Journal of Marketing Studies, 2014, 6（3）: 13-22.

的强强联合跨界营销卓有成效。借助《萌芽》杂志六十周年的契机，"ONE·一个"APP 与萌芽杂志社联合推出"ONE·一个"杯第十九届新概念作文大赛也是同理的跨界营销合作。

在书香社会的建设进程中，人们的读书生活逐渐与商业文化与社区文化相融合。商业经营当中通过读书文化来提升商业的经营品位和层次，社区文化活动也通过读书来丰富社区文化的内容。人们的生活中对于阅读的需求，促使了文化服务产业之间的竞争日益加剧，同质化的文化服务产品和简单的模仿在竞争中被逐渐淘汰。图书馆需要更深入地关注消费者群体本身的需求，而不是停留在读书活动的组织等简单的宣传推介活动，必须通过更深层次更精细化的服务定位和实施来满足消费者需求，实现印象营销。如重庆市南岸区社区图书馆根据社区居民的构成确定建馆方针，有针对性的整合社区文化资源开展跨界营销。如在退休人群集中的南湖社区，开设"社区图书大家管"的活动，办起社区报，带动老人参与到图书馆与社区建设之中；在农民工子女集中的龙门浩社区，组织志愿者辅导功课、开展导读活动；少数花园分馆是由重报图书公司与界限诗歌网站共同投资的阅读式咖啡馆，更是南岸区图书馆与咖啡馆的跨界交融体现。①

作为休闲消费场所的咖啡馆，在经营中往往会选择与图书阅读相兼容，除了南岸区图书馆，广州可乐网盟连锁经营网咖开通了智能图书馆。目前已经有不少网咖开设了专门的阅读区，但是可乐网盟开设的智能图书馆可不仅仅是阅读区。进入可乐网盟智能图书馆要凭借身份证，因为网咖前后两个出入口均设置了关卡，想顺利进入就必须刷身份证——所以未成年人也是谢绝入内的。而且该图书馆还是一间无人值守的智能图书馆，是一间智能化的 24 小时自助服务平台。可乐网盟智能图书馆配备全新的自助办证借还一体机，读者凭身份证可快速办理一张借记卡，凭这张借书卡可以在市、区范围的图书馆进行通借通还。同时，可乐网盟智能图书馆为了营造更和谐完善的馆内环境，还开设衣吧提供 5 台洗衣机为客人服务，增加饮料、小吃供应；在图书馆内也是不允许顾客睡觉、吸烟的。可乐网盟所开通的智能图书馆模式，不仅仅实现了传统网吧的转

① 邹金汇，柯平．跨界创新 不忘初心——公共图书馆营销的未来［J］．图书与情报，2016（5）：56-61.

型升级，同时也推进了公共文化服务的升级。[①] 这种跨界的融合运作和营销，最大化的发挥了消费者群体对网咖品牌价值和消费内容的印象，也通过消费者对读书文化价值印象发挥出来，提升网咖品牌的文化价值。

在信息化进程中，随着互联网大潮出现的创客运动，进入了正在努力探索数字时代创新发展新思路的图书馆界的视野。2011 年，美国纽约州法耶特维尔公共图书馆成为第一个抓住创客空间服务契机的图书馆。该馆接受了美国雪城大学信息研究学院一名学生的建议，推出一个名为"FabLab"的"创客空间"项目，该项目引进了两台 3D 打印机，帮助图书馆用户进行数字设计的操作和创造。"FabLab"取意为"神话般的实验室"（Fabulous Laboratory），同时一语双关："FabLab"正是美国麻省理工学院媒体实验室于 2001 年推出的"制造实验室（Fabrication Laboratory）"项目名称缩写，而此项目的核心理念本质上与创客运动是高度契合的，甚至有观点认为，MIT 的 FabLab 项目关于个人创意、设计与制造理念及实践的全球传播引发了全球的创客浪潮。继 FabLab 之后，许多其他的美国公共图书馆也开始建立"创客空间"项目。2012 年开始，"创客空间"已经成为美国图书馆协会（American Library Association，简称 ALA）年会上的热门话题。ALA 还举办了网络系列研讨会"创客空间：图书馆服务的新浪潮"，共识逐渐凝聚：随着"创客空间"的入驻，公共图书馆的核心使命已经从传统的积淀与传承文化、提供信息、知识和文化服务，扩展为提供工具、鼓励知识与思想的交流、激励创意与创新，从而成为连接一切的公共知识空间、创新空间。我国也有很多图书馆提供类似服务，如广州图书馆、铜陵图书馆等都从各自的地域特色提供更有针对性的创客空间服务。2016 年 IFLA-BibLibre 2016 国际图书馆营销奖评选中，厦门大学图书馆"圕·时光"和国家图书馆的"M 地铁·图书馆"进入前十名。从 2013 年开始，厦门大学图书馆开始为每一位毕业生准备一件礼物：收集整理学生的图书馆使用记录数据，如阅读记录、进馆次数、最喜欢的座位等，配上文字、手绘画面和音乐，制作成一个清新文艺的个人电子空间。每位离校的同学都能永久登录"圕·时光"，在上面看到自己的"圕故事"。毕业生们被图书馆员的创意和付出所感动，纷纷在微博、微信等社交媒体进行分享，获得了广泛关注和好评。还有该馆的"图书馆吱声"主

---

① 陈陈. 可乐网盟连锁网咖智能图书馆上线啦. http://www.5636.com/netbar/hot/25257.html

页，等等。这些图书馆营销活动都对提升图书馆品牌价值产生了积极影响。图书馆的跨界营销不能是简单继承，需要的是开放创新，是公共服务模式的新探索。如互联网＋环境下广为热议的"两微一端"新模式的探索，图书馆的微博、微信服务帐户与其移动终端可以成为所在城市文化服务信息的集中展示平台，如文化服务、文化消费、展览预约等功能都可以跨界展现。①

　　图书馆跨界营销的背后，是以强调消费者体验感知的营销模式的转变，也是互联网＋时代图书馆随着公共文化服务社会化发展的必然趋势。跨界营销创新的最终落脚点，在于为消费者提供更好的服务。图书馆的跨界营销不能停留在和其他领域的联合阅读推广等活动上，要真正的通过品牌印象、传播渠道和产品等方面的共享，创造出新的用户体验和品牌价值。

---

　　①　邹金汇，柯平. 跨界创新 不忘初心——公共图书馆营销的未来［J］. 图书与情报，2016（5）：56—61.

第十二章　互联网＋时代图书馆跨界融合中的知识产权问题

当前的知识产权制度并不完全有利于促进知识的生产和创新，不断扩大的知识产权保护内容和范围，以及不断加强的知识产权保护力度，都制约了知识生产和创新对社会的促进作用的发挥，也引发了知识产权制度能否促进知识生产和创新以及知识产权当前制度困境的反思。互联网＋时代，依托于互联网平台的知识生产模式发生了重大变革，组织之间的边界逐渐模糊，开放与共享成为组织相互依存关系的典型特征，而这一特征恰恰与知识产权的保护制度发生了冲突。随着互联网＋时代的到来和国家对互联网＋战略的重视，互联网的影响，正扩散至社会生产和生活的各个领域，在组织跨界融合的必然趋势下这种冲突在当前社会环境下显得尤其突出和紧迫。

第一节　知识产权的失衡与互联网＋时代的重构

一、知识产权的失衡与互联网＋时代的冲突

知识产权制度，经过了 500 多年的发展，目前已被绝大多数国家所认可和

接受。① 同时，知识产权制度本身非理性的扩张又使其备受争议，② 版权的保护期限不断被延伸拉长。以美国版权保护法案为例，从 1790 年颁布以来已经过了 5 次修改，而每一次修改后都较大幅度的延长了版权保护期限。1998 年修改后，版权保护期限从作者有生之年加上死亡后 50 年延长至 70 年；如果是机构著作，保护期则从 75 年延长至 120 年。③ 法案修订后过程的知识产权保护期限，使得知识产权的时间期限机制的设置的意义被极大弱化。除了个别国家对知识产权的保护时效不断延伸，国际组织和国际协定中对知识产权制度也存在较大的争议和分歧。2015 年 10 月，泛太平洋战略经济伙伴关系协定（TPP）知识产权条款正是由于在延长保护期、扩大保护范围、加大对侵权行为的惩罚力度等方面的保守规定而备受批评，被称之为"版权陷阱"。④

在长期的发展中，欧美发达国家的知识产权保护政策始终处在动态调整中。朱淑娣等认为，伴随时代背景的不同，美国知识产权反垄断法的政策目标可分为三个阶段，不同阶段经历了不同的调整过程并因而呈现出不同特征。⑤ 1960 年信息技术革命之后，知识上升为最重要的生产要素，知识产权制度也越来越倾向于通过加强专利和版权保护以激励创新，从而偏离了其制度初衷所希望实现的内在平衡。导致这一失衡进程发生的，有着三方面的政治、社会和经济因素。⑥ 首先是 20 世纪末，美国政府减少了知识生产的公共财政投入，原本由公共财政承担的多项科研任务转给了私人，经费也从私人资本中筹措。为了鼓励和吸引私人资本进入公共产品的研发，政府调整知识产权制度来调整收益分配机制，通过调整收益来刺激私人资本接纳原本公共财政支付的科研任务。在这

---

① 曹新明. 知识产权法哲学理论反思——以重构知识产权制度为视角［J］. 法制与社会发展，2004（6）：60-71.

② 孙璐. 知识产权的异化及良性回归［J］. 法学杂志，2009（5）：118-120.

③ CN Gifford. The Sonny Bono Copyright Term Extension Act［J］. University of Memphis Law Review，2000（30）.

④ TPP's Copyright Trap. Electronic Frontier Foundation. 2016（1）

⑤ 孔志国. 公共选择理论：理解、修正与反思［J］. 制度经济学研究，2008（1）：204-218.

⑥ 朱淑娣，李祖军. 浅析美国知识产权反垄断法政策目标之演变——从历史的、法社会学的视角［J］. 行政与法，2009（12）：104-108.

种情况下，对知识产权保护的强调便成为必然结果。但这种必然结果的产生，并不是知识生产本身的内部变革，而是政府政策因素的影响。其次，伴随着信息技术革命而兴起的，新型企业和风险投资对知识产权的改革有着强烈的需求。快速发展的技术催生了众多高新技术企业的产生，而高新技术企业的创始人往往拥有一种专有知识特长，但相对缺乏企业管理和资本运作经验。在企业市场竞争和股东加盟时都想要依靠技术专长获得高额回报。在企业的创办过程中往往存在拥有先进专有技术的加盟者，将知识进行折价入股成为公司股东。此时对于强调知识产权归属的知识产权制度成为这种形式的重要制度保障，也成为了权责明确的股东收益比例划分标准。最后，高新技术企业的产业模式和产品成本构成对知识产权保护需求比较强烈，高新技术企业产品研发投入加大，但是产品开发完成后的复制成本较低，容易被其他组织或个人复制后分割企业的经济收益。所以这种企业对知识产权的保护愿望强烈，要求通过知识产权制度保护其知识产权和相应的经济收益。

此外，知识产权制度还受到了产权理论的深刻影响。"知识"具有零边际成本的特征，任何人对于"知识"的消费并不会带来额外成本。也正因为此，通过排他性产权的方式对"知识"定价就意味着资源利用不能达到帕累托最优。[①]但在产权理论看来，为了激励更多人参与创作并获得排他性收益，这种短暂的静态效率损失是可以接受的，换来的则是知识生产的长期动态效率。[②]但伴随着互联网的应用与普及，这样的理论预设却不再成立。哈佛大学法学院教授本科勒认为，尽管 1960 年代的信息技术革命之后，人类就已经进入了信息时代，但此时的知识生产仍然延续了工业时代大规模福特式生产的特点：资本的密集投入伴随着专业化生产模式，商业化媒体向公众单向式地传播着无差别信息产品；与之相对应，基于市场的排他性产权机制保护着投入资本的收益。直到计算机技术的进步和互联网的普及使得人类进入网络时代之后，知识生产模式才发生了根本的转型，基于公共资源的大众生产模式（Common Based Peer

①　Benkler Y. The Wealth of Networks：How Social Production Transforms and Freedom. Yale University Press，2006. 10，109-112，105.

②　Benkler Y. The Wealth of Networks：How Social Production Transforms and Freedom. Yale University Press，2006. 10，109-112，105.

Production）成为主流。① 互联网时代不同于工业时代，信息生产的元数据大量存在于互联网之上，获取成本很低，互联网扁平化结构为模块化生产的个体参与提供了可能空间。多元化的个体需求开始成为参与信息生产的主要动力。很多互联网的数据来源和技术来源并不是以经济利益为目的开发的，许多爱好者因为兴趣所在而参与知识生产，并在互联网上将自己的知识产品或知识半成品无偿分享，成为其他技术开发的基础来源。开源性的信息技术产品在信息技术市场占据的比例较大，大众参与的知识生产模式下传统的知识产权制度存在失衡状态，知识产权合理保护和知识产权对知识创新的作用，是亟待解决的问题。

二、互联网+时代知识产权制度的重构

随着国家互联网+战略的推进，依托互联网平台改造传统产业，加速传统产业的创新和升级，已经成为当前改革工作的重心。但国家战略层面的互联网+概念，并不是仅仅将互联网作为一种技术工具和手段加以利用，而是更加注重以互联网为基础的知识生产模式的创新与融合。互联网+战略下的知识生产模式能否创新，以更好地推动互联网+战略的实施，以知识产权制度紧密相关。这是产权制度是与知识生产相关程度最高的制度层设计，但历史发展过程中，长期形成的片面强调以产权方式对知识生产者进行激励的知识产权制度已经失衡，并与互联网+时代的公众参与知识生产模式发生了冲突，从而阻碍了知识的生产和创新，需要对知识产权制度进行再平衡重构。

知识产权的重构需要从三方面入手。一是改变传统的知识生产观念和思维，拓展知识生产的激励动力来源。传统的知识产权制度对知识生产的激励动机的界定源于当时的社会环境，随着社会环境的变化，原有的激励动机认识逐渐表现出狭隘的一面，过分强调通过产权保护的物质激励实现途径。在互联网+时代，知识生产的模式发生了重大变革，人们参与知识生产的动机、目的和收益模式逐渐多元化。知识产权制度的改革首先要做到的是观念的更新，纳入多元化的机制动机。当知识的生产者和创造者并不是单纯为了个人的经济利益而利

① Benkler Y. The Wealth of Networks：How Social Production Transforms and Freedom. Yale University Press，2006. 10，109–112，105.

用了他人受保护的知识产权，并且这种知识的生产有利于互联网平台整体知识生产水平的提升，那么这种知识产权的使用应该被界定为"合理使用"，需要在知识产权保护上作出合理考量。二是改革就是生产的收益分配机制，合理保护产权，鼓励知识共享。对知识产权制度本源的回归，即对"知识公开"和"产权激励"的平衡，但其更加注重收益分配方面。通过收益分配机制的革新，以重新调整知识产权所有人和其他使用人的权利关系，以最终实现促进知识生产和推动创新的终极目的。[1] 三是通过制度的协同创新，完善互联网时代知识生产的顶层制度。对于知识生产而言，知识产权制度仅仅是多项制度中的一种，它并不能承担知识生产过程中所有的协调协调任务和管理责任。因此需要关注和鼓励多种有关于知识生产制度之间的协同创新，按照不同制度的特点，发挥不同制度的优势，实现互补。

第二节　互联网＋时代跨界融合中的图书馆版权服务

一、图书馆在版权平衡中的角色

图书馆版权平衡指的是图书馆与版权人为作品的传播付出创造性劳动的出版者集团之间利益的均衡和协调，是版权平衡理论在图书情报领域内的运用，也是解决图书情报领域版权问题的基本原则。[2] 许多学者也关注了图书馆在版权平衡中发挥的特殊作用，杨利华等认为"图书馆不同于一般的作品传播者，在著作权保护体系中应享有其它作品传播者没有的特权"；[3] 马海群认为"在著作

---

①　贾开，徐婷婷，江鹏．知识产权与创新：制度失衡与互联网＋战略下的再平衡［J］．中国行政管理，2016（11）：88-93.

②　华海英．图书馆在版权平衡中的多种利益角色分析［J］．图书情报工作，2004（2）：17-21.

③　杨利华，冯晓青．图书馆工作中的著作权问题之我见［J］．著作权，2001（4）：26-32.

权法中积极引进图书馆因素，促进其成为著作权制度的均衡器"。①英美等国图书馆在版权协调和平衡中发挥了比较积极主动的作用，如美国的图书馆员计划于 2003 年组织一个关于"合理使用"的大会，英国图书馆协会的版权联盟也在为制定一个平衡的版权法而战斗。②《美国数字千年版权法》及《欧盟信息社会版权与相关权利协调指令》中关于对图书馆的豁免条款也是图书馆界努力呼吁和争取的结果。图书馆版权平衡的提出顺应了"要求我国图书情报工作者积极参与我国著作权立法讨论的趋势"。③而且图书馆版权平衡的实现对其它利益集团的版权平衡的实现也具有一定的借鉴意义。

图书馆在版权平衡中的角色主要有两类，一是代表社会公众的利益，维护社会公众的获取智力成果的权利。《世界人权宣言》第 27 条明确宣布："每个人都有自由参加社会文化生活的权利，以享受艺术与分享科学进步的利益。""公民的参与权，说到底就是使用作品，获取知识，传播信息，交流思想的自由。"④社会公众在合理的范围内，可以不经著作权人许可，无偿使用正在受到著作权保护的已经公开的的知识成果。二是图书馆在版权平衡中代表着图书馆的利益。图书馆传递知识信息的服务过程中，也伴随着知识生产和创造的过程，图书馆在知识服务过程中，必然会从投入产出的角度出发，以作为市场经济主体的角色考虑图书馆所创造的知识的经济价值。这种经济价值的实现途径就是图书馆不完全提供免费的服务，在一些知识服务中提供有偿服务。在版权平衡中，图书馆的利益角色与图书馆作为公共利益代表角色有所不同，就像版权平衡中的出版机构、发行机构等类似。如图书馆在提供有偿服务时使用、传播作品，必须尊重版权人的精神权利和财产权利，而不能以公益性的主体性质为由享受第一种利益角色所享有的合理使用制度。

---

① 马海群．论公共图书馆的发展与著作权法的修改［J］．著情报学报，2001（2）：232-236.

② 刘可静．知识产权与图书情报工作．图书情报工作［J］．2002（2）：20-23.

③ 肖燕．美国《数字千年著作权法》及其对图书馆的影响［J］．大学图书馆学报，2001（1）：24-30.

④ 吴汉东．合理使用制度研究［M］．北京：中国政法大学出版社，1996：86.

二、图书馆的"版权馆员"

随着互联网技术的发展，知识生产规模和知识需求的扩大，图书馆为用户提供的知识服务数量和内容不断扩展。图书馆所提供的数字资源所涉及的版权问题不断凸显，对图书馆的信息服务、业务管理和公共形象都产生着影响。图书馆需要培养"版权馆员"，围绕版权相关问题开展服务。

随着图书馆版权问题的大量出现，国外的一些图书馆为有效地解决版权问题，并规范图书馆工作人员与用户的版权行为，纷纷建立了专业的机构或设立专门的"版权馆员"工作岗位。在面向不同群体，或服务内容不同的图书馆中，"版权馆员"的称谓也不尽相同。较为普遍的有"版权图书馆员（copyright librarian）""版权与许可证图书馆员（copyright and Licensing librarian）""图书馆版权官（copyright office）"或"媒介与版权图书馆员（Mieda & copyright librarian）"等。称谓的不同表明不同图书馆中的此类工作人员的具体工作内容也存在着差异，但是其工作主体均是围绕着版权问题而展开的。[①] 版权馆员在图书馆履行着版权顾问、版权律师等职业的工作任务，需要具备较强的综合能力，掌握专业的业务知识。如美国加州大学洛杉矶分校图书馆对版权馆员设定的任职条件主要有：具备版权法律、版权案例和制定协议方面的专业知识；熟悉学术机构和高等教育版权政策和知识产权法规；掌握人文社科、艺术和自然科学的文献组织方法；了解出版商的许可协议和商业运营模式；有能力对数字资源许可协议进行判断、分析和起草；善于谈判，并代表图书馆针对版权问题阐明立场等。[②]

美国一些大学对版权馆员的设置十分重视，如密歇根州立大学设立的"版权图书馆员"职位主要负责对用户进行版权方面的咨询，如明确资源的许可协议和正确使用方式，如何利用开放获取资源，并指导用户遵循与版权相关的法律制度。[③] 北卡罗莱纳大学则设立了电子版权管理员，全面处理图书馆版权问

---

① 陈传夫，汪晓芳，符玉霜. 国外版权图书馆员岗位设置及其对我国的启示 [J]. 国家图书馆学刊，2009（2）：39.

② 美国加州大学洛杉矶分校图书馆版权馆员岗位要求 [EB/OL].［2015–05–03］. http://www.Ucla.edu/research/libraries

③ 密歇根州立大学图书馆 [EB/OL].［2015–05–03］. http://www.lib.msu.edu/

题；① 杜克大学设置了"版权与学术交流办公室"，为用户提供版权咨询与学术交流服务。② 国内的图书馆也尝试设立专门人员负责版权问题，如中国国家图书馆的数字资源版权工作由数字资源部下设的"版权管理组"负责。③

版权馆员在图书馆有着重要作用，尤其是互联网＋时代，知识生产规模不断扩大，用户凭借互联网平台获取图书馆资源的效率提高，版权问题发生的频次增加。互联网＋时代组织边界模糊，组织之间的跨界融合趋势明显，图书馆与其他组织或者业态依托互联网进行跨界融合中，版权问题更加凸显。版权馆员的存在和服务，将有效帮助解决用户使用图书馆及相关资源以及图书馆与其他组织跨边界融合中的版权问题。版权馆员的发挥的作用主要体现在积极防范数字资源版权纠纷，指导用户合理使用数字资源；辅助图书馆做好数字资源采购工作，参与采购中涉及到版权的协调和谈判；对用户进行版权意识的培养，提高图书馆其他馆员的版权素养；尤其是互联网＋时代，图书馆和互联网教育融合中处理慕课等互联网教育形式的版权问题。

三、图书馆的版权服务——以慕课为例

近年来，随着网络时代的来临，网络在各个方面对人类的生活产生了极为深远的影响，慕课课程的出现极大地颠覆了人们对于课堂学习的传统认识。"2013 年，英国开放大学在题为《创新教育》的报告中，就把"慕课"排在十大教育前沿术语的首位。"④ 但是版权问题却成为慕课课程进一步发展的法律障碍之一，而图书馆恰恰可以在解决慕课课程与版权之间的冲突，平衡这两者之间的利益关系中发挥举足轻重的作用。

---

① 北卡罗来纳大学图书馆［EB /OL］.［2015-05-03］. http://www.lib.ncsu.edu/hours/hill/general
② 杜克大学图书馆［EB /OL］.［2015-05-03］. http://li-brary.duke.edu/
③ 梁宵萌."版权馆员"在高校图书馆数据库资源建设中的角色探析［J］. 山东图书馆学刊, 2016（1）: 47-50.
④ 陶媛. 英国开放大学创新教育报告 2013: 十大最新教育术语［J］. 世界教育信息, 2014（1）: 73-74.

1. 图书馆为慕课课程提供相应的版权服务

版权是技术的必然要求。慕课课程所面临的版权问题，从它自身的技术特征来分析的话主要有以下几个特点：

慕课课程被人称之为"巨型课程"，原因就在于——课程数量多、上课的学生数量众多、分布范围广。以美国的 Coursera 平台为例，共计 700 万学生，其中 40% 以上的学生散布在美国之外的世界各个地区。[①] 因此，在现实中频频上演的未经授权而使用版权的行为，给版权拥有者所带来的损失就不得不引起关注。众多慕课课程只提供相应教材的目录，不提供相关内容的现象也就容易理解了。"开放"是慕课课程最为突出的标签之一。而这一点对版权保护的压力更大。同时更为关键的是，慕课课程为了实现自身的维持与可持续性的发展，毫无疑问是需要资金的投入，但是目前我国政府资金投入的不足与慕课课程资源的潜在增值性，使得新的版权博弈愈演愈烈。

版权保护从全球范围内来看都是一个备受争议的焦点。在美国，"全美大学教授联盟"（AAUP）和"全美大学协会"（AAU）对这个问题有不同的看法。与此同时，高校教师与大学图书馆之间的版权矛盾更加激化，而慕课课程平台、出版商也希望能从中获得不菲的利益。美国教育理事会（ACE）法律总顾问艾达·梅洛伊指出"慕课对机构资源的依赖程度较高，大学对这些课程及其内容应拥有更大的权利。"[②] 而美国大学的部分教师却指出：如果大学享有慕课课程的版权，将会使得授课教师的权益被大学与慕课平台所签订的协议限制，甚至是无法得到很好的保障。但现实却是"尽管慕课平台提供者在协议中声称版权归大学享有，但是出于投资回报与扩张品牌的目的，往往通过协议获得慕课的衍生权、销售权、衍生权、鉴定权等权利。"[③]

当下，国外的众多大学在慕课课程的版权所有权的问题上，采取了不同的版权政策。而合理使用规则的适用范围的无法确定，则是当下国外慕课课程遇

---

① 方静．MOOC 的发展及其对传统教育的挑战．华北科技学院学报，2014（5）：90-94.

② 姚伟欣．MOOC 时代面临的著作权挑战［EB /OL］．［2014-07-02］.http://copyright.las.ac.cn/news/mooc65f64ee397624e

③ 王莉芳．大规模在线开放课程（MOOC）版权特征探析．科技与出版，2014（7）：86-89.

到的最大的障碍。第一，嵌入式版权[①]的使用问题。慕课课程需要大量的拥有版权的资源，需要从第三方"拿来"使用，但是现阶段的做法从法律的角度来看，是不符合规范的行为，属于侵权。第二，版权的提供与使用。在当下，慕课课程在教学过程中普遍存在没有经过授权环节，将版权资源大规模的、大范围内进行传播。而这种行为在很多国家无法找到法律依据。我国 2013 年 3 月 1 日起施行《信息网络传播权保护条例》，第 6 条明文规定，"通过信息网络提供他人作品，属于下列情形的，可以不经著作权人许可，不向其支付报酬，为学校课堂教学或者科学研究，向少数教学、科研人员提供少量已经发表的作品"。[②]

目前慕课课程的合理使用遭遇了前所未有的困境，迫使慕课对版权的要求达到了一个新的高度。从 2012 年 8 月至 2013 年 5 月，美国杜克大学图书馆共受理教师授权申请 172 件，50% 得到免费授权，19.77% 得到有偿许可，其余申请被拒绝或者未得到回复。[③] 而美国高等教育论坛（NPF）曾在报告中指出：如果没有图书馆的服务，远程高等教育将还要挣脱更多的桎梏。[④] 通过国外著名的慕课课程平台——Udacity、Coursera、edX 等大量的反复试验证明——图书馆在慕课课程中所担任的角色是一分为三，即"教学馆员""助教馆员""版权馆员"。

2. 我国图书馆为慕课课程提供版权服务存在的难点与缺点

2012 年 6 月，美国大学与研究图书馆协会（ACRL）发布了一份报告，在这份报告里该协会强调："高等教育处在变化、动荡时期，网络教学的兴起和教

---

① 刘高军，周全."嵌入式"版权服务组件管理平台设计与实现［J］.北方工业大学学报，2016（1）：28-34.

② 信息网络传播权保护条例［EB/OL］. http://baike.baidu.com/link?url=BOHSi4psHhHLbax-CCk7rcHvMTpNYmlEtPCY5UOe3QEv4nayPa8SohtYmUEps64OYuF-na1aYNNsEUr9kK7hAC YqvC9TsvB5BUhsJqWXmAwliTv6UChTOV6HbzUrlf4Ts3ZCJpLcKl-zon3tJwMNiqCDxiFahfm23-rCPO4s5ArN1n-sOlcN4KJhqLEiI8vQ-KQG3-dH0WfyabS--xjYDja

③ 张丹，龚晓林.大学图书馆参与 MOOC 版权服务的实践及启示.图书情报工作，2014（10）：90-93.转引自：秦珂.慕课、版权和图书馆——图书馆为慕课提供版权服务的支点、难点与切入点［J］.图书馆，2015（4）：11-14.

④ 乔琼.美国高校远程教育办学特色与经验探究［J］.远教广角，2009（10）：73-78.

育的全球化，要求图书馆向用户及社会证明其价值。"[①] 为慕课课程提供相应的版权服务，是图书馆突出其社会作用的有效途径之一。国外的相关高校的图书馆的研究成果也表明："大部分教师认为，版权严重影响了慕课的质量和进程，图书馆的版权服务令人满意而且很有助益。"[②] 目前我国图书馆为慕课课程提供相应的版权服务面临诸多的问题，这些问题源于我国的版权管理机制不健全，图书馆提供版权实践的经验严重不足。

在版权服务中，图书馆的主要任务应当是清理版权。[③] 在国外，很多大学的图书馆可以为慕课课程提供版权服务，是因为拥有一套较为健全的版权信息管理系统和一个相对完善的版权中介授权机制。以美国为例，长期以来强制施行或者鼓励在作品上加注版权标记、版权登记注册制度。美国版权结算中心（CCC）[④] 先后设计了 Paper Stats、Paper Stream、Get It Now 等多种专门针对图书馆的服务项目，此外允许版权所有人对其作品进行自由定价。可以说为图书馆开展版权服务提供了便利。相反，尽管我国颁布了《著作权集体管理条例》，也先后成立了众多的版权中介组织——中国音乐著作权协会、中国文字著作权协会等。但是还存在很大的不足之处，如尚未在国家层面上形成一个较为的健全的版权管理体系，版权中介组织的权威性不足，无法为图书馆版权服务提供一个良好的渠道。

相关的著作的版权清理是一个十分耗时的工作，"据联机计算机图书馆中心提供的资料，清理一门慕课的版权平均要花费 380 小时。"[⑤] 因此，国外绝大多数图书馆并不把清理版权当成重点工作，而是以整体的版权指导、教育为主，

---

① 宋洁，王乐．美《2012 年学术图书馆十大发展趋势》解读．图书馆杂志，2013（11）：88-90.

② 张丹，龚晓林．大学图书馆参与 MOOC 版权服务的实践及启示．图书情报工作，2014（10）：90-93.

③ 张丹，龚晓林．大学图书馆参与 MOOC 版权服务的实践及启示．图书情报工作，2014（10）：90-93.

④ 高雪山，钟紫红．美国版权结算中心及其版权解决方案：期刊转型不可忽略的保值增值途径［J］．中国科技期刊研究，2013（4）：619-623.

⑤ 秦鸿．MOOCS 的兴起及图书馆的角色［J］．中国图书馆学报，2014（2）：19-26.

辅以具体的版权咨询、许可服务。^①而这也与美国研究图书馆协会（ACRL）发布的《2012 年学术图书馆十大发展趋势》报告所中提出的设想不谋而合。因此，我国的图书馆更不能将相关的著作的版权清理作为版权服务的重点。目前，我国的图书馆从整体上说存在的问题主要是缺乏开展版权相关服务的经验，缺少行业性的版权政策。虽然在前不久，中国图书馆学会发布了《数字图书馆资源建设和服务中的知识产权保护政策指南》，但是在这份报告中却没有涉及慕课课程的版权服务。法律规定的笼统与不清晰同样束缚了图书馆从事版权指导、教育、咨询的手脚。

3. 我国图书馆应该如何为慕课课程提供版权服务

在当下，慕课时代已经来临，因此为慕课课程提供相应的版权服务是各大高校图书馆要认真考虑与努力实践的课题，而这也是对高等教育发展与图书馆强化服务能力所提出的要求。国外著名大学的图书馆为慕课课程提供版权服务，主要是通过完善图书馆的相关组织来得以实现。第一，成立相关的组织，譬如美国哈佛大学图书馆的"版权咨询办公室"等。第二，设立版权馆员岗位，负责为慕课课程提供相应的版权服务。第三，成立版权管理团队。如加拿大滑铁卢大学图书馆的版权管理队伍就由版权馆员、资源共享馆员、教学设计专家、教师、学习中心主任、书店工作者等组成。^②

与此同时更为重要的是，图书馆要意识到为慕课课程提供版权服务的复杂性与特殊性。首先是主导融入，而这是图书馆参与慕课课程的最有效的途径。例如中国科技大学图书馆的开放课程《文献管理与信息分析》，就是这一特性的表现。其次是参与融入。由"嵌入式图书馆员"^③参与到慕课课程的教学团队中，除了为慕课课程的学员提供关于教学信息、教学资源、参考咨询等类似的信息外，同时更要从事版权服务工作。最后是注册融入。图书馆员以学习者的身份注册成为慕课学员。

---

① 张丹，龚晓林.大学图书馆参与 MOOC 版权服务的实践及启示［J］.图书情报工作，2014（10）：90-93.

② 鄂丽君.加拿大大学图书馆的版权信息服务.图书馆论坛，2014（8）：116-120.

③ 廖敏秀，蒋知义.嵌入式馆员——高校学科馆员发展的新方向［J］.图书馆学研究，2008（12）：6-8.

当然，随着慕课课程的不断发展，进一步促进了图书馆对版权服务的迫切要求。与此同时，更为重要的是要加强版权中介管理制度的建立，为图书馆的版权服务创造一个更为有利的环境。除此之外，图书馆更要加强和版权中介管理组织的沟通，实现业务联系的常态化，使得双方的合作领域不断扩大，服务内容不断增多。而且还有一点，图书馆也要开发在线的版权结算系统，从而使授权效率得到进一步的提高。

而在目前看来，开放式资源是解决慕课课程的版权问题的最有效的途径之一，特别是依据知识共享组织^①（Creative Commons）而达成的"CC 协议"^②，对开放资源的使用规定，极大地满足了当下慕课课程的特征。

为此，因从以下几个方面入手来为慕课课程提供版权服务。首先，各大高校要依据本校目前的专业设置，以学科为划分标准，按照资源的不同类型来建设馆藏，从而建立一个系统的开放资源搜索平台。其次，对开放资源搜索平台进行归纳整理，使得"包括在数字资源列表中设置开放资源链接门户的浅层次揭示，以及把开放资源同 OPAC 整合，或者通过 OAI、Open、DOI、URL 等操作系统对开放资源跨库整合等进行深层次揭示。"^③再次，将资源与新技术结合起来。比如美国的俄亥俄州立大学 Ariel 馆际互借文献传递系统的补充软件

---

① CreativeCommons，简称 CC，中国大陆正式名称为知识共享。是一个非营利组织，也是一种创作的授权方式。此组织的主要宗旨是增加创意作品的流通可及性，作为其他人据以创作及共享的基础，并寻找适当的法律以确保上述理念。该计划向版权持有人提供数种自由的版权协议，以应用于作者发表在网络上的内容。

② 由于网络世界的公开性与匿名性，创作者的版权内容难以得到恰当的保护。而创作者也没有一个恰当的、合乎法律的主动声明去保护自己的创作内容。CC 协议便应运而生。知识共享组织设计了一系列协议，目的是为了在作者保留相关版权权利的前提下，作品在满足特定条件的情况下便可以被自由复制、传播，在不违反版权保护法律的情况下获得、分享更多创作于素材。CC 协议分为三个部分：可被程序识别的特征源码、可为一般人所理解的简易文本、正规的法律文本。其中，借由可被程序识别的特征源码，使得搜索引擎能够快速判断该内容是否为开放版权的内容，从而向使用者提供更精准的结果，这一设计也是 CC 协议的初衷。但是一般而言，在网络上普遍采用的可视结果是连接到 CC 官方网站的图片标识与简易声明。CC 协议分为 6 个版本，每个版本在允许以及限制行为上都稍有区别。每份协议的简易文本都包括允许行为、限制行为、声明三部分。

③ 秦珂. 慕课、版权和图书馆——图书馆为慕课提供版权服务的支点、难点与切入点[J]. 图书馆，2015（4）：11-14.

Prospero，可以将 Ariel 转换为网页文献，选择以开放资源为主导的技术路线，有效摆脱版权的干扰。[①] 最后，形成一个机构知识库。图书馆可以通过这种方式"开展开放资源延伸服务，比如参与开放出版、同出版商合作提供资源的开放获取、合作存储等，把慕课本身作为一种开放资源整合到图书馆资源集成检索系统中"[②] 也是建设开放资源的可取方法。

① 杨文珠 . 我国高校图书馆开放存取资源建设现状调查分析 . 图书馆学研究，2009（7）：56-59.

② 秦珂 . 慕课、版权和图书馆——图书馆为慕课提供版权服务的支点、难点与切入点 [J].图书馆，2015（4）：11-14.

参考文献

一、研究著作

［1］［美］巴拉巴西．爆发：大数据时代预见未来的新思维［M］．马慧，译．北京：中国人民大学版社，2012.

［2］［美］米尔斯．社会学的想象力［M］．第3版．陈强，张永强，译．北京：生活·读书·新知三联书店，2012.

［3］彼得·德鲁克．管理：使命、责任、实务（使命篇）［M］．王永贵译．北京：机械工业出版社，2006.

［4］毕强，陈晓美，邱均平．数字资源建设与管理［M］．科学出版社．2010.

［5］曹磊，陈灿，郭勤贵，黄璜，卢彦．互联网+的跨界与融合［M］．北京：机械工业出版社，2015.

［6］代根兴．图书馆信息资源建设与管理研究［M］．北京：北京邮电大学出版社，2014.

［7］董琴娟．中国图书馆联盟发展研究［M］．北京：光明日报出版社，2013.

［8］关晓东．从卡夫卡到昆德拉［M］．北京：三联书店，2003.

［9］昊汉东．合理使用制度研究［M］．北京：中国政法大学出版社，1996.

［10］黄肖俊，吕肖庆．数字出版与数字图书馆［M］．北京：电子工业出

版社，2013.

[11] 贾昌荣. 工业品营销赢在价值链［M］，北京：中国电力出版社，2014.

[12] 凯文·凯利. 必然［M］. 周峰，董理，金阳，译. 北京：电子工业出版社，2016.

[13] 李东来. 图书馆数字阅读推广［M］. 北京：朝华出版社，2015.

[14] 马化腾. 互联网＋国家战略行动路线图［M］. 北京：中信出版集团，2015.

[15] 苏坤. 信息资源共建共享研究进展［M］. 北京：中国言实出版社，2014.

[16] 田海明，卢玲. 学术视域中的现代出版［M］. 合肥：安徽人民出版社，2014.

[17] 吴慰慈. 图书馆学基础［M］. 北京：高等教育出版社，2007.

[18][英] 约翰·汤普森. 数字时代的图书［M］. 张志强，译. 南京：译林出版社，2014.

[19] BOURDON F. Modeling anthority data for Libraries, Archives and Museums: a project in Briscoe W A. Library Advertising［M］. New York: H. H. Wilson, 1921.

[20] DTI. Socialenterprise: astrategyforsuccess［R］. London: Department of TradeandIndustry, 2002.

[21] Elmer D. Johnson, 尹定国. 西洋图书馆史［M］. 台湾：学生书局，1985.

[22] Reading on Marketing of Library andInformation Services［M］. Mumbai: Allied Publishers PrivateUnlimited, 2003.

[23] Kim W C, Mauborgne R. Blue Ocean Strategy: How to Create Uncontesed Marker Space and Make Competition Irrelevant［M］. Boston Massachusetts: Harvard Business School Press, 1997.

二、学术论文

[1][美] NMC 地平线项目，龚志武，吴迪，陈阳键，苏宏，王寒冰，

Johnson, L., AdamsBecker, S., Cummins, M., Estrada, V., Freeman, A., Ludgate, H.. 2013地平线报告高等教育版（上）[J].广州广播电视大学学报, 2013（2）.

[2]包艳红.探析互联网+时代下的图书馆阅读推广工作[J].河南图书馆学刊, 2015（10）.

[3]步宏婕.国外一流研究型图书馆战略规划的启示[J].情报探索, 2015（3）.

[4]蔡筱青.试论图书馆联盟与资源共享[J].图书馆学研究,2004（11）.

[5]曹秋霞.国外图书馆编目业务外包的发展及启示[J].图书情报工作, 2009（1）.

[6]曹新明.知识产权法哲学理论反思——以重构知识产权制度为视角[J].法制与社会发展, 2004（6）.

[7]曾燕,郑建程,赵艳,等.SCOAP3: 开放出版新模式及其影响[J].图书情报工作, 2013（1）.

[8]车凯龙.论青番茄网上实体书图书馆的研究价值[J].新世纪图书馆, 2012（11）.

[9]陈传夫,汪晓芳,符玉霜.国外版权图书馆员岗位设置及其对我国的启示[J].国家图书馆学刊, 2009（2）.

[10]陈乐人.《北京市"十二五"时期档案事业发展规划》解读[J].北京档案, 2011（9）.

[11]陈胜利.公共数字文化资源建设的宏大实践[J].图书馆杂志, 2015（11）.

[12]陈魏魏,孟桂平.浅谈从传统图书馆服务模式到数字图书馆新型服务模式的转变——以国家数字图书馆为例[J].情报杂志, 2011（S1）.

[13]陈益君.互联网思维与图书馆文献资源建设的转型[J].图书馆研究与工作, 2017（1）.

[14]陈则谦.公共知识传播的新型组织运作模式: 在公益与商业之间[J].图书馆杂志, 2013（6）.

[15]陈长彬,陈功玉.供应链合作关系的形成与发展研究[J].工业技术经济, 2006（11）.

［16］程蕴嘉.全球数字图书馆计划现况与发展［J］.图书馆学研究，2009（10）.

［17］邓君，贾晓青，马晓君，赵红颖.图书档案数字化融合服务保障机制研究［J］.图书情报工作，2013（12）.

［18］第39次中国互联网络发展状况统计报告发布［J］.新闻战线，2017（3）.

［19］丁璐.国外图书馆营销理论研究［J］.图书馆建设，2009（11）.

［20］杜敏.不同媒介形态下学术期刊的共生与变革［J］.澳门理工学报（人文社会科学版），2014（3）.

［21］鄂丽君.加拿大大学图书馆的版权信息服务［J］.图书馆论坛，2014（8）.

［22］樊惠民.浅析大数据对图书馆资源建设的影响［J］.图书管理，2016（9）.

［23］范凤霞.基于危机管理理论的图书馆战略规划［J］.山东图书馆学刊，2010（3）.

［24］范胜英.中美教育信息技术应用的比较研究［D］.河北大学，2004.

［25］方静.MOOC的发展及其对传统教育的挑战［J］.华北科技学院学报，2014（5）.

［26］冯彩芬，杨涛.大学图书馆与书商合作展望［J］.新世纪图书馆，2005（2）.

［27］冯湘君.档案馆与图书馆知识服务的比较分析［J］.图书馆工作与研究，2006（4）.

［28］高波，邝婉玲.澳大利亚大学图书馆联盟战略规划的内容、特点及启示［J］.大学图书馆学报，2014（6）.

［29］高灵溪.基于社会化媒体的图书馆阅读推广研究［D］.东北师范大学，2013.

［30］高雪山，钟紫红.美国版权结算中心及其版权解决方案：期刊转型不可忽略的保值增值途径［J］.中国科技期刊研究，2013（4）.

［31］宫昌俊.图书馆＋：开启全民阅读PPP新模式［J］.图书馆杂志，2015（11）.

［32］关萍.体制创新——"三馆合一"［J］.科技情报开发与经济，2006（13）.

［33］郭文革，陈丽，陈庚.互联网基因与新、旧网络教育——从MOOC谈起［J］.北京大学教育评论，2013（4）.

［34］郭自宽，张兴旺，麦范金.大数据生态系统在图书馆中的应用［J］.情报资料工作，2013（2）.

［35］国际图联和国际档案理事会北京宣言［J］.王良城，译.中国档案，1997（2）.

［36］韩翠峰.互联网＋环境下的图书馆服务转型与发展［J］.图书与情报.2015（5）.

［37］韩文靓.图博档数字化服务发展趋势研究［D］.南京：南京大学，2013.

［38］郝世博，朱学芳.LAM数字化融合服务中动态信任评估研究［J］.图书情报工作，2014（15）.

［39］何志宁.介绍美国布莱克维尔图书公司纲目订单的特色［J］.广东图书馆学刊，1987（4）.

［40］胡庆连.公共图书馆致力"社会阅读"推广的逻辑起点［J］.河南图书馆学刊，2009（2）.

［41］胡小菁，范并思.云计算给图书馆管理带来挑战［J］.大学图书馆学报，2009（4）.

［42］胡心悦.图书馆、档案馆和博物馆资源整合的发展趋势——基于ICA、IFLA和ICOM历届会议主题的研究［J］.图书情报工作，2014（17）.

［43］华海英.图书馆在版权平衡中的多种利益角色分析［J］.图书情报工作，2004（2）.

［44］黄琴玲.美国加州大学伯克利分校图书馆服务转型的新动向与思考［J］.图书情报工作，2014（20）.

［45］黄如金.论中国式管理策略原则［J］.中国工业经济，2009（12）.

［46］黄希全.数字图书馆推荐系统中用户偏好的建模方法［J］.情报杂志，2006（1）.

［47］黄幼菲.公共智慧服务——图书馆知识服务的高级阶段［J］.情报资

料工作，2012（5）.

［48］霍瑞娟."图书馆＋"：专业服务跨界融合发展的探索［J］.图书馆杂志，2016（8）.

［49］贾东琴，赵晟，袁彤.关于我国公共图书馆战略目标的思考［J］.图书馆工作与研究，2012（8）.

［50］贾开，徐婷婷，江鹏.知识产权与创新：制度失衡与互联网＋战略下的再平衡［J］.中国行政管理，2016（11）.

［51］姜进.互联网＋时代公共图书馆阅读推广跨界融合服务发展范式研究［J］.图书馆学刊，2016（12）.

［52］开放融合，连接一切——浙江省公共图书馆互联网＋行动计划［J］.图书馆研究与工作，2015（3）.

［53］阚德涛，钱军.基于互联网思维的图书馆阅读推广思路探讨［J］.现代情报，2016（12）.

［54］康耀玮.互联网＋时代图书馆网络服务创新研究［J］.图书馆学刊，2015（10）.

［55］柯平，陈昊琳.图书馆战略、战略规划与战略管理研究［J］.图书馆论坛，2010（6）.

［56］柯平.基于战略管理的图书馆战略研究［J］.山东图书馆学刊，2010（3）.

［57］柯平.图书馆战略规划研究的时代背景与理论视角［J］.图书馆工作与研究，2010（2）.

［58］柯平.图书馆战略研究［J］.情报资料工作，2010（3）.

［59］孔志国.公共选择理论：理解、修正与反思［J］.制度经济学研究，2008（1）.

［60］蓝维晖.数字时代文献资源的特点与建设思路探析［J］.图书馆学刊，2016（2）.

［61］李金芮，肖希明.国外公共数字文化资源整合管理体制模式及其适用性研究［J］.图书情报工作，2015（3）.

［62］李立睿，邓仲华.基于互联网＋的融合图书馆构建研究［J］.图书与情报，2015（6）.

［63］李丽娜.互联网＋背景下基层图书馆馆藏资源与服务的融合模式研究［J］.图书馆学刊，2017（2）.

［64］李巧玲.数字档案馆与数字图书馆的知识管理创新机制研究［J］.档案，2009（5）.

［65］李蓉梅，张克林.加强我国数字图书馆的资源建设［J］.阜阳师范学院学报（社会科学版），2004（3）.

［66］李维.大数据时代图书馆数字资源融合研究［D］.湘潭大学.2016.

［67］李亚琼.基于新公共服务理论的图书馆战略规划［J］.山东图书馆学刊，2010（3）.

［68］李易宁，"互联网＋图书馆"的延展维度与新思路［J］.图书馆，2017（4）.

［69］李忠孝，闫晓宇.积极参与教育数字化，传统出版社应着力向产业链两端延伸［J］.科技与出版，2014（8）.

［70］郦金花.图书馆合作发展研究［J］.图书馆学研究，2011（04）.

［71］梁宵萌."版权馆员"在高校图书馆数据库资源建设中的角色探析［J］.山东图书馆学刊，2016（1）.

［72］廖敏秀，蒋知义.嵌入式馆员——高校学科馆员发展的新方向［J］.图书馆学研究，2008（12）.

［73］林润辉，李维安.网络组织：更具环境适应能力的新型组织模式［J］.南开管理评论，2000（3）.

［74］林祖藻.联合国教科文组织公共图书馆宣言［J］.江苏图书馆学报，1986（1）.

［75］刘德成.发展智慧商业的思考与建议［J］.国际商务财会,2014（6）.

［76］刘高军，周全."嵌入式"版权服务组件管理平台设计与实现［J］.北方工业大学学报，2016（1）.

［77］刘菡.图书馆参与慕课活动实践及启示［J］.图书馆，2016（11）.

［78］刘红.国内外青少年阅读推广的现状及思考［J］.开封教育学院学报，2015（3）.

［79］刘家真.我国图书馆、档案馆与博物馆资源整合初探［J］.中国图书馆学报，2003（3）.

［80］刘可静．知识产权与图书情报工作．图书情报工作［J］，2002（2）．

［81］刘丽莉．社会转型视角下的图书馆合作发展模式研究［D］.山西大学，2015.

［82］刘燕．互联网＋思维背景下的高校图书馆服务创新［J］创新科技，2016（12）．

［83］柳春阳，刘兹恒．OCLC对我国信息资源共享的启示——纪念OCLC40周年［J］.图书馆，2007（5）．

［84］柳洲．互联网＋与产业集群互联网化升级研究［J］.科学学与科学技术管理，2015（8）．

［85］罗红．LAM（图书馆、档案馆、博物馆）协作内容与模式研究［J］.情报理论与实践，2017（6）．

［86］吕学才．图书馆的阅读推广活动研究［D］.吉林大学，2011.

［87］马海群．发达国家图书档案事业结盟与合作战略规划综述［J］.中国图书馆学报，2012（4）．

［88］毛文婷．档案馆、图书馆和博物馆的馆际合作研究［J］.黑龙江史志，2015（13）．

［89］孟德玉．互联网时代数字图书馆信息资源建设的途径探讨［J］.科技视界，2013（31）．

［90］穆向阳，朱学芳．图书、博物、档案数字化服务融合模式研究［J］.情报科学，2016（3）．

［91］潘拥军．公共图书馆规划管理实践研究［J］.图书馆论坛,2011（3）．

［92］乔琼．美国高校远程教育办学特色与经验探究［J］.远教广角，2009（10）．

［93］秦海军．浅析信息化时代我国网络教育现状、遇到的难题及对策［J］.东方企业文化，2012（8）．

［94］秦鸿．MOOCS的兴起及图书馆的角色［J］.中国图书馆学报，2014（2）．

［95］秦珂．慕课、版权和图书馆——图书馆为慕课提供版权服务的支点、难点与切入点［J］.图书馆，2015（4）．

［96］任嫒．以互联网为纽带的产业跨界融合模式生成机制、作用层次及推

进策略［J］.商业经济研究，2015（20）.

［97］阮绍薇.网际网路时代大学图书馆与图书代理商关系及影响影响因素之探讨［D］.台湾大学硕士论文，2001.

［98］邵玉河，曲丹秋.互联网＋图书馆面临的问题及对策研究［J］.四川图书馆学报.2017（2）.

［99］沈鸣.联合国教科文组织公共图书馆宣言（1994）［J］.江苏图书馆学报，1995（4）.

［100］实施电子文件和数字档案登记备份战略的实践与探索［J］.浙江档案，2010（11）.

［101］宋洁，王乐.美《2012年学术图书馆十大发展趋势》解读［J］.图书馆杂志，2013（11）.

［102］宋文香.浅议博物馆社会服务发展战略的制定与实施［J］.教育教学论坛，2015（38）.

［103］苏华.《跨界营销致胜》［J］.《市场营销案例》，2010（7）.

［104］孙波，刘万国.《基于环境扫描的"十三五"高校图书馆转型探索》［J］.《图书情报工作》，2016（3）.

［105］孙璐.知识产权的异化及良性回归［J］.法学杂志，2009（5）.

［106］汤蕴懿.在营利和公益之间的社会企业［J］.上海经济，2010（9）.

［107］陶功美.基于互联网＋思维模式的图书馆服务意识探讨［J］.新世纪图书馆，2015（12）.

［108］陶媛.英国开放大学创新教育报告2013：十大最新教育术语.世界教育信息，2014（1）.

［109］佟丽艳.对高校图书馆开展资源共享工作的探讨［J］.黑龙江科技信息，2003（11）.

［110］涂志芳，刘兹恒.美国数字公共图书馆的创新特点及对我国的启示［J］.图书与情报，2015（6）.

［111］屠淑敏，冯亚慧，李玲丽，粟慧.互联网思维视野下的公共图书馆跨界服务思考—跨界OR被跨界［J］.图书与情报，2015（1）.

［112］万行明.阅读推广：助推图书馆腾飞的另一支翅膀［J］.当代图书馆，2011（1）.

［113］汪旭晖．现代摩尔——国际发展态势及在中国发展空间分析［J］.商业文化，2003（1）.

［114］王波．阅读推广、图书馆阅读推广的定义—兼论如何认识和学习图书馆时尚阅读推广案例［J］.图书馆论坛.2015（10）.

［115］王东波．基于互联网＋的图书馆未来发展新趋势［J］.国家图书馆学刊，2016（3）.

［116］王凤珠．世界文化的展示与交流——世界数字图书馆（WDL）网站开通及其启示［J］.图书馆建设，2009（11）.

［117］王家盛．王欢河供应链协同管理策略研究［J］.燕山大学学报，2008（2）.

［118］王建，胡翠红．信息资源整合中的相关知识产权法律问题研究［J］.情报杂志，2013（3）.

［119］王丽娜．公益与商业——青番茄图书馆运营模式对公共图书馆的启示［J］.前沿，2013（12）.

［120］王莉芳．大规模在线开放课程（MOOC）版权特征探析.科技与出版，2014（7）.

［121］王良城．档案信息资源共享服务机制的战略构建［J］.中国档案，2013（1）.

［122］王露露，徐军华．"互联网＋"模式下的高校图书馆社交网络调研与分析［J］.图书馆学研究，2015（18）.

［123］王萍，王毅，赵红颖．图书档案数字化融合服务评价模型研究［J］.图书情报工作，2013（12）.

［124］王沙骋，曹凤，赵澄谋．信息共享环境探析［J］.情报理论与实践，2008（4）.

［125］王世强．社会企业在全球兴起的理论解释及比较分析［J］.南京航空航天大学学报（社会科学版），2012（3）.

［126］王世伟．融合图书馆初探［J］.图书与情报，2016（1）.

［127］王晓芳．微时代背景下图书馆服务创新策略［J］图书馆学刊，2014（5）.

［128］王晓霞，丁学淑，张剑．高校图书馆开展阅读推广的途径和保障

［J］.辽宁省交通高等专科学校学报，2015（2）.

［129］王辛培.阅读推广活动机制创新研究［J］.图书馆界，2013（1）.

［130］王秀香，李丹.国外国家图书馆战略规划解读［J］.图书馆，2012（5）.

［131］王苑，徐莉莉.基于情景感知的智慧图书馆服务探析［J］.图书馆研究，2015（3）.

［132］魏艳霞.基于协同理论的图书馆战略规划［J］.山东图书馆学刊，2010（3）.

［133］闻德峰."国家图书馆文津图书奖"宣传推广活动在黑龙江省图书馆举行［J］.图书馆建设，2010（11）.

［134］吴建.新时期我国电大开放远程教育质量问题研究［D］.西南大学，2009.

［135］吴建中.新常态新指标新方向（2012中国图书馆年会主旨报告）［J］图书馆杂志，2012（12）.

［136］吴新年.海量数字信息资源存储技术研［J］.图书与情报，2003（5）.

［137］夏毓婷.服务业跨界融合的特征和形成机理［J］.南通大学学报（社会科学版），2016（5）.

［138］夏忠刚.档案馆博物馆图书馆社会功能之比较［J］.浙江档案，2001（1）.

［139］向宏华，龙军.互联网＋时代高校图书馆的机遇、挑战与对策研究［J］.河北科技图苑，2016（5）.

［140］肖冬梅.数字时代图书馆联盟的任务［J］.图书馆杂志，2003（9）.

［141］肖希明，完颜邓邓.国外图书馆与出版商、书商的多元化合作［J］.图书馆，2016（4）.

［142］肖希明，杨蕾.国外公共数字文化资源整合宏观管理及其启示［J］.图书与情报，2015（1）.

［143］肖希明，郑燃.国外图书馆、档案馆和博物馆数字资源整合研究进展［J］.中国图书馆学报，2012（3）.

［144］肖燕.美国《数字千年著作权法》及其对图书馆的影响［J］.大学图书馆学报，2001（1）.

［145］肖永英，谢欣 . 图书馆、档案馆和博物馆合作机制研究进展［J］. 图书馆杂志，2015（1）.

［146］谢蓉 . 数字时代图书馆阅读推广模式研究［J］. 图书馆论坛，2012（3）.

［147］熊太纯，陈飞，屈波，黄秋琴 . 互联网 + 时代图书馆互动服务信息内容建设研究［J］. 图书馆学研究，2016（13）.

［148］熊太纯 . 国外 MALL 图书馆建设对我国图书馆的启示［J］. 图书馆杂志，2012（11）.

［149］徐晨琛 . MOOC 环境下我国高校图书馆的发展对策研究［J］. 内蒙古科技与经济，2016（2）.

［150］徐文哲 . LAM 数字化融合服务中自适应自动信任协商模型研究［J］. 情报资料工作，2014（5）.

［151］徐益 . 浅谈网络环境下档案馆与图书馆的合作共建［J］. 湖南档案，2002（4）.

［152］许正豪 . HW 公司互联网教育商业模式研究［D］. 浙江工业大学，2015.

［153］荀振英 . 未来商业一定是智慧商业［J］. 中国商界，2014（11）.

［154］闫志常 . 利益之辨与正确利益观的树立［J］. 理论学习，2014（7）.

［155］燕今伟 . 图书馆联盟的构建模式和发展机制研究［J］. 中国图书馆学报，2005（4）.

［156］杨利华，冯晓青 . 图书馆工作中的著作权问题之我见［J］. 著作权，2001（4）.

［157］杨林青，王红，雷菊霞 . 全媒体时代学术出版转型与图书馆的责任［J］. 现代情报，2016（12）.

［158］杨淑琼 . 高校图书馆与馆配商合作机制探讨［J］. 图书馆学研究，2016（07）.

［159］杨文珠 . 我国高校图书馆开放存取资源建设现状调查分析［J］. 图书馆学研究，2009（7）.

［160］杨骁，李清伟 . 行政法视野中的公共利益探析［J］. 郑州大学学报（哲学社会科学版），2008（3）.

［161］杨晓东．"图书馆+"：面向互联网+时代的图书馆服务模式［J］．图书馆工作与研究，2017（3）．

［162］杨雁．美国博物馆和图书馆服务协会战略计划给我们带来的启示［J］．公共图书馆，2012（4）．

［163］叶翠，刘灿姣．数字环境下馆社知识服务融合的动因、问题及对策探究［J］．图书馆，2016（11）．

［164］叶梦洁．转型期中国便利店的发展方向［J］．经营管理者，2014（18）．

［165］叶艳鸣．慕课，撬动图书馆新变革的支点［J］．国家图书馆学刊，2014（2）．

［166］于良芝，于斌斌．图书馆阅读推广—循证图书馆学的典型领域［J］．国家图书馆学刊，2014（6）．

［167］袁静．图书馆联盟风险防范研究［D］．武汉大学，2010．

［168］袁润，李飞，张朝霞，等．图书馆与书店合作移动外借服务流程及其信息交换探索［J］．图书情报工作，2015（8）．

［169］詹锐．如何实施档案文化建设战略［J］．浙江档案，2011（9）．

［170］张超．基于创新推广理论的青少年阅读网络资源建设［D］．山东师范大学，2012．

［171］张丹，龚晓林．大学图书馆参与MOOC版权服务的实践及启示［J］．图书情报工作，2014（10）．

［172］张登军．数字图书馆建设重中之重—网络信息资源融合［J］．中国科技信息：2014（12）．

［173］张怀涛．阅读推广的概念与实施［J］．河南图书馆学刊，2015（1）．

［174］张金艳．网络环境对图书馆联盟发展的影响［J］．桂林航天工业高等专科学校学报，2008（3）．

［175］张晋升，杜蕾．数字出版产业链融合的价值和路径［J］．中国出版，2010（16）．

［176］张美莉．基于互联网+思维的图书馆跨界服务研究［J］．情报杂志，2016（9）．

［177］张芮．媒体融合背景下数字图书馆资源建设策略研究［D］．郑州大

学，2016.

［178］张松鸽 .“互联网＋图书馆”融合的信息资源微服务研究［J］.创新科技 . 2017（2）.

［179］张婷 .基于《阅读推广：理念·方法·案例》的全民阅读推广“全景图”［J］.图书馆杂志，2013（11）.

［180］张卫东，贾琼 . LAM 资源与社交媒体的融合：基于国外的案例分析［J］.图书情报工作，2016（12）.

［181］张卫东等 .欧美图书档案数字化融合服务实践及启示［J］.图书情报工作，2013（12）.

［182］张兴旺，李晨晖 .当图书馆遇上互联网＋［J］.图书与情报，2015（4）.

［183］赵红颖 .图书档案资源数字化融合服务实现研究［D］.吉林大学，2015.

［184］赵俊玲，郭腊梅，杨绍志 .阅读推广：理念·方法·案例［J］.北京：国家图书馆出版社，2013.

［185］赵生辉，朱学芳 .我国图书馆、档案馆、博物馆数字化协作框架D-LAM 研究［J］.情报资料工作，2013（4）.

［186］赵莹莹 .安徽省高校数字图书馆建设现状及对策研究—合肥市 11 所本科院校为例［D］.安徽大学，2016.

［187］赵永斌 .从国内外阅读推广现状谈新时期公共图书馆阅读推广服务［J］.图书馆工作与研究，2014（7）.

［188］赵愚，王迎军 .服务业模块化运营的系统分析［J］.天津师范大学学报（社会科学版），2008（4）.

［189］浙江省档案局评估调研组 .以高标准引领规划实施——浙江省档案事业发展“十二五”规划实施情况中期评估分析［J］.浙江档案，2013（10）.

［190］郑燃，李晶 .我国图书馆、档案馆与博物馆数字资源整合研究进展［J］.情报资料工作，2012（3）.

［191］周德明，林琳，唐良铁 .图书馆服务：新载体新平台［J］.图书馆杂志 . 2016（8）.

［192］朱强 .国外图书馆的发展趋势及其启示［J］.国家图书馆学刊，

2015（5）.

［193］朱淑娣，李祖军．浅析美国知识产权反垄断法政策目标之演变——从历史的、法社会学的视角［J］．行政与法，2009（12）.

［194］朱咫渝，孙晓．在线学习浪潮下的嵌入式馆员服务［J］．高校图书馆工作，2015（6）.

［195］邹金汇，柯平．跨界创新不忘初心——公共图书馆营销的未来［J］．图书与情报，2016（5）.

［196］D. G. Davis，P. C. Yu，初景利．鲍士伟与中国图书馆的发展：国际合作的一个篇章［J］．图书馆学刊，1993（6）.

［197］Alder L. Symbiotic marketing［J］. Harvard Business R eview,1966(6).

［198］Benkler Y. The Wealth of Networks：How Social Production Transforms and Freedom［J］. Yale University Press，2006（10）.

［199］pro gress at AFNOR［J］. Cataloging&ClassificationQuartery，2004（1-2）.

［200］Boyd Rayward. Electronic Information and the Fun cional Integration of Libraries,Museums and Archives［J］. History and Electronic Artefacts,1998（8）.

［201］Bruce E. Massis，MOOCs and the library［J］. New Library World，2013（5/6）.

［202］Brusoni，S.，Prencipe，A. Making desing Rules：A Multidomain Perspective［J］. Organization Science，2011（2）.

［203］Chaudhry，Abdus Sattar，and Tan Pei Jiun. Enhancingaccess to digital information resources on heritage：Acase of development of a taxonomy at the integratedmuseum and archives system in singapore［J］. Journalof documentation，2005（6）.

［204］CN Gifford. The Sonny Bono Copyright Term Extension Act［J］. University of Memphis Law Review，2000（30）.

［205］Donna Gordon Blankinship. Let's go to the mall［J］. LibraryJournal，2005（2）.

［206］Doss S K，Carstens DS. Big five personality traits and brand evangelism［J］. International Journal of Marketing Studies，2014（3）.

［207］Eisner J. Beyond PR: Marketing for Libraries ［J］. Library JournalSpecial Report, 1981（18）.

［208］Dey A K, Abowd G D. Towards a better understanding of contextand context-awareness ［C］//Gellersen H W, Thomas P J, HUC. The 1st International Symposium on Handheld and Ubiquitous Com-puting. Berlin: Springer, 1999.

［209］Ethiraj S. K, Lrvinthal, D. Modularity and Innovation in Compex Systema ［J］. Management Science, 2010（2）.

［210］Francisca Hern á ndez, Carlos Wert, Ignacio Recio, Bego a Aguilera, WalterKoch, Martin Bogensperger, Peter Linde, Georg G ü nter, Bob Mulrenin, Xavier Agenjo, Robin Yeats, Luciana Bordoni&Fabrizio Poggi. Xml for libraries, archives, and museums: The project covax ［J］. Applied Artificial Intelli gence, 2003（8）.

［211］Gann B, Grant M J. From NHS Choices to the inte grated customer service platform ［J］. Health Informa tion & Libraries Journal, 2013（1）.

［212］Gershenson J K, Prasad G J, Zhang Y. Product Modularety: Definitions and Benefits ［J］. Journal of Engineering Design, 2007（13）.

［213］GIVEN L M, MCTACISHL. What's old is new again: the reconver-gence of libraries, archives, and museums in the digital age ［J］. Thelibrary quarterly, 2010（1）.

［214］Gloria Creed-Dikeogu, Caroly Clark. Are You MOOC-ing Yet? A Review for Academic Libraries ［J］. Kansas Library Association College and University Libraries Ssction Proceedings, 2013（3）.

［215］I Frommholz, H Brocks, U Thiel, E Neuhold, L Iannone. Document-Centered Collaboration for Scholarsin the Humanities - The COLLATE System ［J］. Research & Advanced Technology for Digital Libraries, European Conference, Ecdl, Trondheim, Norway, August, 2003.

［216］Ingo Frommholz, H. Brocks, U. Thiel, E. Neuhold, L. Iannone, G. Semeraro, M. Berardi, and M. eci. Document-Centered Collaboration for Scholars inthe Humanities the Collate System ［J］. Researchand Advanced Technology for Digital Libraries, 2003.

［217］James J Kopp. Library Consortia and Information Technology: the past. the present, the promise ［J］. Information Technology and Libraries, 1998（1）.

［218］Jennifer Howard. Can MOOC's help text-books? ［J］. Chronicle of Higher Education, 2012（4）.

［219］Kerry Wu. Academic libraries in the age of MOOC ［J］. Reference Services Review, 2013（3）.

［220］Kotler P, Levy S. Broadening the Concept of Marketing ［J］. Journal ofMarketing, 1969（1）.

［221］Kotler P. Strategies for Introducing Marketing into Non-ProfitOrganizations ［J］. Journal of Marketing, 1979（1）.

［222］Lewitt T. Marketing Myopia ［J］. Harvard Business Review,1960（7）.

［223］Lluis Anglada, Nuria Comellas. What' sfair Pricing models in the electronic era ［J］. Library Management, 2002（4/5）.

［224］MARTY P E. An introduction to digital convergence: libraries, archives, and museums in the information age ［J］. Mnsenm Management and Cnratorship. 2009（4）.

［225］MITCHELL E. SRIKANTAH T K. L. A. Meta（data）: exploring vocabulary interoperability in libraries, Archives and Museums ［J］. Proc. Am. Soc. Info. Sci. Tech, 2013（1）.

［226］MNGELA R. The mobile LAM（Library, Archive Museum）: new soace for engagement ［J］. Young Adult Library Serviece 2017（2）.

［227］Norman O G. Marketing Libraries and Information Services: AnAnnotated Guide to the Literature ［J］. Reference Services Review, 1982（1）.

［228］Scardilli, B. A single library tackles a MOOC ［J/OL］. Information Today, 2013（8）.

［229］Sundbo, J. The Service Economy. Standarization or Customization? A Dilemma for Service Firms and Economic Theory ［J］. The Service Industries Journal, 2002（4）.

［230］Tellis W M, Andriole K P. Integrating multiple clini cal information systems using the Java message ser vice framework to enable the delivery of urgent examresults at the point of care［J］. Journal of Digital Imag ing，2005（4）.

［231］Terher，B. S.，Hipp，C.，Miles，I. Standardisation and Particularisation in Services：Evidence from Germany［J］. Research Policy，2001（7）.

［232］TRANT J. Emerging convergerce？ Thoughts on museums，archives，libraries，and professional training［J］. Museum Management and Curatorship，2009（4）.

［233］UNESCO Public Library Manifesto［J］. The Library Association Record. 1949（9）.

［234］Yang S J H，Shao N W Y. Enhancing pervasive Web accessibilitywith rule-based adaptation strategy［J］. Expert Systems with Appli-cations,2007（4）.

三、报纸资料

［1］白玉静. 跨界，融合，创新——第六届全国文献采访工作研讨会提出数字时代文献资源建设新思路［N］. 新华书目报，2016-4-22.

［2］曾惠怡. 青番茄告别乌托邦［N］. 深圳晚报，2015-9-10.

［3］焦雯. 云图·公共数字有声图书馆让真正的全民阅读成为可能［N］. 中国文化报，2013-11-4.

［4］卢羽华. 上海市民阅读调查半数首选纸质阅读［N］. 深圳商报，2012-8-14.

［5］钱平凡，温琳. 产业平台是产业共同发展与竞争的新利器［N］. 中国经济时报，2014-4-4.

［6］青番茄副总裁：网上图书馆免费模式仍能盈利［N］. 北京商报，2012-5-9.

［7］新加坡最大的购物中心图书馆开放［N］. 中国文化报，2008-12-28.

［8］许建业. 跨界、融合、创新是文献资源建设的新方向［N］. 中国出版传媒商报，2016-4-8.

［9］朱卫卫. 青番茄：免费网上图书馆的长征路［N］. 赢周刊，2012-6-7.

［10］韩光亮，王璇. 融图书馆档案馆博物馆规划展馆于一体开发区综合展馆开建［N］. 青岛日报，2010-7-13.

后 记

古人云："是故学然后知不足，教然后知困，然后能自强也。"我们三个年轻人分别从汉语言文学、企业管理和学前教育专业毕业，却有幸相聚图书馆工作岗位，一起致力于图书馆事业。在从事图书馆工作和图书馆学术研究中，我们深刻感受到学海无涯和自己专业知识的浅薄，工作中遇到瓶颈时也常常感概"书到用时方恨少"。于是三个非专业的年轻图书馆人开始努力学习图书馆学相关专业知识，不断提醒自己及时捕捉和接受图书馆学学术前沿动态，逐渐积累了一些对图书馆学科的认知和见解，而积累的知识也对我们的工作产生了积极的促进作用。

任何事物都有两面性，工作中图书馆学专业知识的缺乏让我们感受到压力的同时，对我们三个不同专业知识背景的组合也产生了一定的积极效应。不同专业知识结构组合和能力差异的互补使得我们在很多工作中能够不断创新，提高自己水平的同时还能推动各自承担的图书馆业务工作的开展。某种意义上来说，这种不同专业的组合其实就是内生的"跨界融合"行为和效应。正是因为这一点，三位作者对"图书馆跨界融合"这一现象产生了浓厚的兴趣，也在工作学习中不断关注，并进一步产生了开展相关研究学习和撰写本书的想法。

本书由兰州城市学院图书馆刘玲、齐诚和马楠三位馆员合作完成。在本书的写作过程中，参考引用了大量的资料，尤其是国内外图书馆学前辈的论著对我们产生了很大启发和影响。对于参考和引用的资料，能在参考文献和注释中注明的已经尽量注明，但仍可能存在遗漏，在此谨向书中提到的以及可能遗漏的文献资料的作者和提供者表示诚挚的谢意。

本书在写作过程中，得到了许多同事和朋友的帮助，兰州城市学院图书馆李震岗研究员、陈明凯副教授都在工作中给了我们很多关心和鼓励，为我们的成长创造了很多条件和机会，在本书的写作中又给了很多的支持和帮助。兰州城市学院图书馆王彩研究馆员更是多次帮助我们确定本书撰写的基本思路和框架，搜集相关文献资料，在此一并表示衷心的感谢。

同时还需要感谢北京人文在线的范继义先生和经济日报出版社的编辑人员，在他们的大力帮助下，本书才得以顺利出版。

作　者
2016 年 9 月